远眺

当代世界文化创意产业经典译丛

文化产业与文化生产

Cultural Industries and the Production of Culture

多米尼克·鲍尔 (Dominic Power)
艾伦·J.斯科特 (Allen J. Scott) 编

夏申 赵咏 译

上海财经大学出版社

本书由上海文化发展基金会图书出版专项基金资助出版

图书在版编目(CIP)数据

文化产业与文化生产/(美)鲍尔(Power, D.),(美)斯科特(Scott, A. J.)编,夏申,赵咏译.—上海:上海财经大学出版社,2016.7

(远眺·当代世界文化创意产业经典译丛)

书名原文:Cultural Industries and the Production of Culture

ISBN 978-7-5642-2390-8/F·2390

Ⅰ.①文… Ⅱ.①鲍… ②斯… ③夏… ④赵… Ⅲ.①文化产业-产业发展-研究 Ⅳ.①G114

中国版本图书馆 CIP 数据核字(2016)第 048252 号

□ 责任编辑 刘晓燕
□ 书籍设计 张克瑶

WENHUA CHANYE YU WENHUA SHENGCHAN
文 化 产 业 与 文 化 生 产

多米尼克·鲍尔
(Dominic Power) 编
艾伦·J. 斯科特
(Allen J. Scott)
夏 申 赵 咏 译

上海财经大学出版社出版发行
(上海市武东路 321 号乙 邮编 200434)
网　址:http://www.sufep.com
电子邮箱:webmaster @ sufep.com
全国新华书店经销
上海华教印务有限公司印刷装订
2016 年 7 月第 1 版 2016 年 7 月第 1 次印刷

710mm×960mm 1/16 20.5 印张 265 千字
印数:0 001—3 000 定价:56.00 元

图字：09-2015-160 号
Cultural Industries and the Production of Culture
Dominic Power，Allen J. Scott
ISBN：978-0-415-51131-5

© 2004 Dominic Power and Allen J. Scott for selection and editorial matter; individual contributors their chapters

All rights reserved. Authorised translation from the English language edition published by **Routledge，a member of the Taylor & Francis Group.** 本书原版由 Taylor & Francis 出版集团旗下 Routledge 出版公司出版，并经其授权翻译出版。

Shanghai University of Finance & Economics Press is authorized to publish and distribute exclusively the Chinese (Simplified Characters) language edition. This edition is authorized for sale throughout Mainland of China. No part of the publication may be reproduced or distributed by any means, or stored in a database or retrieval system, without the prior written permission of the publisher. 本书中文简体翻译版授权由上海财经大学出版社独家出版并限在中国大陆地区销售。未经出版者书面许可，不得以任何方式复制或发行本书的任何部分。

Copies of this book sold without a Taylor & Francis sticker on the cover are unauthorized and illegal. 本书封面贴有 Taylor & Francis 公司防伪标签，无标签者不得销售。

2016 年中文版专有出版权属上海财经大学出版社
版权所有　　翻版必究

远眺·当代世界文化创意产业经典译丛
编辑委员会

编委会主任　　黄磊　赵咏

编　　委　　　刘兵　林谦
（按姓氏笔画顺序）　周光起　赵咏
　　　　　　　　夏申　曹建
　　　　　　　　黄磊

策　划　　刘兵

总　序

中国文化产业的发端,恰好处在世界文化产业初兴与我国改革开放开启的历史节点上,可谓生逢其时。根植于五千年的灿烂文化,我国文化产业迅速完成了它的结晶过程,并在全面走向伟大民族复兴的奋斗进程中,历史性地担负起前沿产业的战略角色。

我国的文化产业研究,从敏锐关注文化产业的初生萌芽,到紧密联系与主动指导文化产业的实践发展,可以说,是从默默无闻中孕育产生的一个新兴学科,它凝聚了来自各种学术背景的第一代拓荒者的情怀和心血、信念和执著,走过青灯黄卷般的学术寂寞与安详,迎来春色一片、欣欣向荣的好局面,以至于有人戏言文化产业已近乎一种风靡全国的时髦"显学"。我们相信,中国文化产业的发展,将是对人类历史贡献至伟的一场实践。我国文化产业的理论探索和建设,也必将负起时代要求,任重而道远。

较之于国际文化产业的全面兴起,我国文化产业的出现并不过于太晚。这种特定的发展特征,既给了我们历史的借鉴,又给了我们赶超的机会。我们策划翻译这套《当代世界文化创意产业经典译丛》,欲帮助人们更多汲取世界文化产业的研究成果,为促进我国文化产业的加速发展贡献一份力量。这也是这套译丛的缘起和目的。

这套译丛的规划,注重把握几个方面:一是面向我国文化产业的现实需要,按照行业分类,旨在学以致用,选择实用性强的权威著作;二是选择顺应发展趋势的前沿性研究的最新成果;三是注重选择经典性的基础理论著作。为此,我们搜索了国外上千种相关出版物,选取了百余种备选小书库,拟不断调整充实,分批推出。在翻译要求上,力求在忠实原作基础上,注重通顺易读,尽量摒弃"洋腔洋调"。

  一个文明社会的形成必须以无数文明个人的产生与存在为前提。倘若天下尽是熙熙攘攘地为追逐钱财而罔顾其他一切,不仅与马克思所言之"人的全面解放"状态无疑相去极远,更与人性完全相悖。现代社会不仅意味着人们在物资生活层面的丰富,更加要求精神生活层面的提高。今天,文化的发展已经成为众所公认的一个急迫任务,各文化事业单位、相关高等院校和专业则理所应当地属于攻坚克难的先锋。文化的开放是文化发展的前提之一。为此,当下和未来,我们均需大量能够体现世界文化创意产业先进水平和最新进展的教辅与参考资料。围绕着文化创意产业之主题,本丛书将精选全球各主要出版公司的前沿专著和教材,从这里眺望世界,犹如登高望远,愿您有别样的视野和收获。

远眺·当代世界文化创意产业经典译丛 编委会

撰 稿 人

青山裕子(Yuko Aoyama) 美国加州大学伯克利分校博士,克拉克大学地理系助理教授兼研究员。她主要研究工业/经济地理,尤其是全球化、技术创新和信息社会。

哈拉尔·贝谢尔特(Harald Bathelt) 德国马尔堡菲利普斯大学地理系经济地理学教授。他主要研究创新、产业集群与区域和产业变化对社会经济的影响。他的著述构建了一个经济地理学的基础理论框架。

尼古拉斯·贝茨(Nicolas Bautes) 法国巴黎丹尼斯狄德罗大学地理学博士。他对印度拉贾斯坦邦和古吉拉特邦做过广泛的研究,在印度和其他发展中国家做过旅游开发和经济发展方面的工作。

尼尔科(Neil Coe) 英国曼彻斯特大学地理学院讲师。他的研究兴趣是服务活动(尤其是电影、软件和零售行业)的全球化。

约翰·康内尔(John Connel) 澳大利亚悉尼大学地理学教授。著有《悉尼:世界城的兴起》(牛津大学出版社,2000),还与克里斯·吉布森(Chris Gibson)合著《音轨:流行音乐、身份和地点》(Routledge 出版社,2004)。

路易丝·克鲁(Louise Crewe) 英国诺丁汉大学人文地理学教授。她的研究兴趣在时装、零售、购物和消费领域,侧重于品牌商品、价值和二手货交易。与尼基·格雷格森(Nicky Gregson)合著《二手货文化》(Berg出版社,2003)。

肖恩·法兰奇(Shaun French) 英国诺丁汉大学经济地理学讲师。此前他曾在布里斯托尔大学做过研究工作。在商业知识和实践方面有著述。

克里斯·吉布森(Chris Gibson) 澳大利亚新南威尔士大学高级地理学讲师。与约翰·康奈尔(John Connell)合写《音乐和旅游》(风景频道,2001),与彼得·邓巴(Peter Dunbar)合著《致命之音,致命之地:当代澳大利亚土著音乐》(新南威尔士大学出版社,2004)。

丹尼尔·哈伦科留兹(Daniel Hallencreutz) 瑞典乌普萨拉大学经济博士,Intersecta研究咨询公司管理部主任,该公司隶属于乌普萨拉大学创新与产业动态研究中心。他侧重研究音乐产业和区域经济发展。

出石浩(Hiro Izushi) 美国加州大学伯克利分校博士,英国考文垂商学院本地经济发展中心高级讲师。他专注于研究技术创新,侧重知识管理、技术转让以及技术变革与经济增长。

詹妮弗·约翰斯(Jennifer Johns) 英国曼彻斯特大学地理学院在读博士,其论文题目是"连接寻踪:曼彻斯特的影视制作网络"。

安德鲁·莱申(Andrew Leyshon) 诺丁汉大学经济地理学教授。

除了调研电子商务的起源和影响,目前也在研究零售金融服务业生态环境的形成。他与奈杰尔·思里夫特(Nigel Thrift)合著《货币与空间:货币转型的地理学》(Routledge出版社,1997),与大卫·迈利士和乔治·莱维尔(David Matless and George Revill)合编《音乐之地》(Guilford出版社,1998),与罗杰·李和科林·威廉姆斯(Roger Lee and Colin Williams)合编《可变通的经济空间》(Sage出版社,2003)。

安吉拉·麦克罗比(Angela McRobbie) 英国伦敦金史密斯学院传播学教授。她是性别、流行文化和"亚文化企业家"等书的作者,包括《女性主义与青年文化》(Palgrave出版社,第二版,2000)、《英国时装设计》(Routledge出版社,1998)以及《文化社会》(Routledge出版社,1999)。近期的研究集中于伦敦和柏林文化产业运作的实践经验。

贾斯汀·奥康纳(Justin O'Connor) 1995年以来一直担任曼彻斯特流行音乐学院(MIPC)主任,曼彻斯特城市大学社会学读本编者。他的著述颇丰,研究兴趣集中于都市文化和生活方式、城市改建、文化政策和城市形象、文化产业和流行文化等领域,其《文化产业与城市》一书于2005年出版。

简·波拉德(Jane Pollard) 英国纽卡斯尔大学城市与区域开发研究中心高级讲师。她的研究兴趣包括货币和金融地理学、区域经济发展中不同金融中介的作用、后殖民时代的生态地理学、经济地理学的性质变化与实践。

多米尼克·鲍尔(Dominic Power) 瑞典乌普萨拉大学经济地理学副教授。他主要研究区域和文化产业的竞争力,以及文化产业(尤其是音乐和设计产业)的运作。

安迪·C. 普拉特（Andy C. Pratt） 英国伦敦经济与政治科学学院人文地理系高级讲师。他特别关注文化产业和政策的宏观动态、产业构成、公司组织及其本地化进程。

诺玛·兰提西（Norma Rantisi） 加拿大蒙特利尔康考迪亚大学地理、规划和环境系助理教授。她的研究兴趣集中在成熟制造业转型和城市文化经济。近期论文主要探讨纽约时装产业的发展和设计创新进程。

沃尔特·圣阿加塔（Walter Santagata） 意大利都灵大学经济学教授，经济系主任，兼任国际劳工组织国际培训中心主办的"促进发展的文化项目"课程导师。他在文化经济学领域著述甚多。

艾伦·J. 斯科特（Allen J. Scott） 美国加州大学洛杉矶分校地理系教授兼政策研究系教授。他在 2003 年获得魏特琳·路德奖。最近出版的书包括《城市的文化经济》（Sage 出版社，2000）和《论好莱坞》（普林斯顿大学出版社，2004）。

奈杰尔·思里夫特（Nigel Thrift） 英国牛津大学生命与环境科学部主任。他的主要研究方向是时间意识史、资本主义地理学、文化经济、认知辅助空间和抽象理论。出版的新书包括：与艾什·艾米（Ash Amin）合著的《城市》（Polity 出版社，2002），与艾什·艾米合编的《文化经济读本》（Blackwell 出版社，2004），与斯蒂芬·哈里森和史蒂夫·帕尔（Stephan Harrison and Steve Pile）合编的《图案式大地》（Reaktion 出版社，2004）。

埃劳迪·瓦利特（Elodie Valette） 地理学博士。她主要研究法国和其他西方国家的农村和城郊地区所发生的社会和经济创新过程。

彼得·韦伯(Peter Webb) 在英格兰西部和布里斯托尔的大学研究政治学与社会学。他曾是布里斯托尔大学研究员,现为伯明翰大学社会学讲师。发表过流行音乐和社会理论方面的论文。

目　录

总序/001

撰稿人/001

第一篇　导　论

第一章　序言：文化产业和文化生产/003

第二篇　文化经济的走向和机遇

第二章　文化产业版图：区域化——英格兰东南区实例/021

第三章　城市、文化与"转型经济"——圣彼得堡文化产业的发展/043

第四章　电子商务的地位——互联网对文化产业的影响/065

第三篇　创意、城市和地域

第五章　创意、时装和市场行为/089

第六章　城市的设计师与设计师的城市——"时装之都"纽约与时装设计师的递归关系/110

第七章　日本电子游戏产业的创意资源/133

第八章　伦敦微小型创意企业的生存之道/156

第四篇 文化产业的集群化进程

第九章 文化产业集群的多维度分析——德国莱比锡媒体产业实例/175

第十章 英国伯明翰珠宝街的制作文化/202

第十一章 超越制片集群——影视产业网络的批判性政治经济学/224

第五篇 外围地区与全球市场

第十二章 印度拉贾斯坦的微型画、文化经济和地区活力/247

第十三章 从创意中获利?——瑞典斯德哥尔摩和牙买加金斯顿的音乐产业/267

第十四章 偏远地区的文化产业生产——澳大利亚土著人的流行音乐/290

译后记/309

第一篇

导　论

第一章 序言：文化产业和文化生产

多米尼克·鲍尔(Dominic Power)
艾伦·J.斯科特(Allen J. Scott)

文化经济的崛起

20世纪80年代初,所谓的"新经济"就已经在西方主要经济体中稳步上升到举足轻重的位置,并成为就业和经济增长的一个聚焦点。这个新经济的代表性产业部门主要是高科技制造业、新工艺消费品和多样化的服务,所有这些产业部门通常采用复杂的增值性的网络组织形式。这种网络运行具有两极化的特征,一极是众多小企业的扎堆聚集,另一极是少数大型企业组成的军团,后者往往是更大的企业集团。与此同时,这些网络呈现出高水平的组织性和技术灵活性、交易密集型的企业间关系以及设计密集型的生产活动。

最重要的一些新经济部门构成了这样一组产业,它可以不那么严谨地定义为文化产品的提供商(Scott,2000)。数十年来,这些行业快速地增长和扩展,它反映了现代社会的经济秩序和文化表达系统正日益发生趋同的现象(Lash and Urry,1994)。这些文化产业生产着庞大的、不断扩展的产品。在这本书里,占据着显著位置的文化产品包括珠宝、音乐、电子游戏、影视、新媒体、服装设计和视觉艺术。

作为研究对象,构成当代文化经济的上述产业有着三个共同的重要特征。首先,这些产业无不以这种或那种方式来创造产品,产品的价值主要取决于其符号内容以及产品刺激消费者的体验式反应方式(Bourdieu,1971;Pine and Gilmore,1999)。其次,这些产业一般来说受恩格尔法则的支配,随着可支配收入的扩大,对非必要性的产品或奢侈品的消费支出会不对称地以更高的比率上升。换言之,一国越是富裕,它在文化产品方面的支出(作为家庭预算的一部分)就越高。最后,生产文化产品的公司受到竞争和组织压力的驱使,通常会汇聚成专业集群,或扎堆于工业园区,其产品却会在全球市场上快速流通。

必须强调,将专门生产纯粹的文化产品与生产纯粹的实用产品的产业划分开来的分界线并不存在。相反,各行各业的产品或多或少都带有文化性和实用性,以动作片或录制音乐为一端,以水泥或石油产品为另一端,两端之间存在着一系列的行业,其产品都是文化性和实用性的不同组合(如鞋、眼镜或汽车)。同时,现代资本主义的特点之一就是文化经济的持续快速扩展,这不仅是可支配收入增长的结果,而且也是符号价值渗透到生产活动广大领域的表现,因为公司为增强竞争优势而纷纷追求产品设计的内涵、风格和品质。

文化经济:技术、组织和劳动

在20世纪的大多数时间,经济发展和增长的优势往往视产业部门进行批量生产的程度而定,也就是说,要看大型化的机器设备能否推动产品标准化和不断削减成本。在批量化生产的年代,那些通过持续技术革新和组织变革而占据主导地位的部门,首先关注的是工艺的程序化和内部规模经济的挖掘,而不太在乎是否要把高水平的美学和符号学的内容注入到最终产品之中。20世纪30年代和40年代,许多社会学评论家与法兰克福学派的信徒(如 Adorno,1991;Horkheimer,1947)对工业生产方式侵入文化经济领域表示了严重的忧虑,并对复杂的社会和情感方面的内容被大众化的文化生产方式阉割剔除的倾向深感不安。这些担忧绝非毫无道理,因为很多商业性文化都集中在娱乐和宣泄情感这一条窄路上,民族国家和民族主义的强大力量被用来打造无产阶级普罗大众的社会。直到20世纪70年代后期和80年代初期的变革来临之前,大批量生产的经济基础和政治基础渐趋消失,法兰克福学派针对大众商业文化所提出的具体问题在某些方面才失去了紧迫感。正是在那个时候,新经济开始冉冉升起。这并不是说,当代文化经济与一些严重的社会和政治困境无关。但也有一种情况,随着主要资本主义国家的商业性文化生产和消费在过去数十年里的演变,我们对其基本含义的审美和意识形态的判断也发生了变化。后现代社会和文化理论的兴起就是这一演变的一个重要体现(参见 Jameson,1992)。

与大机器生产方式相比,新经济体系的产业部门往往由难以清晰表述的生产过程所构成,比如说,它由各种各样的计算机和数字化技术所组成。在新的文化经济领域,虽然广泛使用电子技术,但该领域的生产活动也往往是劳动密集型的,生产劳动对脑力劳动和手工劳动的要求都很高。如同构成新经济体系的大多数产业部门,文化产业通常有一大群小生产者(市场进入和退出的成本都比较低),并辅之以少数大型企业。文化经济中的小生产者通常以新作坊的生产形式为标志,或者说,以灵活柔性的专业化分工为特征,这意味着他们专心制作特定形式的产品(服装、电影、电子游戏等),但每批产品的设计规格经常会发生变化。文化经济中的大型企业偶尔也会进行大规模生产(这通常意味着削减最终产品的特征功能),但越来越倾向于"系统之家"那样的组织(Scott,2002)。在高科技产业的世界里,所谓"系统之家"是指这样的企业,其产品需要花费相当长的时间,产出的数量比较少,而每一单位产出都需要更多的资本和/或劳动力的投入。好莱坞各大电影制片厂便是"系统之家"的经典案例。大型杂志出版商(非印刷商)、电子游戏制作人、电视网络运营商以及领先的时装公司,都是这方面的例子或相近的例子。这些大型生产商在文化经济中十分重要,因为他们通常是将许多小公司集成大型生产网络的中心枢纽。尤其是在娱乐行业,大型生产商在许多自主性的生产活动的融资和发行方面扮演着主角。而且,文化经济领域的这些大型生产商受到巨型跨国企业集团的组织结构和势力范围的影响,可以利用巨型跨国企业集团庞大的金融资源和营销能力。虽然这些大公司是文化经济的核心,但目前其权力和活动范围也可能受到挑战。在音乐和电影产业,这种迹象已有发生,目前新的技术进步有可能减少大公司的居中融资和发行(参见法兰奇等撰写的第四章)。人们甚至可以想象,至少在文化经济的某些部门,由于其易变性、不可预知的趋势以及难以保护知识产权,反倒有可能进入一个新的发展阶段,这个阶段的竞争更趋激烈,寡头垄断的水平有所降低。

在文化经济中,专业化且互补性的企业在不断变动的网络中从事着实际的文化生产活动。这些网络形式很不同,一个极端是小企业的简单网络,另一个极端是层次复杂的网状结构,企业集群的生产活动由一家占主导地位的核心公司来统筹协调,在这两个极端之间又存在着若干可能的网络形式。正如凯夫斯(Caves,2002)指出的那样,许多文化经济中的生产模式都具有契约性和交易性的特征。同样的模式也适用于文化产业经济的雇用关系,兼职、临时工和自由职业者均十分流行。文化产业的工作岗位具有不稳定性,驱使着创意工作者密集开展社交活动,跟上现存劳动力市场的发展趋势与工作机会,也便于其在社交活动中发现合作者、客户和雇主(Scott,1998)。在企业内部,创意工作者往往会组成项目导向的工作团队,这种劳动组织形式正迅速成为现代文化经济中创新部门内部分工管理的首选方式(Grabher,

2002)。与此相反,服装或家具行业低工资工人的雇用比例较高,按件计酬、血汗工厂之类更容易被纳入现行的生产模式,虽然这些部门也有某些高工资、高技能的领域。

这些新经济(特别是当代文化经济)的特征与大规模生产的旧模式存在着明显的区别。从大规模生产线上产出的都是毫无差异的、令人沮丧的产品,而新经济部门生产出来的产品则是品种繁多,极富多样性。这种新经济是市场结构发生重大转变的必然结果,张伯伦所讲的垄断竞争正日益成为经济的常态。张伯伦式的竞争在某些方面很像罗宾逊(Robinson,1933)提出的不完全竞争的概念,当厂商大力开发企业特有的差异产品时,基于市场扭曲的垄断竞争便出现了。在垄断竞争的条件下,许多企业有可能都在生产同一产品,但每个企业的产品又独具特色(设计、地方特色、品牌等),这些产品只能被其他企业以伪劣产品的形式进行假冒模仿,或者只有经过很长的时滞才能被复制出来。在现代消费模式中,文化和符号内涵的重要性不断提升,对公司来说,这意味着垄断竞争已成为新经济体系的一个更加可行的选择。当今的产品市场正在不断地重塑品牌和重新包装,引领着经济转型,即使是小企业有时也可以与巨人企业一争高下,争夺产品的垄断权。兰提斯和圣阿加塔(Rantisi and Santagata)的文章强调了其中的一些关键问题,尤其是创新的表演、时尚和造型与当代文化经济的市场驱动力之间互联互动的重要作用。

文化经济:地点和生产

当文化产品的生产者集群相聚于同一区位时,文化产业通常总能最有效地运行。本书各章十分强调的一个主题就是,文化生产企业总是倾向于这样或那样的群居方式,在地理空间上抱团聚拢在一起。

当许多不同而又关联的生产文化产品的企业和工作者彼此靠拢

接近时,在一定的空间和时间上便会发生综合性的相互作用,文化产业集群也就会明显地提高经济效率。除经济效率之外,文化产业集群还有其他的成因。由于信息、见解和文化感知等在产业集群中易于传播,学习效应和创新能量便会不时地被激发和释放出来,在交易机会较多的情况下更是如此。最后,含有丰富信息、符号价值和社会意义的文化产品对地理环境和创意环境的影响尤为敏感。兰提斯(Rantisi)、贝茨和瓦利特(Bautes and Valette)、麦克罗比(McRobbie)、贝谢尔特(Bathelt)、鲍尔和哈伦科鲁兹(Power and Hallencreutz)以及波拉德(Pollard)的文章对此都有共识。莫勒奇(Molotch,1996)也认为,设计密集型产业的聚集地区能够获得某种具有地方特色的竞争优势,因为当地的文化符号已经凝结到产品中,从而赋予产品本地文化的特质。这样一来,张伯伦式的竞争在文化经济体系中愈演愈烈,垄断性资产不仅可以出自个别企业的生产策略,而且还可以发轫于更广阔的地理环境因素。

生产区位和文化产品之间的关联如此紧密,构成了文化产业领域的公司进军广大市场的一个重要的成功因素。实际上,与产地相关的标志,本身就有可能构成品牌的内涵,诸如巴黎的时装、牙买加的雷鬼音乐、丹麦的家具和意大利的皮鞋。成熟的文化产业集群所散发出来的魅力,对那些有专业追求的天才艺术家们来说是难以抗拒的,他们从各个偏远的角落纷纷涌向文化产业集群所在地,被门格(Menger,1993)称为"艺术万有引力"的过程。创意产业集群及其从业者团体所产生的巨大引力匪夷所思。在本书中,麦克罗比(McRobbie)谈到了艺术家们齐聚伦敦的创意中心,兰提斯也有提及纽约时尚界对服装设计师的吸引力。在这种特殊的万有引力的作用下,那些在当地功成名就的文化工作者纷纷举家迁移,使文化产业集群所需的人力资源不断得到补充,形成了一潭活水。一些专门的教育和培训机构也应运而生,纷纷加入当地的文化产业集群,进一步增加了相关技能和人才的供给。

这表明,生产区位和生产体系的紧密交织是西方国家新文化经济的基本特征之一。在文化产业领域里,城市和社会环境与生产设施有效地协同组合,前所未有地实行交融汇聚。像纽约、洛杉矶、巴黎、伦敦和东京这样的世界级大城市,人们可以观察到这种融合的前卫表现形式。这些大都市有这样一些典型街区,在那里,由街景、购物中心、娱乐设施及建筑背景所代表的地方环境,以博物馆、艺术画廊和剧院等为标志的社会和文化基础设施,以及广告、形象设计、视听服务、出版或时装界等为骨干的文化产业,这三者之间或多或少地存在着有机结合的延续性。这些城市经常有意识地重塑城内的主题公园和影院等重要场所,推动着这种延续性,如纽约的时代广场、洛杉矶的格罗夫或柏林的波茨坦广场(Zukin,1995)。当今世界上,工作的城市和休闲的城市正相互渗透、浑然交融。在拉斯维加斯,城市环境、生产体系和消费者世界如此紧密地交织在一起,构建成一个难以分割的整体。

文化产业与地方经济的发展政策

文化产业增长迅速。一般而言,文化产业不但对环境无损,还能为高技能和高薪资的创意型劳动力持续增加就业机会。此外,文化产业对经济形态带来的积极效果,对于提高一个地区的生活质量,提升地区的整体形象和声誉,都会产生很大的贡献。可见,文化产业是一种深植于地方环境的产业,呈现出高度的地方特色。文化产业的这些特征,对于地方的政策决策者具有越来越大的吸引力,他们都想借助于文化产业的发展,对本地经济和城市发展中的许多问题找到新的解决办法。

在促进地方经济的增长过程中,自20世纪80年代以后,很多城市都围绕文化资产的系统性开发开始进行探索,而且还在政府的积极推动下,不断付诸市场运行(Philo and Kearnsm,1993)。当然,这种实践通常以地方的历史遗产和艺术资源为基础,不过,却也往往借此而产生有力的经济发展规划。在这方面,西班牙的小城市毕尔巴鄂是个最鲜活的例证。毕尔巴鄂通过引进古根海姆博物馆的项目,对城市进行再造规划,结果使这个衰落的工业老城蜕变成举世闻名的旅游中心城市,成为吸引投资的一个新亮点。在其他类似的实例中,还有西班牙塞维利亚世博会;有像利物浦和曼彻斯特这些英国的老旧工业城市,它们借助流行音乐等元素的作用,转型为旅游推广城市;有德国的鲁尔地区,通过重新规划,从一个传统工业基地转型为以文化产业发展为主导的新型经济地区(Gnad,2000)。奥康纳(O'Connor)在他撰写的圣彼得堡的文化经济一章中,深入论述了区域市场在发展本地经济中的作用。不过,奥康纳在书中也强调指出,在这些最初的探索与实践中,有时也会遇到一个普遍的困扰,这就是,在亟待发展旅游贸易和如何促进本地文化创新以及弘扬文化特色方面,都存在着不易兼顾的两难困境。

近年来,在一些地方政府细致深入的探索过程中,逐渐出现一种新的,也可以说是替代性的政策。相对于前述的初期认识,我们把它称作第二代政策。第二代政策已不再着眼于城市设施的基础建设和全新改造,也不再单纯吸引大批游客来到固定的旅游中心,而是加大力度,鼓励区域文化产业的创新组合与集群构建,努力创造更多的产品销往世界各地。贝谢尔特在他撰写的那一章中提供了一个很好的案例,即莱比锡城全新的传媒集群。在莱比锡城,政府的决策者基于该地集中着很多传媒企业和研究机构的现实情况,根据这些企业和机构的内在关联关系,重新策划和构建出一个传媒企业的集群体系。同样,波拉德也提供了一个类似的案例,这就是英国的伯明翰市,它从整合复杂的社会劳动分工入手,通过提高制作技艺和产品质量,重新振兴了这座城市的珠宝行业。当然,伯明翰的案例也并不表示,政府的规划在任何时候都能点石成金。不过，比起单纯扩大卖场空间的观念，另辟蹊径的新思路确实显现出更为深远的意义。只是，它首先需要正确把握产业聚集过程中的逻辑关系和内在动力，因为这种聚集过程决定着现代文化经济在地理概念上的布局结构。

　　无论怎样的产业聚集，决策者面对的首要任务，必须根据制约内在运行所能创造效益增长的多重因素，制定出地方经济的综合布局规划。无论是从文化经济的自身体系，还是从本地核心的竞争优势方面，要想做到准确把握，绝非一件容易的事（见波拉德撰写的第十章）。也就是说，对任何既存的产业聚集而言，这种综合布局规划实际就是一种有意义又有成效的政策干预，这比任何方面都重要得多。除非是在特殊情况下，用拍脑袋的方式制定指导规划，对于扩大地方经济规模不会有什么效果。从成本、收益以及整体运行的角度来看，最成功的政策必须聚焦在公共产品或准公共产品的外部规模经济效应和范围经济效应的本地化之上。其要点有二：一是要刺激产业集群产生有用的效果，避免在本地经济中出现供给不足或辐射乏力的现象；二是确保现有的外部经济效应不会因市场失灵而导致错误的资源配置，如发生这种情况，就必须采取自上而下的调整措施。

　　因而，根据产业区划的现代理论原理，在如何提高综合竞争优势方面，决策者需要注意三个主要问题。第一，建筑规划应以企业之间的内在协作关系为依据，以激发潜在的协同效率为导向。第二，组织形成高效率、高技能的劳动力市场。第三，增强地方产业的创新潜力。（参见 Scott，2000；Storper，1997）。致力于这些广泛目标的具体措施是多种多样的，只要根据实际情况而定即可。不过最重要的一个方面，还在于基本制度的建设，这对于龙头企业之间现有和潜在的外部经济效益，具有内在的整合作用；对于不同企业群体的运行活动，也会发挥协调作用。此外，在举办劳动培训项目、创建技术提升的培训中心、倡导卓越化设计活动、组织展览乃至促进出口等方面，基本制度的建设也同样具有重要意义。更进一步来说，就算是社会的法律干预方面，其实也有赖于基本制度的建设，譬如，针对窃取利益的行为（尤其在旅游度假地区）对本地产品的质量声誉造成损害的情况进行处理，还有协助保护地方知识产权等。值得补充说明的是，在政府和企业之间建立一个和谐的合作机制，可以保障在本地经济滑向衰退而出现危险信号的时候，能够及时发出预警，好比汽车的故障预警提示系统那样。实际上，在企业聚集过程中，由于企业之间相互依存关系的复杂性，以及在经济活动的长期运行中时常出现结构性僵化的问题，因而，一旦经济面临衰退问题，就特别容易对区域化生产系统造成影响。

毋庸置疑，作为经济发展的一个源泉，文化经济仍然是一个新鲜事物。在更大的意义上，这考验着我们到底是不是真想了解文化产业，是不是真想开发文化产业的一切潜力；同时也考验着我们，对于具体实践中的许多局限，能不能保持清楚的认识。无论怎样，在今天的现代生活中，正在发生经济与文化之间的加速融合。这为城市和区域经济带来各种新的形态，也为决策者努力提高本地的收入水平、扩大就业规模和改善社会福利，提供了很多新的机遇。

全球化联系

不管企业是偏于特殊的文化产品领域，还是处在相互类似的行业，他们的产品都可以相对顺利地销往世界各地，由此促使国际贸易所占比重的稳步上升。而跨国传媒的不断集中和壮大，对国际文化产品和服务贸易都产生了巨大影响。跨国传媒企业的主要竞争战略，是把创新程度越来越强的重磅产品投放到全球的所有市场，这从好莱坞几大电影公司如何运作其市场大片中，即可得到透彻的了解。

随着全球互联程度的空前提高，不同的文化风格和流派，即便在世界的偏僻地区，也打开了市场。高度特性化的小众市场，伴随主流市场的扩张,也获得了相应的发展。就全球的主流市场来看,几乎都掌控在少数企业寡头的手中。但在某些特殊领域的小众市场中(如电脑游戏),消费者则通过网络交流的形式,来强化自身的群体认同,由此也让他们作为小众市场的消费者,巩固了某种特别的市场空间。随着新的电子分销技术(如互联网和移动电话)的进一步发展,文化产品的全球化进程无疑正在不断加速。至少,一切数字化产品一定如此。

根据观察,我们了解的全球化,未必就一定导致生产本身的布局分散。恰恰相反,终端产品流动的全球化,则推动了产业的聚集。原因是,它在促进出口增长的同时,也壮大了本地的生产活动。从生产角度来看,劳动社会分工的扩展和深化,也推动着产业集群的形成,因为它会增加积极的外部经济效应。不过,在社会经济的一般条件下,区域性聚集和全球化的确是一个互动互补的进程,也就是说,由于全球化有助于对外销售成本的降低,有时也会在另一方面降低企业的聚集,譬如,某些行业出于成本的计算,会把生产迁移到其他地区。不管怎样,现在,许多行业已经越来越离不开聚集效应带来的优势,不会再把生产四散迁往廉价劳动的地方。这种情况会对某些特定行业产生更广泛的影响,譬如专为录音生产制作母盘的公司,必须在某个地方扎营而进行拍摄的电影团队,在另外一种情况下,则会形成替代性的产业集群或卫星式的生产地点。举例来说,在景点、录音场和相关设施方面,加拿大的多伦多和温哥华,以及澳大利亚的悉尼,都已经成为主要的产业基地,专为好莱坞的电影公司提供设施和服务。尼尔科和约翰斯(Johns)将在他们撰写的第十一章中专题讨论这个主题。

在现代文化经济中,竞争空间的压缩也促使企业在世界各地拓展布局,结果,在全球范围都出现星罗棋布的各种生产中心。产业聚集的必然规律,以及它对提高利润率的积极作用,这一切的后果也在表明,在某些特定的产业中,很可能还会导致寡头式的全球生产中心,特别是在国际电影工业中,就已经形成了由好莱坞主导的这样一种寡头式中心。不过,人们似乎坚持认为,尽管出现这些情况,但在一个垄断竞争条件下的世界里,多极的生产中心就算不会蓬勃发展,至少也会存在下去。无论如何,即便以多极的生产中心为前提,要制定一个壮大集群的方案,它本身也带有某种程度的抵御意味。决策者和所有参与者应该重视对综合的销售机制和市场体系进行培育。在后面的两章,吉布森(Gibson)和康内尔(Connell)在他们撰写的第十四章中,考察了澳大利亚的土著流行音乐行业。鲍尔和哈伦科鲁兹撰写的第十三章,则考察比较了瑞典与牙买加的音乐产业。这些都在阐释,地域性文化产业的成功发展取决于产业聚集的程度,也取决于在全球生产和消费链环中能否选择正确的战略方向,并保持稳定的发展水平。大型跨国企业对于整个经济活动的实际运行和空间领域起着决定性作用,这些企业不但调整区域性生产系统,还会确保其产品能够占领最广泛的市场。顺带来说,这也并不表示,我们可以忽视独立小公司的重要性,几乎在文化产品聚集的所有过程中,独立小公司都会继续占有重要的地位。过去,总部设在美国的跨国公司已经使所有类型的文化产品进入全球的每个市场,但在今天,其他国家的企业也更多地参与到了市场竞争中,而且规模空前。其中以传媒产业为例,过去一直认为这是北美企业的势力范围,可即便如此,其也开始面临其他国家的参与和竞争。同样,文化产业在世界范围的聚集格局,也在被新型产业的发展而不断改变,特别是在全球互联网的合作产业以及联合创意领域。贝谢尔特等(Bathelt et al.,2004)指出,在当今世界形势下,没有任何区域性企业能在艺术和知识创作的意义上完全独立地进行生产,对每个单一的产业集群来说,全球范围的相互聚集体系正在成为越来越关键的因素。在这种情况下,全球的生产联合企业与合资企业成为现代文化经济中的先头部队,其能够吸取各类集群的特定的竞争优势,同时,又不会对自身聚集中的潜在力量带来损害。此外,文化产品的盈利能力也日渐依赖国际知识产权制度的建立和效力,这可以保护艺术家、企业以及各类文化园区的知识产权不被剽窃和山寨。即便说了这么多，在新的文化经济和文化产品的国际贸易方面，也未必就会和谐太平。事实上，这种情况已经在贸易和文化领域引发了很多政治较量。一个突出的例子是，1993年，在关贸总协定[1]的第一轮谈判中，美国与欧洲就为音像产品发生了激烈的冲突。当然，尽管存在政治的较量，但看上去，全世界还是正稳步走向一个新的时代，人们对于文化消费模式的态度，终究变得越来越国际化。对于经济发达国家的消费者来说，在文化产品日益丰富的时代，标准的美国文化（从快餐到电影）已成为一种元素而已，在其他丰富多彩的文化产品中，既有拉美的肥皂剧、日本的动漫、中国香港的功夫电影、澳大利亚的土著音乐、伦敦的时装、非洲的文学，也有巴厘岛的旅游度假、智利的葡萄酒、墨西哥的美食，如此等等，不胜枚举。文化产业的聚集及其全球体系，正在变得空前广泛和深入，这是一个新的时代。在很大程度上，前面所说的这种趋势，既是这个时代变迁的产物，也是促进变迁的因素。从这些观点来看，尽管商业因素对文化生产的各种传统形式也存在某些侵蚀作用，但是，全球化并没有多么严重地导致文化的趋同性，相反，它为消费者带来更加丰富的选择。

总结阐述

现在，对很多国家来说，文化经济在经济总产值和就业方面都占有显著的重要地位（García et al., 2003; Power, 2002, 2003; Pollard, 1997; Scott, 1996）。同样，在地方经济发展方面，它也为决策者提供了很多重要机遇。

我们在讨论中主要从经济的角度进行观察，不过也对文化政治方面提出了一系列问题。这些问题同样都很重要，不但涉及贸易，更重要的，还涉及人类的多样性、全面的增长与发展等诸多主题。这个讨论可能还有一种潜在的意义,就是在文化消费的总体系统方面,到底如何做出定义,我们就此开启了一个广泛的讨论空间。只有从这个定义的讨论入手,我们才能对文化产业的发展趋势、过程及其形成的现状继续更深入的探讨。维持这个体系的货物和服务,在资本主义企业必然造成的生产系统之内,正以空前的速度融合在一起。并且,广泛的产业集群,也加快了货物和服务的融合。这种情况的一个重要结果,是使文化产品通过全球市场日益呈现出多样化。它还影响到另外一个方面,就是在当今商业化的文化生产中,决定文化产业形态的重要特征,都显得短暂易变,而且也越来越不再鲜明。然而,伴随这种趋势的发展,在对待文化资源和自我表达形式等方面,不同社会中的不同群体和个体,表现出巨大的差异。虽说在很大程度上仍是一种期望,不过毫无疑问,不断进步的文化政治已经开始重视这些问题。在全球文化经济的背景下,决策者已将鼓励文化产品的多样化当作一项主要的施政目标,同时,他们也在努力提高消费者的评鉴能力。事实上,贯穿本书的一个基本前提就是经济和社会,这让我们观察的视野高度,能够看到文化产业在现代经济中日益重要的地位,并据此找到正确的研究途径,也就是说,文化产业不仅能推动经济的增长和繁荣,还会丰富民众的实际生活和体验。不过,在文化经济的商业规则与文化产品的核心意义之间,始终存在紧张的对立关系。在对两者关系的均衡中,如果缺乏对供应方的有效制衡,那么,对于现代文化产业中更多潜在的进步因素来说,这会成为一种巨大危险,可以造成现代文化经济的严重停滞。

  以下各章将对序言中提出的主题展开详细的论述。整体来说,无论在社会经济的现实考察方面,还是在各种规律的探索方面,这些论述都极大地发展了对资本主义新文化经济的研究。在全球范围内,文化产业和文化产品都呈现出一种欣欣向荣的大好局面,同时,也对分析和政策等方面提出许多重要的课题。我们希望本书可以提供一个平台，有益于促进更深入的研究。

注释：

1. 关贸总协定现为世界贸易组织（WTO）。

参考文献

Adorno, T. (1991) *The Culture Industry: Selected Essays on Mass Culture*, London: Routledge.
Bathelt, H., Malmberg, A. and Maskell P. (2004) "Clusters and knowledge: local buzz, global pipelines and the process of knowledge creation," *Progress in Human Geography*, 28: 54–79.
Bourdieu, P. (1971) "Le marché des biens symboliques," *L'Année Sociologique*, 22: 49-126.
Caves, R. E. (2000) *Creative Industries: Contacts between Art and Commerce*, Cambridge, MA: Harvard University Press.
Chamberlin, E. (1933) *The Theory of Monopolistic Competition*, Cambridge, MA: Harvard University Press.
García, M. I., Fernández, Y. and Zofío, J. L. (2003) "The economic dimension of the culture and leisure industry in Spain: national, sectoral and regional analysis," *Journal of Cultural Economics*, 27: 9–30.
Gnad, F. (2000) "Regional promotion strategies for the culture industries in the Ruhr area," in F. Gnad and J. Siegmann (eds) *Culture Industries in Europe: Regional Development Concepts for Private-Sector Cultural Production and Services*, Düsseldorf, Ministry for Economics and Business, Technology and Transport of the State of North Rhine-Westphalia, and the Ministry for Employment, Social Affairs and Urban Development, Culture and Sports of the State of North Rhine-Westphalia.
Grabher, G. (2002) "Cool projects, boring institutions: temporary collaboration in social context," *Regional Studies*, 36: 205–14.
Horkheimer, M. (1947) *The Eclipse of Reason*, New York: Oxford University Press.
Jameson, F. (1992) *Postmodernism, or, the Cultural Logic of Late Capitalism*, Durham, NC: Duke University Press.
Lash, S. and J. Urry (1994) *Economies of Signs and Space*, London/Thousand Oaks, CA: Sage.
Menger, P. M. (1993) "L'hégémonie parisienne: économie et politique de la gravitation artistique," *Annales: Economies, Sociétés, Civilisations*, 6: 1565–600.
Molotch, H. (1996) "LA as design product: how art works in a regional economy," in A. J. Scott and E. W. Soja (eds) *The City: Los Angeles and Urban Theory at the End of the Twentieth Century*, Berkeley and Los Angeles: University of California Press.
Philo, C. and Kearns, G. (1993) "Culture, history, capital: a critical introduction to the selling of places," in G. Kearns and C. Philo (eds) *Selling Places: The City as Cultural Capital, Past and Present*, Oxford: Pergamon Press.
Pine, B. and Gilmore, J. (1999) *The Experience Economy: Work is Theatre and Every Business a Stage*, Boston: Harvard Business School Press.

Power, D. (2002) "Cultural industries in Sweden: an assessment of their place in the Swedish economy," *Economic Geography*, 78: 103–27.

—— (2003) "The Nordic cultural industries: a cross-national assessment of the place of the cultural industries in Denmark, Finland, Norway and Sweden," *Geografiska Annaler B*, 85: 167–80.

Pratt, A. C. (1997) "The cultural industries production system: a case study of employment change in Britain, 1984–91," *Environment and Planning A*, 29: 1953–74.

Robinson, J. (1933) *The Economics of Imperfect Competition*, London: Macmillan.

Scott, A. J. (1996) "The craft, fashion, and cultural products industries of Los Angeles: competitive dynamics and policy dilemmas in a multi-sectoral image-producing complex," *Annals of the Association of American Geographers*, 86: 306–23

—— (1998) "Multimedia and digital visual effects: an emerging local labor market," *Monthly Labor Review*, 121: 30–8.

—— (2000) *The Cultural Economy of Cities: Essays on the Geography of Image-Producing Industries*, London: Sage.

—— (2002) "A new map of Hollywood: the production and distribution of American motion pictures," *Regional Studies*, 36: 957–75.

Storper, M. (1997) *The Regional World: Territorial Development in a Global Economy*, New York: Guilford Press.

Zukin, S. (1995) *The Cultures of Cities*, Oxford: Blackwell.

第二篇

文化经济的走向和机遇

第二章 文化产业版图:区域化
——英格兰东南区实例

安迪·C.普拉特(Andy C. Pratt)

引 言

如何定义和运用实证测评方法,是制定区域文化产业政策的事实基础,本章将深入论述这个问题,但考察文化产业政策制定的重点将由国家层面向区域层面转进。在英国,这个过程的第一步体现在《创意产业布局报告书》(文化传媒体育部,DCMS,1998)上。报告书力求通过一些统计资料来表明文化产业[①]对英国整体经济的贡献。很明显的一点是,以前几乎没人[②]想到进行这样的考察,自然也没人发表这类的考察成果。这份报告书揭示了四项最主要的统计结论:第一,文化产业就业人口接近140万人,占当时英国总就业人口的5%;第二,来自文化产业的税收规模超过600亿英镑;第三,包括知识产权在内,文化产业创造了75亿英镑的出口收入;第四,价值增加值,即价值净增加达到250亿英镑,占英国国内生产总值(GDP)的4%,超过任何一个传统制造业的价值增加值。

---

① 本章使用"文化产业"这一术语。而英国政府倾向于使用"创意产业"这一术语。虽然这两者在用法和含义上存在较大的差别,但在本文中无关宏旨。

② 澳大利亚、新西兰和加拿大也有统计文化产业的数据,但不像英国那样明确地强调其经济作用。

这份报告书所揭示的文化产业之作用,有两点震惊了决策者和广大公众。第一,相关数据尚非系统的全面统计;第二,整体的文化部类,特别是它的商业部分作为一个相对崭新的领域,表现出非常迅速的增长。以前决策者之所以忽视文化产业,原因在于传统商业的统计分类无法对文化产业进行准确的界定。只有对数据采取重大调整,文化产业的真正贡献才能独立显现出来(参见 Pratt,1977)。

不要低估这一全新分析的重要意义,否则,对决策者而言,这样一个成功的崭新产业就仿佛无端冒出来一样。虽然电影、电视、广告等产业已经得到广泛的关注,但直至目前,却一直让人视为国家支持的相关行业,或被看作真实经济的某种外围行业(美国例外,参见 Siwek,2001)。不过,新的统计数据否定了这些看法。英国这份报告书引发人们的全面测算和广泛关注,许多其他国家的政府也转向审视自己的文化部类,或者在经济中开始重视建立或吸引文化产业。英国推动文化产业的重要考虑可能在于文化的经济层面,由此却引发了对于文化政策的重新思考。不管是从遗产管理还是从人文理想方面来观察,文化产业的经济面貌与传统概念下的文化政策明显出现巨大的差别。正是基于这些因素,英国已经变为新文化政策的一个新典范,它既不同于法国的国家统制模式,也不同于美国的自由放任方式。

本章将重点探讨英国文化产业的发展进程在未来将会出现什么情况,简单地说,答案就是"区域化"。尽管本章标题中包含了"版图"一词,但在英国这份报告书中其实并没有这样的一张分布图,甚至对区域多样化布局都没有表现出规划意向,对比其他国家同样也是没有。进入 21 世纪,英国政府开始推行权力下放和地方管理的创新模式,第二份《布局报告书》(文化传媒体育部,DCMS,2001)便已关注到这一新的变化,不过只对基本的区域化问题略有涉及,并未提供更多的实质性数据。本章强调要对区域文化产业发展进程的紧迫性问题予以重视,特别要着手建立意义重大的区域性数据统计办法,以及为此需要解决的各种难题,这直接关系着创意产业的区域地位以及未来的政策制定。本章对21世纪以来英国的"文化区域化"做出初步描述,找出法律范畴内存在的问题并探讨解决的方案,研究创意产业有据可依的创立基础。最后,本章还以英格兰东南部地区为例,提供一个区域文化数据分析的考察案例。

创意产业的区域化

1997年以后,工党政府的一项主要施政纲领是在英国推行地方化管理。一方面,在苏格兰、威尔士和北爱尔兰各邦施行了权力下放;另一方面,也赋予英格兰各地区更多的权力。但在实行过程中,始终没有制定出一个简明而又可以排除压力的政策议程。不过,在此还毋须讨论这些问题(Tomaney,1999,2000)。现在的目标,是在这一过程中找到对文化产业的议程,具体来说,在由国家层面向区域层面转变的过程中,重新调整文化产业政策需要应对哪些挑战。

在英格兰辖下的八大地区,1999年都设置了区域发展机构,每个机构也必须制定出发展战略,并与促进整体经济效益的目标保持一致。① 所有其他政府部门在施政活动中,也都必须把区域化问题纳入考虑。某些部门,如文化传媒体育部(DCMS),甚至更需要进行一些结构性的调整。但问题是,文化传媒体育部根本没有与区域化相匹配的组织结构,这个部一直都是按照英国政府的规划,通过地方政府总部进行运转,他们也不希望通过区域性发展机构进行运转。再如艺术委员会,它是文化艺术政策的传统制定机构,在政策讨论中一向具有相对的独立性,虽然它由文化传媒体育部直接资助,却具有独立的决策职能。其实,艺术委员会内部也有一个区域性组织,称为地区艺术

---

① 区域发展机构最初只起指导性作用,从2002年起,这些机构有权按照自定的议程自行配置资金资源。

理事会，但是，艺术委员会在同其他地区之间的关系方面却存在不少问题，譬如每个地区都有着中央控制的观念，在拨款分配上都以大都市为重点。为了努力解决这些问题，艺术委员会进行了改组，并在2003年新设了一个地区艺术理事会。

对文化传媒体育部而言，它的问题是如何深入到这个复杂的制度结构中，面对区域化进程和经济文化要素之间不断增强的关联性找出对策，这也是它所分管的职责。其中，经济文化要素之间关联性的不断增强，已经成为文化产业的突出内容。不管是目标还是宗旨，许多持反对立场的艺术人士在考虑"艺术"问题的时候，也开始结合商业和经济的状况了。2000年，文化传媒体育部成立了区域文化财团，通过与地区艺术理事会和区域发展机构合作，在"联合"提供文化服务方面发挥作用。

区域发展机构的作用不断增强，加之它在经济上的推进进程，促使区域文化财团迅速把重点集中在文化产业上。在很大程度上，要制定地区的文化和旅游策略，就会要求区域发展机构发挥作用。只是，由于制定这样的策略前无可鉴，因而它们的作用并未得到充分发挥。区域文化财团的成立原是作为区域发展机构的配合角色，因此也并没有真正可供配置的资源。在英格兰东南区的案例中，一项成果则是创立了文化基石项目（SECCI，2001）。这对文化发展目标只是一个简明而又基本的宣示，但是，伴随着区域发展机构的作用和影响力日益扩大，文化基石项目实际上已经成为一种强大的中介形式。与此相应，区域文化财团也着手策划自己的方案，以便跟上区域发展机构的要求。这些行动的一个目标，就是加快文化产业的发展进程。

正如前面已经说明的那样，从报告书的发布本身，就已看到文化产业的发展进程。而在政府关于商业集群的报告书中［贸易工业部，（DTI，2000）］，又进一步明确起来，特别强调了文化产业集群在区域发展中的地位和作用。在地区这一层级上，大家关注的问题还是文化产业统计数据的缺乏。尤其在战略和政策的制订过程中，如果缺乏实证数据的支持，那么，不管是制订政策还是协调落实，文化产业的进程状况都很难估测。下面，我们就探讨一下如何采取有效办法来构建相关的数据基础。

构建数据基础

新的政策环境变化对文化产业提出了新的数据要求，因而也比以前更需要从多重来源采集有关的统计数据，目前还没有任何的专门数据能够满足任务的需要。尽管报告书对文化统计提出了新的要求，但从许多方面来看，区域范围的新数据却更不容易进行统计，原因在于，它必须调整和改善现行的统计方法和体系。有关区域机构已经认识到这是个难题，于是通过外包方式，把有关数据工作交由一些私营的顾问公司去承担。另外，各地的发展机构在策划各自区域的发展布局报告中各循一路，结果，各地之间的可比性也是一个麻烦。为应对这种客观状况和实际运行情况，明显需要促使有关的顾问机构共同协商制定出一套《区域文化数据框架》（DCMS，2003），为所有地区未来的文化数据统计创建一套标准。

方法、概念和定义

关于文化产业对经济的贡献大小，早期主要通过间接数据、影响力分析或多重分析的方法尝试进行评测（Pratt，2001）。之所以采用这种评测方法，不过是遵循一个基本逻辑，即对文化活动的价值进行直接评测遇到很多困难。报告书则借鉴各种传统的方法，试图对文化活动的直接影响力进行评测。研究人员在对艺术门类的就业分析中找到一些早期的方法。例如，欧铂睿和费斯特（O'Brien and Feist，1995）的研究，采取职业分类和产业分类相结合的分析方法，撇开现有数据框架下笼统的文化行业的就业情况，只采用文化产业中从事文化工作的劳动者数据，由此凸显出文化劳动的就业状况。近年来，人们还进一步主张，采取一种文化产业的系统模型，根据整个"产业链"的概念，从产业链的最上游直至最终消费的全部环节来进行分析。就像其他所有产业的研究一样，这种系统观点的出现，是因为人们认识到，在维持和促进文化产业发展的各个关键环节中，生产、分配和消费具有同样的重要作用。实际上，"产业链"模式与"职业"分类法的主要不同，就在于"产业链"模式把文化产业活动中的一切关联职业统统纳入了统计。

这方面，普拉特(Pratt, 1999; Pratt and Naylor, 2003)的文化产业生产系统模型(CIPS)便是一个例子。这个模型针对文化产品生产，创建出一种生产系统的产业链分析模式，它拓宽了创意产业的定义范畴。在他最初的综合模型中，文化生产系统主要包含四个"时序性"特征：

1. 内容原创。指创意的产生，以及因知识产权而具有的相应价值，常见的职业有作家、设计师或作曲家等。

2. 生产投入。通过转化成产品，或通过使用相应的工具及材料来实现创意，例如歌曲录制和著作录记，在这些生产活动中，必然包括乐器、胶片或音频设备的生产和供应。

3. 再生产。大多数文化产品都需要大量生产，例如印刷、音乐、广播和原创设计的规模化生产。

4. 交换。指投入市场或给予受众的过程，即通过批发和零售商，或是在剧院、博物馆、图书馆、美术馆、历史建筑以及体育设施等场所，以实体和虚拟方式进行销售。

根据联合国和欧盟(欧盟，2000)提出的建议，这个系统后来又补充了以下两个"时序性"概念。

5. 教育和评论(包括评论性创意的培训和研讨)。

6. 存储(包括图书馆和文化形态的"存储")。

从概念上看,虽然这个六阶段模型看上去更加完备,但由于实际数据缺乏的制约,目前这个模型的实用性不大。不管怎么说,就数据采集来看,这毕竟是个很有创意的模型。

文化生产的系统模型与创新模式存在很多相似之处,就像伦德瓦尔(Lundvall,1992)所阐述的那样,通过对文化产业生产特征的内在分析(Jeffcutt and Pratt,2002),我们找到了围绕文化生产体系的多重脉络(Grabher,2003)。从公共政策的角度,执行文化产业的系统模型,能重新评价政策干预诸多潜在的影响力,也能重新评价政策干预带来的附加价值。对生产过程的理解越深入,就越能充分洞察生产活动中的优势和劣势、机会和威胁,也能更加充分地评估生产活动的可持续性问题。

不过,如前所述,文化生产的系统模型在实际操作中仍存在许多问题,其中一个关键问题,就是主要的行业分类以及工业分类标准手册。在官方的有关商业数据统计方面,无论是从就业环节,还是直到产出环节,现行的统计一直都依照这些旧的分类体系。[①] 在英国,工业分类标准手册存在某种混合方法,并非所有产品都按照最终产品标准进行分类,仅仅是以服务业为主的部分产品按此标准进行统计。此外,虽然现行的经济活动和就业大多跟服务业脱离不了关联,但相对于制造业来看,对服务业界定说明却过于简单,在分类目录中更是显得笼统。[②]

这的确是现实中的一大遗憾。当代产业的分类方法,竟然建立在产业结构的历史形态基础上。结果,相对于制造业来说,这种分类体系就很难把服务业以及文化产业纳入到里面(Gershuny and Miles,1983;Wallker,1985)。在这样一种分类体系中,显然无法体现服务业

[①] 按照"职业分类标准"进行职业分类,与这里讲的"工业分类标准"有所重复。
[②] 普拉特(Pratt,1997,2000)详细探讨了这些问题。

实际的重要地位。再者，服务业的统计数据其实也不够完善和准确，这就阻碍了服务业和文化产业发展的客观需要。

此外，在工业分类标准手册中，还有两大行业的目录更被完全忽视。第一是新兴产业，而英国最新的分类标准却是1992年修订的，不过，新媒体的增长可以从1993年的资料中推算出来。① 第二是特殊行业，譬如高端时装业，虽然英国官方把它列入文化产业，可是工业分类标准手册却没有任何分类代码来体现所谓的"高端"，由此也无从体现中心商业街的那些低端服装业。正因为诸如此类的一些原因，很多创新型的行业，都没能在工业分类标准手册中得到相应的体现。

鉴于这种情况，从事文化产业研究的学者只好本着务实的精神，发挥聪明才智来进行研究。一个基本的研究课题，是对产业活动进行细致分类（4位数代码分类），不但能包括单纯的文化形态产业，也能包括以局部融合形式产生的"文化产业"。这也是本章采用的分析方法。附件1是所选取经济活动的具体内容，然后再按普拉特（Pratt，1977）关于文化产业生产体系的四步模型理论进行重新组合。

东南区的案例

这一节描述区域文化产业的概貌，并对如何构建区域文化产业的相关方面和问题进行阐述。就像英格兰的其他地区一样，在英格兰东南部地区，首先需要规划出一个区域发展战略。于是在2002年，制定了为期10年的东南区回顾经济战略（SEEDA，2002）。为了配合这一战略目标，区域文化联合会还提出一份视野更加广阔的战略分析报告，即东南区创意产业的影响分析（DPA，2002）。本章即采用了报告

---

① "工业分类标准"中出现"新产业"类别，至少还需要15年的时间。工业分类标准手册的修订工作从2003年开始协商，2007年将出台修订版，即便如此，它的文化产业分类法仍然缺乏足够的代表性。

的部分内容。这份报告基于对可靠的综合性数据[①]进行案头分析,同时也通过部分的实证调查来加以补充,结果拓展了"文化产业部门"的定义(见附件1)。它与传统定义的区别主要体现在,体育产业和旅游业被补充到新的文化产业部门中。

单元布局

东南区发展机构负责的单元布局规划,并不是社会、政治或经济空间的逻辑划分。实质上,它环绕伦敦形成一个270°的发展带,但并不包括伦敦在内(参见图2.1)。另外,该机构也曾广泛讨论过一种方案,设想把伦敦以及"其他东南区"(也就是本章中的东南部规划区)作为一个整体(Simmie,1994),它在逻辑上的设想是,整个英格兰东南区环绕伦敦中心,形成一个从工作区到旅游区,乃至作为直接经济腹地的统一布局。因此,把伦敦排除在外的任何实际分析可能都存在问题。不过,肢解统一经济布局的现实障碍是政治和行政因素。由于伦敦直到2003年都没制定出它的区域性战略,这就进一步拉大了跟其他地区的差距,削弱了整体战略的协调一致,因而,这个规划实在没有办法顾及伦敦。就算对比"其他东南区"来看,伦敦在推出战略规划和设立相关机构方面,也整整迟滞了三年,[②]而原因仅仅是伦敦的市长选举。只有在市长选举结束以后,大伦敦当局和相关发展机构,也就是伦敦发展署才能开始工作。

人们期望伦敦和东南区之间有可能会根据各自的特性来确定相互关系,其实也就是出于这么一种假设,伦敦具备现实的吸引力,尤其是在吸纳劳动力和号召消费者方面。有人甚至还预测,比起伦敦所能发挥的作用,伦敦周边的东南地带可能会在创意产业方面存在不小的

[①] 笔者使用的资料来源于年度商务调查、年度就业调查、劳工队伍调查和部门间业务注册登记,还有黄页(商务资料)和工商管理部门的补充资料。
[②] 参见大伦敦市议会(GLA,2003)和大伦敦市议会经济出版物(2002)。

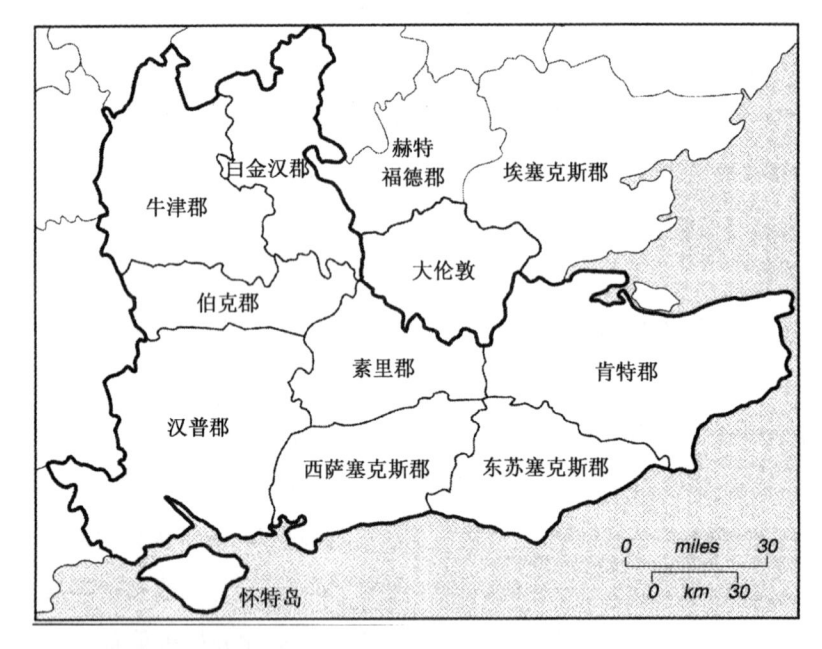

资料来源：LSE设计室。

图 2.1　东南区：毗邻大伦敦和东区

落差。更进一步来看，如果文化产业确实遵循某种发展逻辑，人们可能会得出一种预测，文化产业结构的调整，结果会对伦敦"内容产地"的门类排序产生示范效应。

文化产业的部门分析

在分析报告中出现的一个重要指标是，2000年东南区的文化产业创造了558 643个就业岗位，这就决定了文化产业构成经济的主要组成部分的地位。从表2.1可知，在就业数量方面，排在文化产业之上的，只有销售行业、酒店餐饮业、银行金融业、公共管理行业和卫生及教育行业。表2.1还证明了前面提到的观点，如果文化部门在统计方面更完善，它肯定要比现在还要受到重视。表2.2显示，尽管东南区文化产业的就业规模已经非常了不起，但与相邻的伦敦的文化产业就业人数(705 779人)相比,仍显得相形见绌。总体来看,东南区文化部门的就业数量仅占英格兰全部文化劳动力资源的19%(如果东南区和伦敦文化部门的就业总量加在一起,则占英格兰全部文化劳动力资源的44%),我们也许很自然地会期望,一切经济活动都能集中在伦敦和东南区,而整个英国的经济布局也的确一向都不平衡。然而,就整个英格兰的文化劳动力资源来看,东南区虽只提供了17%的就业,但文化部门的活动聚集度更高,这是它的一大特点。我们还可以看到,在英格兰的全部就业人口中,文化部门的就业人口占到了13%。而在东南区,相应的数字是15%,伦敦则是17%。

表2.1　　2000年伦敦和东南区按主要工业分类的就业人数

工业分类	伦敦	东南区
1. 农业和渔业	4 622	40 688
2. 能源和水务	13 915	19 163
3. 制造业	285 840	432 596
4. 建筑	130 584	156 292
5. 销售、旅馆和酒店	887 840	944 068
6. 运输和通信	317 924	242 630
7. 银行、金融和保险等	1 360 242	836 251
8. 公共管理、教育和卫生系统	798 585	810 846
9. 其他服务业	261 110	180 951

资料来源:年度商务调查(ONS 2003),版权归英国所有。

表2.2　　2000年伦敦、东南区和英格兰文化产业的就业人数

(按文化产业生产体系的功能划分)

文化产业生产体系	伦敦	东南区	英格兰
内容原创	397 550	256 165	1 191 557
投入物制造	16 569	37 961	178 301
再制活动	41 290	28 292	188 053
交易活动	161 489	158 806	900 039
总计	705 779	558 643	2 870 345

资料来源:年度商务调查(ONS 2003),版权归英国所有。

同整个国家的基本情况一样,东南区的文化企业最显著的一个特

点是小公司非常多,大型企业却寥寥无几。能采集到这些企业规模的准确数据,事实上,是根据按增值税登记的企业和机构统计。分析发现,年营业额不到50万英镑的公司,比例高达86%,还有不少公司规模可能还达不到增值税的起征点,也就是5.6万英镑,因此也就不会列入统计数据了。① 相对应的是,该地区的企业平均雇员数约为8人,文化企业的年均营业额大约在90万英镑。

传统观点认为,文化产业的雇用人员,很大比例都属于临时性质和自由职业,抑或是个体户形式。这种就业特性与其他产业差别很大,其他产业的就业模式都以边际雇用来体现,而文化产业的就业模式则表现为核心雇员(Blair:《论电影产业》(On the film indisstry), 2001)。在整个英国,文化劳动力资源中的个体户就业率为22%,伦敦高达34%,东南区则低于全国平均值,仅为19%。从现有数据中,还无法单独统计兼职和短期就业的规模。另外还有一种就业类型,就是打工式的就业,在东南区倒更呈现出边际特性,在全部文化劳动力资源中占到30%的比例。同英格兰的其他全部地区相比,这一比例排在倒数第二低的位置,伦敦排倒数第一,打工式的就业比例只占21%。

归纳来说,这是一个由小企业和低产值为主要特征的产业,却能创造大量就业,其中又以个体户形式的自雇就业类型(包括自由职业和短期合同)占比重最大。人们都会觉得,文化企业魅力无限,可以吸引高薪人士,少数巨星甚至还能获得天文数字般的收入。虽然有些夸张,不过从另一方面来看,尽管这一产业的主体都是小公司和自由职业者,人们也许想象不到,它的全职就业人员每周的平均工资,要比所有行业的平均水平高出20%。此外,同英格兰所有其他地区相比,无论各地普遍存在着差异,尤其是生活成本的差异,人们也许同样想象不到,东南区文化产业的全职就业人员,他们的收入要比其他地区高

---

① 此处引用的全部营业额数据均来源于DPA(2002)。

出18%。①

或许，人们对文化产业想象不到的另一个因素，是教育程度。现实中我们常会遇到这么一种情况，一名艺术工匠可能没有什么正规学历。还有，一般来说，我们通常认为在小公司、个体户以及自由职业者为主的从业人员中，是不太可能具备高等教育程度的。但事实却恰恰相反，它的就业人员普遍具有高等教育学历，可以说是文化产业的又一个特点。即便他们的高等教育学历与从事的工作可能不完全都能学以致用，不过，拥有学位或同等学历的人数却达到了30%的比例。相应的，东南区整体就业人口中，这一比例仅为20%。

除了文化产业的上述许多特征，它最为突出的一个亮点还是在于增加就业。表2.3显示，1995～2000年期间，文化产业的就业增长率，整个英格兰是22%，伦敦是29%，东南区为34%。同期所有产业的就业增长率，整个英格兰是16%，伦敦是23%，东南区为24%，东南区和伦敦的就业增长率水平大幅高于英格兰的整体水平。

表2.3　　1995～2000年伦敦、东南区和英格兰文化产业就业人数变动率(%)

（按文化产业生产体系的功能划分）

文化产业生产体系	伦敦	东南区	英格兰
内容原创	33.8	39.9	26.6
投入物制造	18.1	13.4	6.8
再制活动	1.9	−3.4	−3.3
交易活动	9.0	24.9	12.8
总计	28.9	33.7	22.3

资料来源：年度商务调查(ONS 2003)，版权归英国所有。

把伦敦排除在外，人们可能还尚未着手对东南区进行单独的分析，不过许多调查结果都已经显示，该地区的文化产业还会出现很多意想不到的其他特点，其中最明显的一个，是报告书中反映的规模与

---

① 这一数字虽然高于英国的平均收入水平，但东南区的生活成本也高于英国的其他地区，故实际收入水平并没那么高。

增长。就这一点来说,文化产业不但发展很快,而且增长速度也超过了其他的经济产业。我们一般觉得,伦敦的文化产业活动已经相当密集,可是,根据相关的数据来看,伦敦文化产业的密集度还远远高过其他的经济领域。显而易见,在区域层面上,文化产业具有强劲的增长力。如果对比伦敦和东南区文化产业的发展过程,也会发现一些想象不到的情况,譬如,东南区的文化产业发展一直比伦敦还要快。这种现象的背后究竟有哪些因素呢?下面,我们将以文化生产系统的功能理论为基础,展开进一步的分析。

文化产业的生产系统分析

要分别考察文化生产的各种功能,就必须重视几个驱动要素。第一,如表 2.2 所示,在文化产业中,就业最集中的领域是内容原创部分,其次则是交换活动部分。2000 年,内容原创领域的就业比例,全国平均水平为 41%,东南区是 45%,伦敦是 56%。此外,东南区在制作投入中的比例要高于伦敦,前者是 7%,伦敦是 2%。

第二是变革的驱动因素。表 2.3 显示出,就全国层面来说,文化产业的正增长大多依赖于内容原创。东南区也同样如此,只是复制领域的正增长相对降低,这与全国趋势也表现一致。伦敦的情况与东南区却略有不同,复制领域呈现出正增长,但交换领域的增长则相对缓慢。

如此来看,东南区以这种增长模式保持着持续发展。从扶持力度的角度来看,它已从一个落后地区明显变为内容原创生产的推动力量。在复制生产领域,它相比伦敦有着很大的降低,而复制生产又与文化产业中的大众产品关系最紧密。由此产生出一个问题,所谓的"扶持措施",周边地区可能也会采用,甚至还会被国外效仿。这个问题可能会对生产系统高度依存的观点提出质疑,值得进行更深入的研究,但在这里暂且先不讨论。

不用说,制作投入领域也是促进文化产业就业的驱动力之一,这在全国范围内都显现出了它的推动作用，在伦敦和东南区表现得更是强劲。就全部制造业来看，几乎普遍出现投入下降的局面，尤其是东南区的制造业，下降得更为严重。而文化产业的制作投入，却是少数几个保持增长的行业之一。这充分揭示出，在整个生产系统中，制造领域和内容原创领域的活动存在着内在的本质关系。①

最后，我们观察一下价值链的某些方面。通常，收集相关数据非常困难，最好的办法也只有考察产值数据，也就是投入产出的有关统计。首先来看企业的营业额（东南区文化产业的营业总额为470亿英镑），然后再按产业功能进行分类，由此就可计算出前面有关就业的报告依据，也能发现制造环节对价值生产的作用非常巨大，占到营业总额的36%。而内容原创的作用甚至更大一些，占到营业总额的37%。这些事实说明，与文化产业相关的制造生产，即便是置于整个文化经济中观察，也依然具有重要地位。此外，制造环节还对内容原创的稳步增长具有协同的作用。至于内容原创公司，尽管相对于中型为主的制造企业来说，它们都是些小公司，但对于文化产业总产值的贡献度，却同样是至关重要的。

集群分析

我们再来看一下文化产业在区域内的规模配置。一个突出的现象是，交换领域的就业人数更多集中在人口最多的区域。此外，与东南区经济活动的基本模式相对应，我们还对该地区东部的制造业生产活动进行过一次考察。东南区的经济增长，传统上依靠M4公路沿线的西部走廊地带的工业（Hall et al.，1987），而且也依靠着国防工业和科技企业。就一般意义来说，新兴的文化产业对于西北地带传统工业的经济增长没有带来明显的影响。

---

① 显然，这是一种相关关系。至于是否为因果关系，尚需进一步做定性研究，以补充证据。

所有这些讨论，都涉及文化产业在微观意义上的布局规模问题，也就是集群问题。文化产业的一个重要特点，是企业和劳动力具有聚集的特性(Scott，2000)。本章所依据的全部相关数据，已印证了这一具体分析得出的结论。同时，有关调研和文献研究得到的结果，也同样是一致的。这项调研揭示出，在东南区文化产业中，的确存在一些集群现象，而且还具有普遍性。当然，如果要进行精确调查，只能通过更深入的研究。譬如，该地区与一级方程式赛车团队联合开发的"汽车运动谷"项目(Henry, et al.，1996；Pinch and Henry，1999)，在伦敦南部的吉尔福德市快速形成的电脑游戏产业集群，在南部海滨城市布莱顿出现的新媒体产业集群，以及在西北部的牛津城周边形成的重要的出版业集群等，都是区域性产业集群很好的案例。其中，"汽车运动谷"协同海洋娱乐产业联合会，通过建立密切的合作，已经开发出许多运动节目，像考斯镇周(Cowes Week)活动，就为全国的艺术材料及技术创造了新的需求。这些技术跟一级方程式赛车，以及该地区传统的海防工业都有一定的重叠性，因为该地区的海防工业同整个南部海岸的帆船、游艇等航海休闲活动本来就有着密切关系。

遗憾的是，对于所有这些人们熟悉或不够了解的行业，统计调查只能关注到某些局部，远远没有全面覆盖。整体而言，相关的统计数据一直无法反映这些重大文化活动的产业集群情况，原因就在于，现行的工业分类标准，无法对应每个生产系统的复杂的产业关系。一级方程式赛车、电脑游戏或海洋娱乐产业，统统没有对应的工业分类代码。很明显，正是由于文化产业的强劲发展，还由于某些特定文化产业通过集群方式而出现的非凡业绩，值得人们去做更深入的研究。

前述的证据表明，东南区的文化产业具备一系列强大元素。我们可以看到，那些可以衡量的产业部类都有非常显著的增长。同时，再加上一些奇闻轶事方面提供的证据，说明还有另外许多元素也在发挥作用。这一发现是惊人的，证明了在内容原创和制造活动两方面都有着强劲的表现。另外它还表明,作为一个理论模型,它很可能与我们期望的相吻合,也就是说,在内容原创和制造活动之间确实存在着重要的正相关关系。与后工业社会的肤浅读物相反,知识经济并未割裂与制造活动的联系(文化产业代表着知识经济的某个特定组成部分)。在这些研究结果的基础上,还需要深入研究一个重大课题,就是更加精确地探索社会与经济特征在这些产业内部和产业之间存在怎样的相互依存关系,从而揭示出产业集群化发展趋势的规律及其内在优势。

结论:艺术的可能

英国政府对文化产业率先进行更加完整的系统分析,已经引起全世界的广泛关注。最初的研究发现,文化产业在经济中可以发挥重要作用,而且也会增加出口收益。随后,文化产业的大幅增长本身又进一步强化了人们的期望。不过,在深入研究文化产业嬗变的性质方面,还缺乏详细的分析和对过程的理解。这些研究成果及其最初的"规划蓝图"已被若干国家借鉴和采纳。由于文化产业的推进及其对经济增长表现出的明显作用,英国在政策发展方面还会进一步扩大范围。

本章概述了英国政治制度的内在动力如何涵盖所有的政策领域来引导地区的发展,其中也包括文化产业。政府的大力推动带来一个主要结果,就是促进文化产业加速融合到地方经济的发展规划中。它还带来另一个结果,即对地区发展的数据进行收集及分析,特别是在文化产业的数据收集方面创建了一个更强大的理论体系。本章讨论了对英国东南区在1995~2000年文化产业变化的分析结果。

以东南区这样一个标准行政区域来分析文化产业,也许不是特别有用。不过,对于这一层级的地区及其政府而言,他们是必须制定相应政策的,所以,本章便以它作为一个模板来进行研究。最初估计,研究结果很可能显示,东南区在文化产业中会从属于伦敦,因为东南区的土地使用面积更大,劳动密集型产业也更多,而伦敦则集中了高知名度的内容生产的产业。

但研究结果却表明,东南区的文化产业增长比伦敦更为迅速;同时,在内容原创活动方面,东南区外围区域同伦敦中心区域实际上旗鼓相当。确实已有不少证据表明,文化产业活动具有密集性聚集的特征,但就东南区和伦敦的许多地方来看,还有待发现更多的文化产业集群。最明显的一个问题是:为什么会出现这种增长?诚然,英国经历过一段快速的就业增长,文化产业对此也贡献很大,尤其在东南区和伦敦。但究竟何以会出现这样的增长,实际上没有一个简单的答案。截至目前来看,它与政策似乎也没什么直接关系,因为在研究设定的期限中,几乎还未曾实施过什么文化产业政策。很明显,要回答这个问题,就必须进行更深入的产业链纵向方面的分析。我们发现了一个要点,而且它可能还昭示了未来的分析方法,即制造、交换和内容原创等环节似乎确实存在一种增长共发效应。这一发现对理解东南区和伦敦之间密切相连的生产功能及其价值很有启发。要知道,这些活动在空间分布上确实呈现出以许多地方为节点或集群的特点。在区域层面上,制定文化产业政策最可能的是充当一种辅助性的经济政策,而未来的政策制定者将面临双重挑战——究竟是把文化产业纳入现有的标准产业政策范畴,还是制定独特的文化产业政策?各地区在文化产业领域的政策制定方面又如何做到相互协调?

对近年来文化产业的大幅增长,人们始料未及,这个事实本身就提示我们需要进行更基础的研究。到目前为止,英国采取的步骤还不算很大,或许这可以理解成是为促进文化产业发展而做出的某种探索。但在很多方面,也正在形成一种非常巧妙的政策模式,促使文化产业的各种活动可以展现出来,而这些活动一旦显现,便有可能进行政策管理。需要注意的是，虽然文化经济的整体部分已经显现，但其"非经济"活动还没有被触及。在实践中，文化产业需要依靠众多的网站，包括交易网站和非交易网站，我们尚未涉足这种交易网站或与交易相关的网站，更可悲的是，我们对非交易活动的分析一直是个空白。未来的挑战主要是探讨这些非交易活动的定性方法和调查方式。在文化产业分析中，非交易活动可能意味着非营利性创作和纯艺术，我们需要研究这种非交易活动与文化产业中诸多商业性活动的耦合度。

英国政策环境的转变，对地区发展的强调，促使我们对文化产业进行较低层级的分析。从国家层面对文化产业进行分析已经引起广泛重视，但相关的研究结果表明，只有深入到区域层面进行研究才能解决更多的实际问题。不过，对研究人员和政策制定者来说，他们面临的最大挑战还是如何采集到更充足的信息。对二级来源的信息已进行了"再利用"，几乎开掘殆尽，现在就需要有更全面的数据。当然，也需要有更详细的数据，以便对整个产业链中的互动、互通以及相互接近的微妙关联进行考察。收集更详细的数据其实不愁没有丰富的资源，但就目前来说，如果想要建立一套实用和翔实的数据库，还须优先解决最迫切需要的部分才好。

附件1 文化产业部门一览表

文化产业的工业分类代码表可用于分门别类地分析文化产业的生产体系，所有的4位数工业代码均引自1992年标准工业分类法。

内容原创

2211：书籍出版　　　　　　　2215：其他出版物

2212：报纸出版　　　　　　　7220：软件咨询和供应

2213：杂志和期刊出版　　　　7420：建筑/工程活动

2214：音频录制品出版　　　　7440：广告

7481：摄影活动　　　　　　　　9220：广播电视活动

7484：其他商务活动　　　　　　9231：艺术和文学创作等

9211：电影和视频制作　　　　　9240：新闻机构活动

投入物制造

2464：摄影化学品制造　　　　　3512：游览船等修理

2465：未录制媒介制造　　　　　3622：珠宝制作

3210：电子管等制造　　　　　　3630：乐器制作

3220：电视/广播发射机等制造　　3640：体育用品制造

3230：电视/广播接受机等制造　　3650：游戏产品和玩具制造

3340：光学仪器等制造

再制活动

2221：报纸印刷　　　　　　　　2231：音频产品复制

2222：印刷　　　　　　　　　　2232：视频产品复制

2223：书刊装订　　　　　　　　2233：计算机媒体复制

2224：排版制版　　　　　　　　9212：电影和视频分销

2225：与印刷有关的活动

交易活动

5143：家用电子产品批发　　　　5512：旅馆、旅社（无饭店）

5245：家用电子产品零售　　　　5521：青年旅社和山间小屋

5247：报刊零售　　　　　　　　5522：露营地（含房车宿营地）

5511：旅馆、旅社（有饭店）　　5523：提供其他出租房

9213：电影放映

9232：艺术设施营运

9233：展览会和游乐园活动

9234：其他娱乐活动

9251：图书馆和档案馆活动

9252：博物馆等活动

9253：植物园和动物园等

9261：体育馆和运动场营运

9262：其他体育运动

9271：博彩活动

9272：其他休闲活动

参考文献

Blair, H. (2001) "'You're only as good as your last job': the labour process and labour market in the British Film Industry," *Work Employment and Society*, 15: 1–21

DCMS (1998) *The Creative Industries Mapping Document*, London: Department of Culture, Media and Sport.

—— (2001) *The Creative Industries Mapping Document*, London: Department of Culture, Media and Sport.

—— (2003) *Regional Cultural Data Framework*, a report for the Department of Culture, Media and Sport prepared by Positive Solutions, Business Strategies, Burns Owens Partnership and Andy C. Pratt, London: Department of Culture, Media and Sport.

DPA (2001) *Brighton and Hove Creative Industries Report*, a report for Brighton and Hove Council, London: David Powell and Associates.

—— (2002) *Creative and Cultural Industries: An Economic Impact Study*, a report by David Powell and Associates for South East England for South East Cultural Consortium and South East England Development Agency, Guildford: SEEDA.

DTI (2000) *Business Clusters in the U.K.: A First Assessment*, London: Department of Trade and Industry.

European Union (2000) *Cultural Statistics in the EU: Final Report of the LEG*, Brussels: European Union.

Gershuny, J. and Miles, I. (1983) *The New Service Economy: The Transformation of Employment in Industrial Societies*, London: Pinter.

Grabher, G. (2003) "Cool projects, boring institutions: temporary collaboration in social context," *Regional Studies*, 36: 205–14.

Greater London Authority (2003) *London Cultural Capital: Realising the Potential of a World-class City*, London: Greater London Authority.

Greater London Authority Economics (2002) *Creativity: London's Core Business*, London: Greater London Authority.

Hall, P., Berheny, M., McQuaid, R. and Hart, D. (1987) *Western Sunrise: The Genesis and Growth of Britain's Hi-tech Corridor*, London: Allen and Unwin.

Henry, N., Pinch, S. and Russell, S. (1996) "In pole position? Untraded interdependencies, new industrial spaces and the British motor sport industry," *Area*, 28: 25–36.

Human Capital (2001) *The U.K. Games Industry and Higher Education*, a report for DTI, London: Human Capital.

Jeffcutt, P. and Pratt, A. C. (2002) "Managing Creativity in the cultural industries," *Creativity and Innovation Management*, 11: 225–33.

Lundvall, B. (1992) *National Systems of Innovation*, London: Pinter.

O'Brien, J. and Feist, A. (1995) *Employment in the Arts and Cultural Industries: An Analysis of the 1991 Census*, ACE research report no. 2, London: Arts Council of England.

Pinch, S. and Henry, N. (1999) "Paul Krugman's geographical economics, industrial clustering and the British motor sport industry," *Regional Studies*, 33: 815–27.

Pratt, A. C. (1997) "The cultural industries production system: a case study of employment change in Britain, 1984–91," *Environment and Planning A*, 29: 1953–74.

—— (2000) "Employment: the difficulties of classification, the logic of grouping industrial activities comprising the sector, and some summaries of the size and distribution of employment in the creative industries sector in Great Britain 1981–96", in S. Roodhouse (ed.) *The New Cultural Map: A Research Agenda for the 21st Century*, Leeds: Bretton Hall, Leeds University

—— (2001) "Understanding the cultural industries: is more less?," *Culturelink*, Special issue: 51–68.

Pratt, A. C. and Gill, R. (2000) *New Media User Networks*, a report for the Arts Council of England, London: Arts Council of England.

Pratt, A. C. and Naylor, R. (2003) "Winning customers and business: improving links in creative production chains," evidence given to the Mayor's Commission on Creative Industries, available online at: <http://www.creativelondon.org.uk/commission/evidence/index.htm> (accessed 15 October 2003).

SECCI (2001) *The Cultural Cornerstone*, Guildford: SECCI.

SEEDA (2002) *Revised Economic Strategy*, Guildford: SECCI.

Simmie, J. (1994) "Planning and London," in J. Simmie (ed.) *Planning London*, London: UCL Press.

Scott, A, (2000) *The Cultural Economy of Cities*, London: Sage.

Siwek, S. (2002) *Copyright Industries in the U.S. Economy: The 2002 Report*, Washington: The International Intellectual Property Alliance.

Tomaney, J. (1999) "New Labour and the English Question," *The Political Quarterly*, 70: 75–82.

—— (2000) "Debates and developments – end of the empire state? New Labour and devolution in the United Kingdom," *International Journal of Urban and Regional Research*, 24: 675–88.

Walker, R. (1985) "Is there a service economy?," *Science and Society*, 49: 42–83.

第三章　城市、文化与"转型经济"
——圣彼得堡文化产业的发展

贾斯汀·奥康纳（Justin O'Connor）

本章主要检视英国和俄罗斯这两个迥然而异的国家的文化产业政策问题。具体而言，通过分析欧盟资助的曼彻斯特和圣彼得堡之间的一项合作伙伴项目[①]，来观察欧洲与前苏联国家之间如何通过知识转移来促进经济发展。这个具体项目的目标，是把文化产业合理地置于经济发展的维度之中，通过分析曼彻斯特创意产业发展服务局（Manchester's Creative Industries Development Service，CIDS）及其合作机构的专业化指导，来观察它们如何影响政策转换问题。[②]

对于圣彼得堡的文化政策而言（整个俄罗斯也一样），这个项目意味着直接引入"文化产业"，并将文化政策置于当地政策领域里的中心位置。对政策官员和文化机构来说，这要求他们真正转变思想，而且又由于以小的文化生产单位为对象，因而也要求他们对自身作为一个

---

① 芬兰赫尔辛基（城市实情组织）参与了该合作项目第一阶段的工作，并保持着非正式的联系。

② 该项目分为两个阶段。第一阶段为期18个月（2001年2月～2002年7月），由欧盟的技术支持独立国家联合体（TACIS）机构资助一项跨境合作项目，旨在为圣彼得堡的中小企业和自由职业者发展文化产业进行政策研究和开发，同时，促使州立和市立文化机构弘扬创业精神。这是圣彼得堡、赫尔辛基和曼彻斯特的城市管理当局建立的三方正式合作伙伴关系。实际上，这个项目是由蒂莫·坎泰尔（Timo Cantel，赫尔辛基城市实情）、苏·考西（Sue Causey，威尔士王子商界领袖论坛）、埃莱娜·贝洛娃（Elena Belova，里昂惕夫中心）和我（曼彻斯特学院当代文化中心）进行指导和管理的。第二阶段也是为期18个月（2003年1月～2004年6月），在TACIS关于合作伙伴关系的体制建设计划（IBPP）框架内，在支持民间社会和地方举措的特定路线下，继续向前推进该项目。这个IBPP计划旨在推动两个独立的非营利机构建立合作伙伴关系，这两个机构分别是曼彻斯特创意产业发展服务局（CIDS）和圣彼得堡行将出现的同类组织。我们的目的是推动后者的组建工作，并以此作为牵头机构，促进圣彼得堡的文化产业发展，并使当地的政策环境更加适合于落实此类举措。

整体文化部门中的角色要有正确的认识。在本章的稍后部分,我将讨论文化产业发展的政策举措碰到的一些具体困难,但在这里需要首先观察的,则是对于政策理解或转换的实施过程。这会凸显文化产业讨论中的一些更广泛的概念和范围,而这也是本书关注的主要方面。简单地说,虽然推动文化产业发展的一切概念和范围与经济发展目标之间都具有明显关系,但我们在"文化产业"的探讨中却未必要一一涉及,不管是文化产业促进政策方面,还是这些政策通常所代表的部门。我们可以清楚地看到,在俄罗斯的背景下,对于"技术诀窍"和"最佳做法"进行转化的关键问题,需要就许多基本原则做出更加明确的概述,从而建立基本的共识。

文化产业的语境建构

"文化产业"是话语的建构。这个概念本身在历史上就很复杂,而且,关于它的实际含义也一直处在不停的探讨中。在某种程度上,这个定义涉及产业范围的问题(即哪些应该包括在内,哪些应该排除在外)。在统计学意义上,这是一个争论的核心问题。虽然统计学的争论细节在此无关紧要(O'Connor,1999a),但这些争论却蕴含着更深的意义,即如何构建这个"特定的经济"。标准工业分类和标准职业分类代码,反映了19世纪的原料采掘与生产模式的转变,从制造、转换、分配到消费,都转向一种流动性更强也更复杂的模式。在这种新的模式中,信息处理以及消费者观念的易变性,给生产链的所有环节都带来很大影响。这引起了对"文化"和"经济学"的界限更广泛的讨论,并提出了"文化"与"经济"的双向转化问题(在此不予展开讨论)(du Gay and Pryke,2002)。如何定义文化产业其实是一项实际操作,它要构建这个新出现的产业部门的边界,并就新"经济"和新"文化"的不稳定状态方面对这一产业部门进行安排。在政策层面上,这也是必须完成的一项工作,并且借助这项工作来展现它的活力和前景。对文化产业进行定义,旨在说服人们如何理解当代文化的意义——这固然涉及新的经济学,但我认为,首要的还在于更具核心意义的新文化具有的含义。

20世纪80年代初期,大伦敦地区议会(GLC)就接受了这一观念,该机构曾经尝试把阿多诺粗暴荒谬的论点用于更加正面的工作(Adorno and Horkheimer,1944),而且利用这个观念形成了民主文化政策(也包括民主文化政治)的愿景,这使通俗文化及其各种生产方式的增长对传统高雅艺术的金融支持带来挑战。在支持通俗文化及其生产方面,大伦敦地区议会突破从前的旧有模式,采取直接或借助于某些机构的方式,为个体艺术家提供支持,同时,也把文化"部门"视作一个整体,重视对它的干预。他们还采用产业部门和经济发展的语言系统,尤其是媒体与文化研究领域所创造的"价值链"概念,对文化产业进行了规划。所有这一切的目的,当然是为了发展当地经济,但这也是为了支持和促进生产中的创意环节,甚至包括更小的企业和更具本地特色的创意活动,由此赋予他们更强的生产力和更多的劳动回报。虽然这种种想法不甚明确而且也会迷茫,但他们毕竟制定出了一项政策,这项政策不单单关乎经济,而且是民主的和当地的(虽然以伦敦为中心)文化政策。

在英国,出现了一个替代性术语,即"创意产业",澳大利亚、新西兰、加拿大和美国人也在越来越多地使用这个术语。其实,这个词汇是英国政府的文化传媒体育部(DCMS)在1998年创造出来的。相对于文化产业的一些定义,譬如"文化产业是文本的工业化生产和流通的过程"(Hesmondhalgh,2002:12),再譬如"文化产业是指那些经济价值源于其文化价值的产业"(O'Connor,1999a:34),最新的学术文本则把它定义为"核心"的文化产业。英国文化传媒体育部却基于非常有限的分析力量,采用一些关键的流行语,把文化产业置于一个全新的经济领域:"文化产业是指以个人的创意、技能和天赋为源泉,形成知识产权并加以利用,为创造就业和财富带来潜力的那些活动"(DCMS,1998:3)。"文化"被"创意"所取代,意味着含有英国精英意识的一个词汇,被一个揉合了全部含义的词汇所取代。这个新的词汇,既揉合了一种新式的官腔官调,也揉合了年轻世代的叛逆精神,这些年轻世代对撒切尔主义毫不感冒,他们的偶像是英伦摇滚歌星(Harris,2003)。"创意"这个词,与英国首相托尼·布莱尔的"第三条道路"密切相关,也同撒切尔政府倡导自行创业的演说有关,当然,现在来看,原来那种对维多利亚时代"自力更生"的怀旧情怀,已经变成了60后一代的青春创造(Leadbetter and Oakley,1999)。这其实就是争夺现代话语权的一部分,20世纪80年代后期关于"新时代"的大辩论最能显示出这个变化(Hall and Jacques,1989)。

作为文化中介的政策倡导者

赫斯蒙德夫(Hesmondhalgh,2002)关于文化产业的辩论完全是学术性的,既不考虑这个词汇的实用性,也不考虑跨域不同政策领域和服务不同利益集团时的可操作性。我认为,文化产业最主要的应用场所还是当地的城市和区域。20世纪80年代末期和90年代初期,决策者及其顾问机构开展的文化产业大讨论,从大伦敦地区议会逐步蔓延到了英国的其他都市地区。这些讨论影响了各地的地方规划,以不同的方式促使他们重新审视规划取舍,并获得了不同的成功。事实上,在以往的二十多年中,尽管文化产业的全球化程度不断提高,但文化产业政策却一直体现出强烈的地方特性和浓郁的都市色彩。也可以说,这种新的政策目标的确立,即文化政策领域的重新配置,极大推动了经济发展迈向所谓的攻坚地带,而且,在大伦敦地区议会的政策中,它的鲜明的文化政策也透过城市再生以及相关的社会政策体现出来。这对当地及其独立性方面具有特别的重要性,于是,新的政策目标不断延伸到其他领域,进而在整个经济发展的广阔空间中不断地发挥作用。

在赫斯蒙德夫的著作中,还有一个被忽视的关键层面,即不论从学术角度还是政策方面,文化部门本身也即名义对象本身无法在"文化产业"这个概念中得到反映,至少无法立刻就会使人注意到它。有些人根本没办法明白,对各种不同的职业和企业的活动到底有着怎样的关系。运用词汇的排除法,或者根据对公司的既定分类,有些人倒还觉得明白一些。政策倡导者认为,文化产业这一部门缺乏必要的声音,它需要表达自己的要求,需要有产业部门的自觉意识,需要找出与其他经济团体的一致性,在围绕政策目标的自身建设中能够展开合作(O'Connor,1999a)。如果操弄语汇的一个基本作用是把经济学和文化之间存在的对立关系消除,那么,这势必会牵涉文化生产者的自我认定以及身份问题,对这种反反复复的灌输与接受过程,奈杰尔·思瑞夫特(Nigel Thrift)称之为"形象化的行为认知",但也可以看作是由于习惯而形成的面貌(O'Connor,1997,1999a,2000b)。

如此来看,如何叙述文化产业不仅仅是简单的政策制定问题,在更大程度上,还意味着政府职能的转变。这需要一整套全新的自我认识,这种自我认识正是把握新文化经济的关键要素之一(O'Connor,2000b)。从这个意义上说,凡是倡导文化产业战略的参与者都承担着一种"文化中介"的角色。赫斯蒙德夫等(Hesmondhalgh,2002;Negus,2002)最近也指出,在文化产业这个术语的使用中,一直就混杂着许多非常不同的含义,至少与布迪厄(Bourdieu,1986)最初的意思不一样。布迪厄发现,在社会和文化的变革中,出于对自我利益及其所属阶级利益的敏感,总会出现许多活跃而自觉的变革代言人,而且他们会在文化批评领域确立某种自我定位(Bourdieu,1986;Hesmondhalgh,2002),譬如那些极力推动全新生活方式的人们(Featherstone,1990;O'Connor and Wynne,1998),再譬如另一些人则能掌握文化生产链中的产品选择权(Negus,2002)。这还可以指那些能够"翻云覆雨"的能人,他们能够把艺术家、资金以及观众聚合到一起,为新文化创造各种可能性。狄亚格烈(Diaghilev)、布莱恩·爱泼斯坦(Brian Epstein),或是查尔斯·萨奇(Charles Saatchi)等人,都可以看作这样的例子。至于更多的世俗阶层,他们在政策制定和文化生产之间究竟能发挥怎样的沟通作用。在尼格斯的描述中,像"A＋R男人"(音乐产业人才发掘者:艺术家和曲目)那样,这些中介机构的工作,就是把一种层次的叙述链接到另一个层次,面对更加广泛的政策拓展,他们充当着文化生产者的利益代表,他们使用的叙述语言当然也就回归到生产者那里。

1997年,托尼·布莱尔的新工党政府上台的时候,英国就已经制定出了强大的文化产业政策,正是这个时期,决策者及其智囊已经把文化产业从学术研究推进到了具体实验,并从实验中探讨制定相适应的政策。新工党政府关于文化产业的官方文件,为文化产业的文本叙述确立了框架,而"创意"这个术语也随之确定下来,是指文化与经济的结合赋予个人潜力和渴望的某种定位,由此,在文化部门从事工作的人们终于有了一种明确的身份认同,这就是"创意工作者"(Leadbetter and Oakley,1999;Caves,2000;Florida,2002)。

在同一时期,文化产业也成了英国的一项政策出口,许多欧洲城市纷纷邀请英国的政府机构、咨询机构以及学者专家前往指导,教他们如何把文化产业变成经济发展的一个动力引擎。不过,在政策中介的活动中,以往那种各说各话的局面终于结束了,这标志着文化产业的定义阶段已经完成,由此对文化产业的阐述也就更加明确起来。把文化产业(以及现在流行的"创意产业")的叙述体系同布莱尔的"第三条道路"理念融合到一起,通常并不是一件容易的事。如果基于欧洲文化的政策共识,再同盎格鲁美国文化的冲击相交融,也同样不是一件容易的事。的确,话语的转变确会带来对既定政策共识的某些挑战。术语本身就会造成新的问题,譬如英国几乎可以互换使用"产业"和"经济部门"这两个词语,不会产生任何的歧义,但在其他地方,却可能叫人理解成生产工厂(O'Connor,2000)。这样一来,文化企业或文化商业就不得不补充一些主要的术语。实际上,"文化产业"在确定它的英文原文之后,再通过对它的不同解释,已经在很大程度上变成一个进口的新词语(O'Connor,1999b)。

对术语和阐述的使用与重置,取决于当地的语境,在此先不做具体讨论。不过,如果在一般意义上阐述文化与经济之间新的关系,对这种关系的理解则可能会非常不同,可能是观察的结论不同,也可能是不同利益群体对含义偏好的不同。政策制定者则用它来推进不同的议程进展,譬如就业机会的创造、城市改造的规划、文化资助的商业化、新媒体产业的发展以及人才的储备等。不过,文化生产者同样也有不同的应对方式,一些人把它视为系统的全新机会,另一些人却可能以为是穷途末日。

应该清楚地看到,在构建一个新政策对象的过程中,在把文化叙述体系向经济学方向靠近的探讨中,或者反过来,在把经济学的叙述体系靠近文化时,可以在文化产业的话语系统中摸索出一种叙述方式,与政策目标的制定相支撑。一旦话语系统进入一个新语境,这些叙述就会变得更加明确。

圣彼得堡:文化之城

圣彼得堡是俄罗斯的第二大城市,人口接近500万,1703年由彼得大帝兴建并设为首都。当时的俄罗斯正在走向现代化的新时代,圣彼得堡的兴建,也向西方国家展现出俄罗斯的强盛。莫斯科作为中世纪曾经的首都,在1918年的国内革命战争期间才重新恢复它的首都地位,它也是俄罗斯最大的城市,人口超过1 000万。莫斯科既是俄罗斯的经济龙头,也是全国的政治权力中心,同时,它还是最大的文化产业中心,涵盖了广播、报纸、杂志、电影、音乐唱片、时装和设计等领域。

不过,相比而言,圣彼得斯堡却始终保留着文化之城的象征形象,尤其在古典文化方面享有无可争议的卓越声誉。在中心城区有3 000多幢历史性建筑,包括一系列闻名于世的重要建筑,如冬宫博物馆、马林斯基剧院和俄罗斯国家博物馆。

这些经典遗产让这座城市到处充满了"神奇",也处处遗留下"受难之城"的痕迹(Volkov,1995)。在1918~1921年的国内革命战争时期,权力中心重新转移到莫斯科,圣彼得堡却遭到严重破坏。普希金的著名诗篇《青铜骑士》,铭刻下这座城市的兴衰与悲欢,艾哈迈托娃的诗歌也描述了这座城市的颓败。的确,在苏维埃的领袖们于莫斯科发布的声明中,把圣彼得堡视作沙皇制度和西方观念的堡垒,1937年,这个城市开始发生针对知识分子的"大清洗",随后又遭到纳粹德国900天的大围困,再后来则继续受到斯大林的清洗和破坏(Berman,1984;Clark,1995;Volkov,1995;Figes,2002)。

由此可见,"受难之城"有其悠久的历史根源。它同许多城市一样,拥有值得骄傲的独特遗产,在世俗意义上也有更多"第二大城市"的综合特征,譬如愤恨权势,野心勃勃总想把自己扩张成一个更大、更强的都会城市。彼得堡有种率性的气质,人文色彩浓郁,很不像一个俄罗斯城市,这与一向有着"母亲莫斯科"之称的莫斯科形成对立反差。彼得大帝崇尚西方的知识和价值,因此,他遗弃了莫斯科这座精神家园。但在20世纪初,莫斯科重新成为俄罗斯的首都和中心,圣彼得堡(曾改称列宁格勒)却因为它的西方欧洲文化和精神价值而备受冷落,仿佛变成一座偏远孤冷的"西伯利亚"城市。直至现在,莫斯科的形象就是一个政治与黑金的都市,傲慢和冷酷的家园。在莫斯科,那些所谓的新俄国人,只知道花钱,从不在乎品位和文化。圣彼得斯堡却是一座文化之城,它为了捍卫自身的文化价值而抵御莫斯科的所谓新权贵,自然也付出很大的代价,既要承受保护古典遗产的预算被削减,也要面对大众文化的冲击。结果,在某种意义上,圣彼得堡完整封存着昨日时光,像一个不曾变化的"时代胶囊",而这种旧时的欧洲文化气质,就算在欧洲国家也都久已遗忘。① 毫不夸张地说,在这座城市,人们可以自由自在地崇尚文化,追求兴趣,享受更加悠闲和随性的生活态度和方式,而且,他们对于莫斯科那种没文化的浮躁享乐也有着更强烈的反感和调侃(Nicolson,1994;Volkov,1995)。

千万不要低估圣彼得堡的神奇,不管是在市井巷陌还是精英圈子,你从人们的言谈举止中都能感受到这份神奇的存在。然而,20 世纪 90 年代爆发的经济大危机,不但使俄罗斯陷入深渊,也给政治格局带来了深刻变化。同多数俄罗斯的城市一样,圣彼得堡也陷入骇人听闻的惨境,尤其是它的主要工业原本都以军事生产为基础,在 1991 年苏联解体之后,随之发生全面崩溃。到处是工业凋敝、大量失业以及大规模的内部骚乱,比起欧洲和北美曾经遭遇的经济衰退,这里的一切更要严峻得多。像其他城市一样,彼得堡也存在很大的基础设施问题,包括道路、住房、运输、水和污水处理等方方面面。彼得堡固然拥有无数的独特历史建筑,但 40%以上却都亟待维修(Leontief Centre,1999;Danks,2001)。至少从 20 世纪 70 年代以后,这些历史建筑就严重缺乏必要的维护资金,绝大部分外汇都被苏联国际旅行社和其他国有旅行社所垄断,牢牢掌握在莫斯科的中央政府手中。

圣彼得堡市长阿纳托里·索布恰克(Anatoly Sobchak)主导了一场"重塑城市品牌"的运动,让这些世界罕见的历史建筑和文化遗产重新焕发无限光彩。1991 年,他们将这座城市由列宁格勒恢复旧名——圣彼得堡,又在欧洲各地大力吸引观光旅游(Causey,2002)。索布恰克想要借助圣彼得堡的文化积淀,使这座城市呈现一个现代、民主、充满活力的城市形象。这与 20 世纪 80 年代末马拉加尔(Maragall)担任

---

① 参见亚历山大·索科洛夫(Alexander Sokurov,2001)导演的电影《俄罗斯方舟》(冬宫桥电影制片厂出品)。一种历史的悖论,使冬宫成为保存自身的欧式文化的方舟,以对抗无知和大众文化的洪水。索科洛夫说:"我们更接近我们的过去,比英国人更接近他们的维多利亚时代。我们的过去并没有成为过去,但这个国家的主要问题是,我们不知道什么时候就会成为过去"(《卫报》,2003 年 3 月 28 日,第 3 版)。

巴塞罗那市长期间推行的城市发展政策十分相近。但是，索布恰克却因莫须有的腐败指控，在 1996 年落选下台。此后，真正腐败而且低效的前共产党官员上台执政，当时，在俄罗斯后社会主义的许多城市也发生了类似的情况（Andrusz et al.，1996；Mellor，1999）。圣彼得堡由此变成全国最糟的一个地方，出现了暴利团伙甚至是黑社会犯罪，城市改造、社会经济等方面的基本建设也都全面出现问题。

与此同时，莫斯科却产生了一位魅力市长鲁佐科夫（Luzhkov），他采取许多措施开始发展新型的服务业经济，千方百计为莫斯科的中心城区吸引投资。现在，莫斯科的新型服务业经济在国民生产总值中的比重已经达到 60%（Leontief Centre，1999）。不过，最近的莫斯科建城 300 年庆典却广受诟病，不但浪费巨大，而且也没能改善旅游业的基础设施（如运输、信息、廉价旅馆、签证限制等），导致利益流入域外的地方，只因为人家拥有更好的文化设施建设。实际上，普京总统曾是索布恰克市长的副手，他的很多亲信智囊都来自圣彼得堡的行政团队，特别是来自圣彼得堡的安全机构，也就是从前的克格勃。由于普京总统的原因，圣彼得堡自然有望越来越受关注，也能吸引更多的投资。1996 年，圣彼得堡的市长一职改称总督，而且新任总督是普京的门生。新班子上台之后，首先杜绝腐败，提高行政效率，为这座城市的发展带来期待中的变化。

圣彼得堡的文化政策

20 世纪 90 年代前期，圣彼得堡投入诸多努力，为文化机构建设更加"正常"的发展基础，譬如正式确定财产所有权，消除特权礼遇，让这些机构从文化联盟的娱乐福利体系中脱钩。不过，自 1996 年开始，圣彼得斯堡的文化政策面临的主要问题是来自国家的文化资金急剧减少。在 1991～2001 年的 10 年间，国家分配的文化资金减少了 40%。

文化领域得到的资金分配,还不到国民生产总值的1%,况且国民生产总值还一直处于停滞甚至萎缩的状态,其数量之少可想而知(Belova et al.,2002)。在1996年和1998年,这个比例更是降到了0.29%和0.32%。如此一来,文化机构几乎连工资也发不出来,历史建筑和文化藏品也陷入严重的危险中。为了最低的需要,文化机构的管理者必须寻找新的资金来源。如果这是市场逼迫下的唯一选择,那么,人们能感觉到的便是混乱的争抢(Causey,2002)。在这个过程中,城市管理覆盖了大到战略框架、小到细枝末节的方方面面。许多基金开始愿意提供资金,包括索罗斯基金会的开放社会研究所、福特、欧亚和盖蒂基金会,还有很多规模较小的资助者,但他们很快发现,在这种环境中开展工作非常艰难,于是希望能够在文化领域推进艺术管理和市场营销水平,同时也努力使城市管理多从战略高度思考问题。就这样,他们同越来越多的北美和西欧国家的教育培训组织开展紧密合作,并建立起密切的合作关系,还同更多的文化政策专家建立联系与合作,这些专业人员很想借助西方的技术诀窍,对接俄罗斯的现实需要。

　　除了提供培训项目,这些组织和中介机构还推进了当地的商业化活动,如咖啡馆、销售规划、文物贷款、空间租用和联合出版。在这个过程中,他们找出了一些主要问题:

　　1. 缺乏艺术管理和营销技巧。

　　2. 创业活动中存在着法律、官僚、财政和文化的制约因素。

　　3. 缺乏灵活的人力资源管理权,既不容易裁人,也不容易奖励。

　　4. 大型机构习惯于自成一体,与当地的其他文化机构不相往来。

　　5. 许多国家机构资金短缺、冗员过多、基础技能缺乏,对城市文化生活几乎没有贡献。

　　虽然缺乏专业的管理技能和灵活的人力资源配置都是重要问题,但人们发现,地方当局的管理也是一个障碍(Belova et al.,2002)。主要问题有:

1. 缺乏明确统一的文化旅游战略。
2. 受文化基金体系赞助的对象不透明。
3. 对文化产业的经济潜力和规模普遍缺乏认识。
4. 在旅游、文化和微小型企业发展方面,当局的组织系统责任不清。

外国基金会、组织团体和咨询顾问的任务之一,就是增强城市经济再生规划中的文化作用,索布恰克市长对此非常清楚,但他属下的行政部门却不那么容易开窍。作为经济再生规划的一种重要动力,促进文化发展必须扩展到更多领域的政策制定中,但现实是,很少有政策部门同文化发生什么联系。对俄罗斯人来说,文化非常重要,对一些珍贵的文化,应该不惜投入资金,就像爱护家传珍宝那样,而不是考虑经济投资。

对于文化的经济意义,不管是外国的政策中介还是当地的改革力量,都已经做出许多阐述,这些阐述都集中在发掘庞大的旅游资源,或是千方百计为历史悠久的中心城区寻求投资。[①] 看起来就像西方国家的城市那样,总想借助于文化来改变城市的形象,通过文化来改善中心城区的基础设施。正是在这种背景下,才出现对于文化产业的讨论,因而,讨论的范围主要集中在旅游产业中的文化含量,或是历史城区的吸引投资。先前的工作(Landry,1997;Causey,2002)确立了圣彼得堡吸引游客的目标,但是,越是过度依赖巨大的有形遗产,越会降低文化活动的创新。文化活动的创新,才是城市的主要生态和发展方向。

因此,引入文化产业并不是为了发展大规模的全球商务活动,相反,是为了支持独立的微小型文化生产者,他们不仅可以对圣彼得堡的整体文化做出贡献,甚至还可能对国家支持的文化项目提供新的资金。进一步来看,这座城市在整体上具有独特的古典文化特性,但这

[①] 例如,雷奥尼·罗曼科夫(Leonid Romankov),他曾是圣彼得堡市立法大会的主要文化发言人;又如,里昂惕夫中心(Leontief Centre),圣彼得堡市经济研究机构;再如,亚历山大·科巴克(Alexander Kobak),前索罗斯基金会负责人,现为利哈乔夫基金会负责人,在主持一家国际知名的文化咨询公司——查尔斯·兰德里联合媒体时,他写的第一份关于文化的文件就明确指出了文化在城市经济发展中的作用(Landry,1997)。

也意味着,它还缺乏全面的当代文化构成。如果缺少了微小型文化生产者,城市市区便会缺乏零售和休闲活动,因而也就没有生机,重新改造的城区冷冷清清,历史名胜周围的商店摆满雷同的商品,凡是讲究文化的游客都不会购买。从根本上来说,独立的微小型文化生产者对这座城市的面貌没有产生任何重大影响,不管是现实状况还是气息氛围。有人认为,这背后的原因实际上是缺乏对中小型文化企业发展的政策扶持和条件配套。

文化和"转型"经济学

在苏联解体后的俄罗斯,文化应起什么作用,扮演何种角色,这方面的争议颇多。20世纪90年代曾经发生经济崩溃和混乱,这给人们提出一些问题,国家资助的基础是什么?应该资助谁?又该怎样资助?是把遗产维护与促进依然置于国家机器原有的框架下,还是让它到市场中寻找位置,并与人口消费的新偏好做参照?在一定程度上,国家不会放手,它会继续主导印刷出版和广播媒介,而且,最近国家又加强了这种控制(Danks,2001;Freeland,2003)。如何维护国家遗产的问题赫然凸显出来,特别是有些地区,人们又把这个问题同民族问题联系到一起,牵扯到国家、种族和少数族群相关权利的不同看法。这种争论不像单纯的精英式政策辩论,在一个国家、一个社会中,"高等文化"具有广泛的强势作用,决定着这个国家的身份认同,它不但对国家认同产生影响,如果遇到艰难岁月,它也会关乎到个人的生存(Causey,2002)。

目前的文化产业促进项目,是在一个清晰的俄罗斯背景下展开的,它的主要特征就是所谓的"转型经济",也就是由西方专家主导的从原有的计划经济加速转变成现代民主的市场经济社会。在文化政策方面,俄罗斯也会出现西方国家在20世纪70年代和80年代曾经发生过的变化,如削减直接补贴、专业化改造、商业化促进以及市场的多样化,此外还有选区的多样化、放松政府管制以及社会多元化等。在文化产业方面,这也涉及如何壮大微小型商业经济的问题,这也是世界银行和其他发展机构(Leontief Centre,1999)的关键目标。

然而,非常清楚的是,这种方式在俄罗斯、尤其是在文化领域遇到强烈的抵触。在俄罗斯的历史中,他们想要"赶上西方"或是"寻找一条独特路径"的精神意识一直过于强烈,因而无法顺利地完成转型,不过,这些因素无疑还会继续发挥关键作用(Figes,2002)。在20世纪90年代初期,俄罗斯经济实行的"休克疗法"让人们对于转型的本质产生清醒的共识。许多人认为,西方国家不会让俄罗斯迎头赶上,而是会在新的世界秩序中让它处于外围的位置。因此,市场改革只不过是一种手段,好让美国资本渗透和支配俄罗斯的市场和资产。更多的辩论转向另一个焦点,即俄罗斯不该成为"西方"世界的一部分,而应保持整体文化的个性。在政治上,他们渴望成为一个强大的民族国家,可以抵御全球化。在西方看来,现代化的关键是开放、民主和自由,但俄罗斯缺乏这种公开、民主和自由,它呈现出的特征主要还不是落后,而是差异。西方机构对俄罗斯的这种顽固态度越来越感到厌烦,但俄罗斯人却把它当作民族文化的一部分(Danks,2001;Pilkington and Bliudina,2002)。

对那些不关心文化地缘政治的人们来说,他们却切身感受到了俄罗斯的大国地位已经崩塌,因为他们失去了卫生保健、教育和科学,正在变得日益贫困,社会道德也在不断恶化(Pilkington and Bliudina,2002:8)。在所谓的转型中,他们频繁经历着耻辱、迷惘、愤怒和绝望。就这些方面来说,文化则是造成冲突的一个关键,许多民族传统或民族灵魂岌岌可危。在文化政策方面,随着就业减少、薪酬下降和安全恶化,人们开始担心自己珍贵的文化遗产会被出卖,西方文化产品会大举入侵。最初的热情一旦消退,这种对于专家策划的所谓转型的担心,便不只是技术层面的评估,而是满怀不解、放任和愤恨的情绪。

当然,尽管圣彼得堡也不能完全摆脱俄罗斯那种横跨欧亚的情怀,但在俄罗斯人眼里,圣彼得堡永远都是一座"最欧化"的城市,是普希金笔下"面向西方的窗户",因此,它对西方文化抱有更加欢迎和接受的态度。正像我们看到的,圣彼得堡的形象最具古典的欧洲文化气质,因此,许多人感觉它是商业和文化的一种奇怪混合体,直至"文化产业"概念的出现,人们的认识才慢慢清楚起来。这种认识上的冲突,不仅存在于政府和大型文化机构,而且,文化产业发展项目面向的那些独立生产者也有这种认识的冲突。

圣彼得堡的独立文化生产者

一如英国的做法,这个项目首次针对市政当局,向重要的人物和部门开办讲习班和研讨会。我们早已明白,市政当局并不购买这种论证,也不把文化议题当作吸引外部资金的手段。各部门在协调他们自己的工作都很少有成功的,更别说是在文化议题方面进行跨界联系了。庞杂的行政结构和频繁的人事变动,意味着它很难接受外部的探讨论证,态度上的故步自封也不容易有什么改变。以前许多国际资金机构的确看重文化,强调它是经济前景的一个关键要素,但结果,都会被这些保守、平庸乃至腐败的作风弄得越来越失望。

明显的是,在文化部门,只要是市政当局主导的动议,最后都因冷漠敷衍而不了了之。除了上面说到的平庸和腐败的原因,也由于之前80年之久的积习。人们不与政府打交道,也不信任他们,甚至还糊弄他们,当然有时候也不过是习惯性地回避他们而已。在这种背景下,很难指望能跟政府建立什么"伙伴关系",最好的办法就是直接去跟文化生产者打交道,让他们逐渐明白自己的重要地位,认识到文化确确实实是个独立的经济门类,鼓励他们自主创业。在这种不断努力的过程中,不管是访谈调研、举办讲习班和研讨会,还是其他灵活多样的活动,总会一步一步在接近所谓的"文化部类",这时候问题又来了——到底什么是"文化产业"? 必须有一个明确定义才行。

术语上的界定首先就是个麻烦。前面曾经提到过,如果是直接翻译过来,很容易让人联想到是家工厂。调研中,大部分人一开始并不接受这个词,必须解释一番才能明白。但如果定为"文化商业"(cultural business),则会遇到更多误解,特别是在某些地方,"商人"(businessman)这个词实际上是个俚语,意思是"罪犯"(Freeland,2000)。总之,最麻烦的困难还在于文化与商业之间的界限关联,它有很多不同的尺度标准。

最初,它只是把需要资助的文化(也就是纯"艺术",是花钱的文化)与商业文化(也即"娱乐",是挣钱的文化)分离开来,至少在20世纪70年代,欧洲文化政策领域就已经这样划分了。而在当时的苏联,他们的文化政策本来就是这么明确分开的(Clark,1995;Figes,2002)。这可能与苏联所谓的"严肃文化"的政治功能密切相关,因为文化既是意识形态的政治工具,也是意识形态的艺术形式。所以,出于意识形态的需要,国家一边提倡对"严肃文化"的尊敬,一边对文化生产实行控制。总之,在苏联,文化与商业一点关系都没有(也就是"非资本主义"的意思)。但从另一方面来看,那些所谓的"另类"文化也同样不必商业化,既不用担心商业回报,也不用在乎很快就没有人气,而只须考虑它的未来地位和长远价值。这种对文化本身的考虑,有时会超越现实制度的层面,有时会根据基本的"历史判断",有时则两者俱有。另外,他们还有一种意识,这就是"国际文化主流"意识,不管是政府官员还是政治对立人士,都崇尚这种与商业无关的"严肃文化"。不过,从政府官员的角度来说,他们希望培养出各种不同的艺术家,都能在全世界的高度为国争光。而对于政治对立人士来说,他们则希望创作出超越国家水平的世界级的不朽作品。与官方文化特征明显不同的是,政治对立人士更热衷于现代派艺术。而且,由于他们生活的现实背景与西方国家大相径庭,因此,他们想象中的现代派艺术也就自成一格,这种情况到1989年的时候更为明显。

对立的文化都有神圣的特色,这与阿多诺式的超然存在(即由于痛苦的反叛情绪而经过苦闷的创作过程呈现出的一种艺术风格)关系不大,更多的则像肖斯塔科维奇和阿赫玛托娃那样,他们把自己的批评巧妙融入作品之中,向那些心领神会的人们传递出一种希望,对于西方国家的人们来说,他们的作品在艺术上又保持了沟通的开放。正因为这样,他们面临着西方商业文化的威胁。人们发现,在对立文化中,文化的商业化会造成自身文化特征的退化,相对于官方文化形式,受市场制约的文化生产反而更易流于趋同。在政治对立背景下形成的"严肃艺术"观念和西方国家现实中的商业性文化生产之间,其实存在着尖锐的冲突,这种冲突早在流亡西方的反对派艺术家身上就已经显出端倪(譬如索尔仁尼琴和萨哈罗夫),在今天的批判性作家中,同样也能看到,譬如维克多·佩列文(Victor Pelevin,1999)。在更加普遍的意义上,我们发现,俄罗斯实行快速的市场改革带来了巨大冲击,但在文化领域,这种冲击却很不容易奏效。在这种市场改革的冲击面前,不但那些官办文化单位无动于衷,就算处在混合经济体制下的那些反对派文化机构也安然若素,例如大学教师、大机构主管、国家资助项目以及更多的非官方私人代理,但复杂的生态系统,有持续对立文化。结果,不论是官方还是反对派方面,都为国家对文化资助的崩溃感到不满和忧虑,至少,稍微上了年纪的一代是这样。很多人说,文化商业其实等于国家削减对官方文化机构和个体艺术家的资助,发展创意产业不啻让大家越来越依赖商业市场,这无疑是种媚俗之道,鼓励肤浅的娱乐创作和一夜成名的虚假人气。艺术家的独立尊严本来要求他们专心致志于文化创作本身,这样一来,却容易纷纷"为五斗米折腰"。

项目团队是不可能消除这些空穴来风的恐惧情绪的。国家预算的压力，市场的力量，大型文化产业的全球化，这一切在西方国家都已延续了20年的时间，对文化生产者和政策制定者来说已经司空见惯，都是构成文化产业背景的必然因素。但在俄罗斯，我们却发现如此简单的道理却屡屡遭遇抵制，他们不认为自己也能赶上西方，甚至还把文化产业要么看成轻浮浅薄的玩意，要么当作西方渗透的伎俩。对于这种情况，我们只能通过项目文件来做如下辩驳：

一切变革都会创造机会，也须面对风险。

这就是圣彼得堡文化现在面对的风险。或许可以回避一时，但早晚都必须解决。伴随"全球化"的发展，城市间的资本流动、信息传输、货物运输以及人员交流日益加速，带动着思想理念和象征符号的快速流转，也带动着全产业链的文化产品、信息和创意的高速流动。所有这一切，再借助于出版、卫星、互联网以及生产与销售的国际化分工等手段，就构成了当今世界文化旋动交流的全球背景。

现在，无论是一个地方的文化生产还是文化消费，都将不可避免地卷入壮阔的世界潮流中，在文化、经济以及组织等各个层面，参与到更大的时代舞台上。所有的城市，都需要以更多的反省自觉和应变之道来应对这种时代变迁。由此，文化政策必须积极适应全新的天地，认真探讨如何保护和发展自己的本土文化 (Belova et al., 2002)。

因此，本项目规划的最初目标，旨在面对经济和文化的全球化威胁，如何以积极的方式来保护本地文化。我们提出的指导原则，是通过促进独立文化生产者的壮大，扩大文化在经济体量中的规模。我们所说的独立文化生产者，不仅包括艺术家，也包括自由舞蹈工作者，以及广大的中小企业。根据这一目标原则，我们希望在生产者和决策者之间形成新的沟通和共识，共同创建一个必要的支持机制，开创文化生态系统。在这里，中小企业政策是个关键平台，包括开展教育和培训，出台税收和商业立法，利用管理工作区域和孵化培养计划不断开放工作场地，设立小额贷款项目，开发联系网络，管控"中产阶级化"

(Belova et al.,2002)。

然而,一切相应的政策工具,都需要同鲜明的文化政治相联系,从而尽力避免本本主义的简单照抄。我们肯定也强调发展旅游、城市再生、提高就业和提升城市形象的重要性,但所有这些应该作为城市"文化更生"规划的组成部分。所谓"文化更生",就是在新世纪让圣彼得堡重新复兴"文化之城"的荣耀。这个进程非常复杂,但这个进程的目标则是城市社会的功能进步和拓展。当然,"现代化进程"也可能被理解成一种简单的改变,它只是变成一个市场经济,让小企业和风险自担的专业人士来象征性地代表创意经济的建立(Wang,2003)。在这种情况下,文化政治必须正视"现代化进程"事业的艰难,从圣彼得堡的地方立场承担起这项艰巨的工作。特别需要强调的是,如果在相应的表述中是以上述小企业和专业人士为主体的,那么,应该注意要把这种表述放在"现代化进程"的大背景中。

总而言之,讨论文化产业,需要把文化与经济的探讨首先置于特定的城市文化背景的前提之下。这里的关联要点在于,不论是讨论圣彼得堡的基础建设更新,还是城市形象和城市身份,我们都不要忘记,一座城市既是分布劳动力的地理区域,但也是思维想象的空间(Blum,2003)。文化经济体系不但是经济价值的关键动力,也是思维想象的关键动力。而文化经济体系实质上就是这座城市。在一个备受限制的城市社会,没人指望它能够兴旺发达起来。城市需要资金流动、人员往来、思想交流、愿望传递等,因而需要必要的场地和空间。在当前的现实生活中,这些所谓的场地、空间和流动其实就是各种市场的意思,但还不是我们规划中的"市场"概念。我们规划中的"市场",不仅仅只是经济层面的,同时也是社会和文化意义上的。

之所以特别强调圣彼得堡缺乏中小企业的支持机制,就是想说明这个道理。从支持机制的失败中,是可以预见到城市社会更广泛的失败的。"休克疗法"之所以酿成灾难,一个重要原因是俄罗斯社会和民间都还缺乏相应的市场基础，也正是这种缺乏，准确揭示出建立这些基础的必要性。同样，长期以来，貌似文化形象的权力结构仍旧发挥了巨大作用，就像丹克斯（Danks,2001:193）的"沙漏型社会"概念所指出的那样。在"沙漏型社会"概念中，社会结构的顶部和底部呈现出最大比例，在这种社会结构中，各阶层由于对法律和惯例保障的信任度普遍缺失，基本依靠个人之间的信任关系，于是，处在沙漏型社会结构中部的精英阶层，实际流动起来显然会处处受到限制。

这些都属于破坏性的民间社会环境，寡头们总是通过行动为自己发声，但以个人信任为基础的社会关系很快就会变得阻塞封闭、拉帮结派和腐败堕落。而在西方国家的文化经济体系中建立起来的社会关系是开放和信任的，这保障了社会阶层的有序流动。具体来看圣彼得堡，它明显缺乏西方国家这种有序流动的社会基础（O'Connor,1999a,2000a），事务代表、领导单位、支持机构、中介组织之间彼此都不信任。人们既要一起共事，又要相互猜疑和防备。这一点，是我们研究中的一个重要发现（CISR,2003）。

圣彼得斯堡项目目前处在第二阶段，主要是建立一个各方组成的合作龙头，把文化产业议题摆到政府的议事日程上。但为了拿出相关论述，"专家"（有点可疑色彩的角色）就要想方设法获得信任。这项工作仅在某种程度上属于技术层面，因为毕竟含有一些有价值的内在"诀窍"。如果文化产业的论述着眼于形象化变动或新形态的呈现，那这不仅要花费很多时间，还要体现出独特的当地背景（Negus,2002）。例如，伦敦音乐行业里的中介被称为"公立学校小男生"，但在曼彻斯特，则被叫作"撒切尔的孩子们"，表示他们总在失业，又对政府不满。这涉及对一种"生活方式"的接受，或者从更加根本的意义上说，这涉及对严酷的地方文化环境的一种"习惯"。因此，尽管俄罗斯的年轻一代在接受西方文化的出口产品和模特方面看似没有问题，乃是因为站在文化产业论述的角度看，这些产品和模特都具有相当的开放性。在我们的研究中,对这种"选择性"的意义特别做了强调(Pilkington and Bliudina,2002)。在这种情况下,如果想要专业技能都能派上用场,似乎就必须融进当地的文化中,这就会让"专家"的作用随之受到限囿,不过从另一方面来看,却又会为"专家"带来另一种施展才能的机会,这就是充当跨国文化中介的角色。

参考文献

Adorno, T. and Horkheimer, M. (1997/1944) "The Culture Industry as Mass Deception," in J. Curran, M. Gurevitch and J. Wollacott (eds) *Mass Communication and Society*, London: Edward Arnold.

Andrusz, G., Harloe, M., and Szelenyi, I. (1996) *Cities After Socialism: Urban and Regional Change and Conflict in Post-socialist Societies*, Oxford: Blackwell.

Belova, E., Cantell, T., Causey, S., Korf, E. and O'Connor, J. (2002) *Creative Industries in the Modern City: Encouraging Enterprise and Creativity in St. Petersburg*, St. Petersburg: TACIS-funded publication.

Berman, M. (1984) *All that is Solid Melts into Air: The Experience of Modernity*, London: Verso.

Blum, A. (2003) *The Imaginative Structure of the City*, Montreal: McGill-Queens University Press.

Bourdieu, P. (1986) *Distinction: A Social Critique of the Judgement of Taste*, London: Routledge.

Causey, S. (2002) "Cultural Institutions in Transition: issues and initiatives in Russia's cultural sector," unpublished paper presented at International Museum Association Conference, Salzburg, May.

Caves, R. (2000) *Creative Industries: Contracts Between Art and Commerce*, Cambridge, MA: Harvard University Press.

Centre for Independent Social Research (CISR) (2003) *Feasibility Study for Cultural Industries Agency St. Petersburg*, unpublished research.

Clark, K. (1995) *Petersburg, Crucible of a Cultural Revolution*, Cambridge, MA: Harvard University Press.

Danks, C. (2001) *Russian Society and Politics: An Introduction*, London: Longman.

Department of Culture, Media and Sport (DCMS) (1998) *Creative Industry Mapping Document*, London: DCMS.

du Gay, P. and Pryke, M. (2002) *Cultural Economy*, London: Sage.

Featherstone, M. (1990) *Consumer Culture and Postmodernism*, London: Sage.

Figes, O. (2002) *Natasha's Dance: A Cultural History of Russia*, London: Allen Lane/Penguin.

Florida, R. (2002) *The Rise of the Creative Class: and How it's Transforming Work, Leisure, Community and Everyday Life*, New York: Basic Books.

Freeland, C. (2000) *Sale of the Century: Russia's Wild Ride from Communism to Capitalism*, New York: Times Books.

—— (2003) "Falling Tsar," *Financial Times Weekend*, 1/2 November 2003: 1–2.

Hall, S. and Jacques, M. (1989) *New Times*, London: Lawrence and Wishart.

Harris, J. (2003) *The Last Party: Britpop, Blairism and the Demise of English Pop*, London: Fourth Estate.
Hesmondhalgh, D. (2002) *The Cultural Industries*, London: Sage.
Landry, C. (with Gnedovsky, M.) (1997) *Strategy for Survival: Can Culture be an Engine for St. Petersburg's Revitalisation?*, St. Petersburg: unpublished discussion paper.
Leadbetter, C. and Oakley, K. (1999) *The Independents. Britain's new cultural entrepreneurs*, London: Demos.
Leontief Centre (1999) *Rehabilitation of the Centre of St. Petersburg: Investment Strategy*, St. Petersburg: Leontief Centre.
Mellor, R. (1999) "The Russian City on the Edge of Collapse," *New Left Review*, 236: 53–76.
Negus, K. (2002) "The Work of Cultural Intermediaries and the Enduring Distance between Production and Consumption," *Cultural Studies*, 16: 501–15.
Nicolson, J. (1994) *The Other St. Petersburg*, St. Petersburg: n. p.
O'Connor, J. (1999a) *Cultural Production in Manchester: Mapping and Strategy*, Manchester Institute for Popular Culture, Manchester Metropolitan University; available online: <www.mmu.ac.uk/h-ss/mipc/iciss>
—— (1999b) *ICISS Transnational Research Report*, Manchester Institute for Popular Culture, Manchester Metropolitan University; available online: <www.mmu.ac.uk/h-ss/mipc/iciss>
—— (2000) "Cultural Industries," *European Journal of Arts Education*, 2 (3): 15–27.
O'Connor, J., Banks, M., Lovatt, A. and Raffo, C. (1997) "Modernist Education in a Postmodern World: critical evidence of business education and business practice in the cultural industries," *British Journal of Education and Work*, 9: 19–34.
—— (2000a) "Risk and Trust in the Cultural Industries," *Geoforum*, 31: 453–64.
—— (2000b) "Attitudes to Formal Business Training and Learning amongst Entrepreneurs in the Cultural Industries: situated business learning through "doing with others," *British Journal of Education and Work*, 13: 215–30.
O'Connor, J. and Wynne, D. (1998) "Consumption and the Postmodern City," *Urban Studies*, 35: 841–864.
Pelevin, V. (1999) *Babylon*, trans. A. Bromfield, London: Faber and Faber.
Pilkington, H. and Bliudina, U. (2002) "Cultural Globalisation: a peripheral perspective" in H. Pilkington, E. Omel'chenko, M. Flynn, U. Bliudina and E. Starkova (2002) *Looking West?: Cultural Globalization and Russian Youth Culture*, Pennsylvania: Pennsylvania University Press.
Volkov, S. (1995) *St. Petersburg: A Cultural History*, New York: The Free Press.
Wang, Jing (2003) "The Global Reach of a New Discourse: how far can "creative industries" travel?," *International Journal of Cultural Studies*, 7: 1.

第四章 电子商务的地位
——互联网对文化产业的影响

肖恩·法兰奇(Shaun French)

路易丝·克鲁(Louise Crewe)

安德鲁·莱申(Andrew Leyshon)

彼得·韦伯(Peter Webb)

奈杰尔·思里夫特(Nigel Thrift)

导 论

本章将探讨文化产业应用互联网技术在理论上和实践中所发生的变化。我们认为,对电子商务和文化产业这两方面的关注,不仅是经验性的,也是概念性的。不可否认,学术界对文化产业的精确构成仍有相当大的争论(Du Gay and Pryke,2002),但正如鲍尔和斯科特在本书序言中明确指出的那样,大家都有一个共识:大凡文化产业,其主要属性必须是它的商品和服务最起码要含有高水平的符号内容。互联网虽然有能力重塑各行各业,但我们尤其看重互联网对它们的价值链能否生成高含量的符号内容,亦即互联网能否以我们衡量文化产业的方式和定义来重构产业。

近来,许多文献都在探讨这样一个重要的问题,即电子商务在现存行业内对生产网络和价值链的去中介化的能力,或更准确地说,再中介化(reintermediate)的能力(French and Leyshon,2004)。也就是说,让时下通行的生产和消费网络来一个"短路"。互联网是降低市场进入壁垒和固定成本的重大驱动力,它可以撇开现有的零售商,提供接触更大的客户群的通道。此外,对目前价值链的关键节点,互联网可以设法迂回、重新排列乃至予以消除,它能让消费者直接与生产商和设计师/创意制作者进行沟通,或令其彼此沟通。反过来,消费者能够通过互联网获得商品及其价值和供应链的丰富信息。互联网不仅有能力连接价值链的各个节点,而且有可能使新生的中介机构进入价值链,在极端的情况下,还可以完全取消某些节点。

这一章,我们将考察互联网对三个特定行业部门的影响。其中两个是典型的文化产业部门,即时装和音乐。第三个则是零售金融服务业,显然,它不属于文化产业,至少在约定俗成的意义上是如此。但它对我们分析上述两个文化产业部门有着密不可分的关系,因此,本章也将对零售金融服务业进行一番分析。虽然商品的形式和特定的价值链构成不无关系,但我们的分析表明,互联网和电子商务对文化产业的影响在许多领域并不具有特殊性,而是所有行业都会发生的更一般、更广泛的变化的一部分,无论它们是否属于文化产业。

本章分为三节。第一节详述互联网去中介化的理论和价值链的概念,第二节剖析音乐、时装和零售金融服务业的价值链,第三节考察电子商务对这些行业部门的组织和空间的影响。尽管很难评估新颖的互联网技术所产生的影响,但我们对音乐、时装和零售金融服务行业的比较研究提出了一些重要的问题。最后,对这些问题的探讨做出总结。

网络设置:音乐、时装和零售金融服务价值链的空间逻辑

关于去中介化的争论,其难点在于互联网的出现和电子商务的兴起是否正在侵蚀和重构一系列行业的价值链的结构和面貌(French and Leyshon,2004)。价值链这一概念,是为了理解全球性公司的组织结构及其在巨大时空中协同业务的能力而产生的(Dicken,2003;Gereffi and Korzeniewicz,1994)。许多行业的价值链,其主要构成部分是采购材料和产销两地之间的产品运输。然而,电子商务的出现使许多学者开始质疑现存的实物形态的价值链所起的作用。埃文斯和沃斯特(Evans and Wurster,1997,1999)就认为,某些商品(如音乐和金融产品)的信息特性使其变身为电子通信,从而使实物形态的价值链荡然无存。而且,电子商务又给消费者提供了以新方式介入诸多行业的能力。但这些见解尚不足以构成挑战(Liebowitz,2000),至于互联网会使经济交易别开生面的预测大多是夸张的说法(Leyshon et al.,2004)。

本章研究电子商务的引入导致文化产业组织结构变化的决定因素。英国经济和社会研究理事会(ESRC)曾资助了一个为期两年的调研项目,获取了欧洲和北美的音乐、时装和零售金融服务企业的一些重要信息。但在评估互联网现在和未来的影响之前,我们需要先考察一下这三个行业目前的空间位置。

为便于探讨,我们假设这三个行业均已形成了价值链网络。从这一视角出发,商品可以看作沿着产业价值链进行的流程,即从创意的网络流向复制、分销和消费的网络(Leyshon,2001)。我们将会看到,创意、复制、分销和消费的网络概念对考察互联网的影响提供了一种强有力的分析工具,但这一概念本身有局限性,实际上并不能完全胜任这项分析工作。这些网络经由当地的节点和代理商结成关系网并一再被复制,由于创作的语言、生产、销售和消费的缘故,网络上的信息流、商品流和人员流在时空上很少是直线式移动的。尽管存在着这些局限性,但沿着网络架构进行追溯不仅可以发现音乐、时装和零售金融服务业的独特的地理、历史和当代特征,而且也暴露了这些行业借由电子商务去中介化的不同程度的脆弱性。

时装业价值链

时装零售业是由生产、促销、销售、消费和监管诸环节构成的一个互相联系的网络系统。在地理空间分布上,这些网络相当分散,各自代表着不对称的市场权力。时装业是服装生产和零售与设计、促销和展示相连接的一个系统。这种系统是高度差异化的,各自以不同的生产方式维持和发展时装业的多棱面,而这取决于设计、服装生产、促销和零售的不同地点(Crewe,2003;Entwistle,2000)。按组织和质量来细分,这个行业可划分成若干条条块块。

时装业的创意和设计网络有着鲜明的地理分布,它们集中在巴黎、米兰、伦敦和纽约这四大城市。创意和设计网络的组织生态十分复杂,呈现出两极分化的特征:一极是小型的、初出茅庐的独立设计者,多为时装学院的毕业生,他们试图单打独斗(McRobbie,1998;Purvis,1996);另一极是法国路易威登集团(LVMH)和意大利普拉达集团(Prada)这类大公司,它们掌控着相当大的市场份额和主导权。

时装行业的生产网络也已划分为若干条条块块。在地理空间上,占主导地位的生产集群有两种。其一为空间集群,如纽约城、伦敦东端和巴黎森蒂尔区之类的服装生产集群。这三个服装生产中心均以高度灵活反应的、雇用低薪移民工人的小型生产单位为特征(Green,2002;Rath,2002;Zhou,2002)。变化多端的时装需求、精细的劳动分工,驱使制造商寻求那些接近布料供应商、裁剪工和辅料供应商的地方。其二为全球化布局的生产集群。时装业的全球供应链形成早已既成事实(Elson and Pearson,1981;Phizaklea,1990;Wright,1997),特别是远东和当前中国的出口加工区,都已成为服装制造的大本营。虽然这些海外生产场所拥有劳动成本的优势,但快速变化的时尚周期,尤其是快捷反应和"快速时尚"的要求,使得女性服装生产工场很难迁移他乡(Entwistle,2000)。

第三种时装网络则与促销、分发和宣传有关,主要由挑选和促销时装的文化中介人组成,包括时装杂志编辑、摄影师、新闻记者等,这些人通过全球性媒体来操控时装的宣传工作。典型的时装生产是所谓的"向下滴流"模式,即从 T 台的猫步时装秀到伦敦的高街服装店(从设计师到大众市场的零售商)。这种模式至今仍有部分效果,两年一度的世界时装周的现场展示下一季流行的款式和概念便可佐证。正是在这样的活动场合,不同地方的时装得以展现,人们才会联想到伦敦、巴黎、米兰和纽约这些举办时装展示、演示和表演的大都市。对那些引领时装消费潮流的设计师、超级模特、媒体专家、摄影师、杂志和商业报刊记者,这些活动场所收费不菲,但颇具影响力。

反过来,这种设计、生产和促销的空间集群与第四种网络——服装零售密切相关。英国的时装消费模式便是明显的例子。在时装网络里,零售是按照质量等级来布局的:既有高级女式服装、现成服装和像阿玛尼、香奈尔和杜嘉班纳这类高端品牌时装设计的分销渠道;也有像蔻凯(Kookai)、微斯莱斯(Whistles)和拼图(Jigsaw)这类设计导向的销售链条;还有像玛莎百货(Marks & Spencer)和耐斯特(Next)这类中等质量服装的销售链条;以及像 Top Shop 和飒拉(Zara)这类低端服装的销售商店,其设计推动和"快速时尚"的商业模式颇为成功(D'Andrea and Arnold,2003)。20 世纪 80 年代,六大中等质量服装零售商在伦敦高街占据着主导地位,而到了 21 世纪初期,这种集中的程度和公司控制力已日渐衰减。无论是高端还是低端的服装市场都在强劲扩张:低端部分主打低成本、高打折的时装,从 Matalan、Bay trading 和 New Look 到 Top Shop 和 Zara;高端部分销售设计导向的高质量时装,如 Jigsaw、Diesel、Ted Baker 和 French Connection。市场的两端各自反映了其生产和消费的地理布局特征。折扣零售商喜欢那些低成本的国外生产点和便宜的高街(High Street,是城填主要商业街的一个转喻说法,通常指市中心商店和商家最集中的地方,也经常被用来指代零售业,在英国尤为常用。——译者注)或城郊零售点,而注重设计的品牌零售商则喜欢国内设计、成本较高的欧洲工厂和特定的零售店(通常位于高租金的城市商业文化区)。

音乐行业

像时装行业一样,音乐行业的增值性业务也是由一组互相联系和交叉的创意网络、复制网络、分销网络和消费网络构成的(Leyshon, 2001,2003; Leyshon et al.,2004)。虽然这些不同的网络由不同的演唱者、机构和地方所组成(包括艺术家、制作者、演出中介、录音室、表演场所、售票处等),但音乐行业可以划分为"五大"唱片集团,即美国在线时代华纳、索尼、贝塔斯曼(BMG)、维旺迪环球和电子与音乐工业公司(EMI),它们在相当长一个时期内统治着音乐行业的价值链。如果音乐作品欲使创意和经济价值达到最大化,并以商品形式传播于世,就必须经过这些大公司把持的价值链环节(Callon,1991)。也就是说,音乐作品被压制和转化成 CD 光碟或其他媒介,再通过这些大公司无远弗届的市场权力,引发消费者巨大的需求并销往全球主要消费市场。从创意网络中的音乐创作和演出到复制网络中的 CD 光碟压制,再通过分销网络传播到消费者(光碟的促销和营销及其分销至零售商),唱片公司都起着至关重要的作用。唱片公司掌控了录制和分销网络中最重要的文化和经济资产,并在创意网络中着意培养、管理和资助音乐人才。

音乐行业的地理分布也反映了唱片公司在该行业价值链中的主导地位。五大唱片公司的办公场所均集中设在纽约、洛杉矶和伦敦这类世界领先的流行文化生产中心。这类中心也是与音乐复制相关的众多机构云集之地(如发行者、律师、艺术管理和音乐出版社)。按照管理者网络的理论,这些城市是作为音乐"定制"、翻译、收集、分类、筛选、定价、商品化和复制中心来运作的。复制、分销和消费网络可以分布在迥然不同的地理位置,但唯有嵌入全球文化首都的唱片公司及其相关复制机构的创意网络,它的空间逻辑关系才使这些城市成为音乐行业价值链(以生产和经济价值来衡量)的核心。另有两个值得关注的空间性问题。第一个是创意的变迁地图。与复制网络相比,创意网络的结构性变化较大,但至少可以辨识两个重要特征:其一,全球流行音乐行业的创意来源高度集中于少数国家,尤其是美国、英国和牙买加(Connell and Gibson,2002;Power and Hallencreutz,2002);其二,除音乐文化之都——纽约、洛杉矶、伦敦和金斯敦(牙买加)——外,这些国家的音乐创意地点不断在迁移,不同的创意中心在不同的时代和不同的地方具有不同的重要性。以英国市场为例:20世纪90年代初期,曼彻斯特歌曲的主导地位被美国西雅图垃圾乐的兴起所取代。90年代中期,音乐兴趣点开始转向布里斯托尔和自由散漫的"前卫"艺术家。近些年来舞蹈音乐风行一时,于是,人们的注意力再次转向伊比沙岛和圣纳帕这类地方的艺术家。

第二个重要的空间性问题与分销有关。与创意网络相仿,音乐的分销网络比复制网络更为分散。然而,正如录制公司崛起并主导复制、分销和创意网络那样,大型高街零售商和购物中心也已横空出世,并占据了相当大的音乐销售份额(如维珍和HMV)。不过,我们随后将会看到,这类大型零售商在分销网络中的主导权及支撑这种地位的空间逻辑关系行将直面来自互联网和电子商务的挑战。

零售金融服务业

最后,我们来考察零售金融服务业。录制公司主导音乐价值链的方式,与金融服务企业凭借信息和通信技术(ICTs)强化其对消费者的地位,颇有几分相似之处。录制公司和金融服务企业在截然不同的领域从事经营活动,但它们都在寻求对关键信息的挑选、分拣、判读及各自价值链的主动权和控制权。例如,在英国,自动提款机、电话银行、信用卡、签账卡和信用记录技术的引入使银行系统能调整价值链的传统知识结构，强化自身的优势地位。特别是，这类技术给银行企业提供了新的手段，解决贷款、保险、抵押贷款的提供者和申请人之间信息不对称的难题(Leyshon and Thrift, 1999)。首先，这些技术使企业能够比以往更系统化地收集和整合消费者行为的资料。其次，这些技术给贷款方提供了分析和对比自己客户的资料的新手段，这些资料来自其他贷款方、金融服务零售商和国家机构。再次，这些技术使银行瘦身，分行关闭，许多决策和交易活动转移到了核心机构。银行也借机精减分行，将主要的决策活动集中到地区金融中心(French and Leyshon, 2003)。与此同时，像伦敦城这样的全球金融中心继续在行业价值链中扮演重要的角色，成为众多零售金融服务企业办公室的注册地，以及监管机构、行业专业主体、金融市场和金融报刊的大本营。因此，伦敦城这样的金融中心也就成为实际上的金融服务文化中心(Thrift, 1994)。

零售金融服务产品的商品化程度日趋提高，促使英国零售金融服务企业的分支网络不断收缩和空心化，反之亦然。当信用记录和远距离分销系统的结合帮助银行和保险公司通过集中决策和强化对消费者的地位来降低成本时，这一切也促使了消费与分支网络分离，进而将以往的专有知识或多或少地转变为公共产品，在很大程度上降低了零售金融服务行业的市场进入壁垒，也打破了束缚消费者和企业的传统市场的惰性。其结果是，金融服务消费趋于分散化，客户服务变得至关重要，新的提供商就此进入了零售金融服务市场。像维珍[①]这类新的非传统提供商和玛莎百货与特易购(Tesco)[②]这类零售连锁店，利用自身品牌知名度的杠杆作用成功地进入市场，并在那些品牌资产越

[①] 维珍是一家拥有著名品牌的零售商，它允许一些行业使用其标志，包括音乐录制品零售、航空、铁路和移动电话公司。

[②] 玛莎百货是英国高街一家面向中高端客户进行销售的传统老店，而特易购则是英国最大的杂货零售商。

发重要的市场上构筑了分销网络。

在前述三个行业的组织和空间逻辑学的基础上，下面来考察电子商务对这些行业组织和空间分布的影响。

互联网时代的价值链

充分评估电子商务对时装、音乐和零售金融服务行业的影响还为时尚早。电子商务是一种较新的技术，其后果要观察多年才能做出评价。然而，电子商务对这些行业具有重大的影响是不容置疑的，它已深刻地改变了这些行业的经商方式。我们来阐述电子商务对这三个行业产生的不同影响。

时装行业

不少经济学家对互联网和电子商务振奋不已，其原因之一便是，互联网和电子商务具有一种改变市场格局的内在潜力，它们可以将市场权力从现存的市场占有者转移到较新的市场进入者。通过打破和再配置现存的行业网络，通过开发新形式的电子联系来建立新的经营方式和扩大市场触角，这一点是可以做到的。在时装行业里，电子商务具有的潜在吸引力支撑着大型零售商、批发商、中介机构和设计中心在价值链各个环节上的权力。这样，电子商务便履行了其使客户变得"更强大"的承诺，包括那些需要在极短时间里筛滤和分拣大量时装信息的客户，也包括那些需要立即进入出现时装新潮流的全球市场的客户。起码来说，电子商务对消费的民主化和颠覆大公司对供应链和批发链的垄断提供了可能性。然而，在互联网上进行时装零售的最初尝试并不走运。当在线销售公司出现最早的大规模衰退时，像 Boo.com 这类公司因上升的估价和预期尚可支撑一时（Cassidy，2002；Malmsten et al.，2002），而原型时装之类较特殊的互联网站就显得生意清淡,其服装和布料的细节未能充分展示,让消费者担忧它的质量、剪裁、尺码和做工。

近来有迹象表明,网上时装零售对特定的细分市场的影响力不断增长。首先,一些互联网站在低端市场上大获成功,它们有效地降低了开支费用,能以折扣价格出售大众产品。其次,一些在英国高街拥有知名品牌的公司[如李维斯(Levi's)]凭借品牌效应成功地转向了网上零售,这种产品销售策略基于声誉和信任。再次,有些企业凭借远距离销售技能(如邮购)开展电子商务。

最后,一些公司踏足于高街公司常常忽视的利基市场,它们针对那些被常规零售模式和诸多高街公司所边缘化的特殊人群,如很难购买到合适服装的身材肥胖者、孕妇和老年人(Bruzzi and Church-Gibson,2000)。远距离购物无需曝光自己的身材,既保有隐私,又有居家购物的乐趣。在电脑屏幕上进行试穿,不必显露真实的身体,而且可以富有想象力地随意装扮自己。当然,所有这些都算不上什么革命性的变化。但最近的事态发展显示,互联网给一些新经济业态下艺术家的商业运作带来了更有趣、更吸引眼球的综合效应。

第二代互联网时装网站的诞生旨在改进并超越高街购物的常规模式,而不是简单地加以复制。这类网站富有策略和创意,从时装价值链的时空两方面进行调整和再造,以有趣的方式重新改写时装供应链的规则。它们不仅精于技术,配发更多的彩照,而且还涵盖了时装表演伸展台、丰富的收藏品和个性化的 3D 时装模特服务。另一大发明是"键盘式品牌",它的出现使时装业传统的价值链扁平化了。在这里,设计师、品牌或零售商变成了键盘或屏幕,客户可以点击下载自己所需要的物品。英国 Oki-ni 公司的网站(www.oki-ni.com)堪称最好的样板,消费者通过网上陈列室、存储终端或手提物件来查看定制的服装,可以检视标签上的信息,搜索网上商店的存档资料,安全地下单购物,确信自己购买的服装在这个世界上仅生产和销售 50 件。Oki-ni

撇开销售网点,取代其协助消费者采购的功能,让时装购买、消费和销售在现实和虚拟世界里的界限模糊化。Oki-ni 模式的重要性在于,它自觉地打破了现有的时装生产和供应的常规模式的诸多环节,尤其是从一个中心存储节点直接向消费者分销一系列产品和品牌。从存储和物流经济学的角度来看,Oki-ni 的做法无可厚非,但它的根本动机乃是利用互联网来改变商品供应与价值实现的地缘性,剥离当地原有的存储和批发中心等关键环节,雇用大量销售人员为地区性零售商店提供服务。这种模式说明,时装的虚拟和现实世界可以是一种交融混杂的复合体。

然而,目前互联网对时装业的影响远远小于其对金融服务和音乐行业的影响。时装业依旧倚重商品形式的特质:消费者倾向于购买衣服时有实际参与感,能亲自触摸、试穿、检视布料、质量和美感。同时,时装业也受限于季节性周期及其主要的陈列和表演场所,如旗舰店、国际性系列时装和世界时装周。实际上,时装业依旧聚集于有历史积淀和文化传统的地方,特别是那些世界级的大都市,如米兰、巴黎、伦敦、纽约和东京。即便在这些大都市里,时装业也有其分布上的地区特征,在伦敦,邦德街的表演性销售场所就与较为隐蔽的红砖巷生产场所形成鲜明的对照。

时装消费是一种活动和体验,这一点依然是重要的,所以,它更难转变为那种瞬间就能达成的技术性交易。根据目前的电子商务理论,问题在于能否减少消费行为对购买时机和方式的依赖性,对时装业来说,那就要将消费变成一种非感受性的体验。在我们看来,这一理论未能认识到时装消费是一种活动、展示和表演,那里的声音、舞台、道具、感觉和试衣室都很重要。脱离实物的金钱与商品的理性交换十分罕见,或多或少总要有亲临其境的感觉。这里,商品的物理特性和衣料质感至关重要。由此可见,电子商务不会颠覆和重构目前时装业的地域格局,反而会维持稳定乃至强化。在一定程度上,这个推测是在简化既有的地理、组织和市场分工的基础上做出的。

音乐行业

乍一看,互联网对音乐唱片行业价值链的传统地理分布的影响力较之时装业要大得多(Leyshon, 2001, 2003; Leyshon et al., Leyshon et al., 2004)。音乐本身是多变的、多元化的,但其产出物却几乎都是大批量的标准化产品(如 CD 光碟和唱片)。由于产出物大多具有标准化商品的性质,因此,音乐行业比较容易受到互联网的再中介化的影响。其途径有二:其一,互联网作为分销网络具有传统音乐销售模式所不具备的活力,它打破了音乐行业传统的空间逻辑关系,而这种关系曾使英国"主人之声"唱片公司(HMV)和维珍大卖场(Virgin Megastore)这类大型音乐零售商占据了分销网络的主导权。下面,我们还会看到,互联网以非常相似的方式促使金融服务业分支网络的结构转型。亚马逊和 HMV 公司自身基于互联网的销售运作取得成功,预示着高街音乐商店的角色和作用行将发生类似的变化。

更重要的是,互联网及其伴生的各种技术对形形色色的音乐唱片产品的销售和传送提供了动力。特别是,它们允许音乐以新的数字压缩格式(如 MP3)进行制作、分销和消费。互联网还使音乐以电子化方式进行传送成为可能,而不必是至今仍占主流的硬式碟片。这个再中介化的过程使音乐录制行业的处境岌岌可危,与日俱增的竞争威胁着唱片公司在音乐价值链中的中心地位。

实际上,互联网驱使音乐行业来到了产业重组的一个"转折点"(Leyshon et al., 2004)。结果,21 世纪初音乐行业出现了一系列新的互联网导向的商业模式(Lucas, 2002)。它们试图解决数码音乐的销售问题,同时又对音乐唱片行业赖以生存的音乐版权保有控制权(Leyshon, 2003; Power and Jansson, 2004)。在这些新的商业模式中,既有大型唱片公司建立数字化分销渠道的适度尝试,同时诉诸法律抵御对等网络(Peer-to-Peer)会员订阅服务的威胁,也有对音乐行业价值链进行彻底的再中介化的努力。在音乐行业价值链的边缘地带,更大胆激进的满足数码音乐需求的尝试已经赫然出现了。当 Napster、Kazza 和 Morpheus 公司进军潜在的音乐下载市场之时,率先成功开创大规模下载音乐的合法商业模式的却是一家电脑公司——苹果,而不是任何一家音乐唱片商。面对来自互联网的挑战,音乐行业大多采取维护、支持原有商业模式的策略,这种商业模式在 20 世纪还比较适合,到 21 世纪就逊色多了(Leyshon et al., 2004)。我们认为,其原因之一就是音乐行业的高级管理者极不稳定,这使该行业难以启动长期的再造过程,有关举措实施的时间过短,不足以获得回报。音乐行业与冯等(Feng et al., 2001)评述的"新经济"如出一辙,它利用资本市场作为其商业战略的孵化器,监督那些开发该行业新商业模式的创业企业,采用法律制裁手段攻击那些看似违背知识产权法的公司,尽可能收购有实力为数码音乐销售提供合法的长期解决方案的公司。

金融服务行业

如前所述,金融产品的商品化和引入自动取款机、信用评分及其他信息和通信技术,对金融服务业的生产、分销和消费的传统网络产生了重要的影响。因此,在音乐行业里,互联网可以被视为信息通信技术驱动的长期重组过程的最新表现。就电子银行运作、网上保险和网上中介等造成的影响而言,它们也可以看作是与自动提款机之类的技术引进相平行的发展。换言之,互联网不仅是金融服务行业分支网络"空心化"的驱动力之一,而且还向新的竞争者开放了零售金融市场。然而,互联网泡沫的破裂,对电子商务相关知识的膨胀重新进行的评估,使许多英美国家的互联网从业者对自己的定位有了比较清醒的认识。正如人们曾广泛预测的那样,大多数消费者并不是使用互网来取代分支机构和电话,而是将其作为分支机构和电话功能的一种补充,这一点已愈加清晰,电子商务在金融行业里已变成较为次要的战略课题。目前,关于电子银行等问题的探讨更多地转向了新的课题,如"多渠道分销"或"消费者关系管理"(CRM)。

与此相比,另一类文献则以革新的方式来研究互联网和电子商务的出现,更为强调技术对现有金融服务价值链进行重构的基础作用。例如,埃文斯和沃斯特(Evans and Wurster,1999)认为,互联网正在挖空银行的传统基础,催生了新的"开放式决策"的银行。在他们看来,重构的商业模式行将取代传统的直线式交易模式,以及银行与客户之间通过交易处理中心、自动取款机、分支机构柜台服务员和其他常规环节进行的增值活动,进而建立更加多元化、更富有特色的生产、分销和消费网络。自动取款机和电话银行服务的引进,削弱了市场进入的主要壁垒——银行分支机构的作用,使连锁超市和其他机构得以进入零售金融服务市场。埃文斯和沃斯特(Evans and Wurster,1997,1999)认为,互联网的冲击力极大地侵蚀了传统金融机构在零售金融服务市场上的地位。互联网搜索引擎、个人金融管理软件包(如Quicken 和 Microsoft Money)和基于互联网的金融信息中介机构(如Motely Fool,www.fool.co.uk)的出现,极大地促使传统的行业知识结构体系的解体。这样一来,也大大提高了知识的产生、传送和转译的现存张力。对金融服务公司来说,一方面,互联网提供了获取更丰富的用户资料、有用的信息资料以及与信用评分技术和智能网络软件相结合的方法,进一步加强了金融服务提供商对用户的传统地位。因此,金融服务公司有能力从时间和空间两方面来开发更为老到的消费者识别技术(从时间方面来讲,可以不断更新和随时掌握用户的信息;从空间方面来讲,可以开创金融排斥、金融包容、次包容和超包容的新局面)。

另一方面,如同音乐行业中唱片公司的主导地位受到音乐创作、复制、分销和消费的新业态的挑战那样,互联网也大有能力打破金融服务行业的价值链,侵蚀和削弱银行、房屋信贷互助会和保险公司的核心作用。互联网至少可以通过以下五种方式来威胁传统的金融服务提供商的地位:其一,互联网有助于新的提供商以快捷和比较便宜的方式进入金融服务市场,甚至优于电话;其二,互联网有助于金融信息的产生、转译和传送,并将与新提供商和中介机构一起利用这些新的机会;其三,金融服务"信息生态"(Nardi and O'Day,1999)的深化,使用户(尤其是那些比较富裕、有金融知识、通晓互联网和上网的特定客户群)有新的机会克服消费者常有的惰性,主动地区别对待金融服务提供商;其四,互联网也使信用评级公司和金融软件提供商有新的机会来撬动自身在金融知识领域的地位;其五,在电子货币、小额支付和电子钱包等领域,虽然理论和实践之间仍有不小的差距,但它们的发展给新的互联网从业者(如互联网零售商和互联网服务提供商)提供了机会,可以向用户提供那些迄今仍是银行、保险公司和房屋信贷互助会传统起源的服务。由此可见,互联网既能为金融服务公司提供进一步强化信息领域领导地位和精简分支网络的机会,与此同时,通过消费者人口统计的授权、新的"信息媒介"的导入、市场进入壁垒的进一步消除、引入新形式货币的机会和现存金融信息中介作用的加强,互联网也可以对传统金融服务公司在金融行业中的核心地位造成威胁。

然而,对零售金融服务行业的检视展示了一幅更加复杂的图像。尽管较早有人预测传统的金融服务提供商行将消亡,但它们的情形却似乎相当不错。在音乐行业中,新式音乐光碟被快速地传送、吸纳和制式化,而新形式的电子货币和电子钱包却始终滞留在初级的发展阶段。例如,直到最近英国才开始着手构建监管电子货币发行的必要的法律框架(FSA,2001,2002)。电子货币是否是合法货币,对它信任与否,这个问题是导致电子货币发展步伐较慢的原因。不仅消费者要信任这种新的货币形式及其发行流通,而且金融监管者(如英国金融服务局)、银行、信用卡公司和其他信贷提供商也必须确信任何新货币具有可信赖性,否则,货币体系的任何部分出现信任危机都会被快速扩散,从而危及整个金融体系的稳定。当音乐行业着手构建新的监管体系、应对消费者广泛接受新音乐格式引发的混乱时,英国金融服务局也在与现有的和潜在的货币发行机构进行磋商,扩展现有的货币发行体制,创造一个健全的、可信赖的未来电子货币发行和接受的机制。

到目前为止,不仅新形式货币无法影响金融服务行业(在音乐行业,软件格式倒是颇有影响),而且,互联网对于传统金融提供商和生产、分销和消费网络也远非评论家所预测的那样产生革命性的影响。尽管有某些简略的证据显示,分支网络的重构过程仍在继续提速,而且互联网从理论上为诠释这种重构增添了一个重要变量,但我们至少还未目睹高街的分支网络有任何土崩瓦解的迹象。英国国民西敏寺银行(NatWest)近来高调发动广告攻势,强调其对分行服务的承诺,反映了这家银行吸引用户到分行点和标榜自身可靠性的持续努力,对银行的这类营销活动,其实并无多少内幕需要过多地加以关注。但现在很难想象,一家在英国或美国成功营运的主要银行不提供互联网银行服务。此外,Smile、Egg 和 Intelligent Finance 等"互联网银行"近4~5年来在英国的经营管理非常成功,并已建立起自己的市场地位。毫无疑问,这些大获成功的银行会有一部分发展成为独立的网络品牌,并可以从分拆中获利,Smile、Egg 和 Intelligent Finance 就是分别从合作银行(Co-op Bank)、保诚保险公司(Prudential Insurance Company)和阿比国民银行(Abbey National Bank)中分拆而自立门户的。这些互联网银行还可以受惠于从母公司那里获取的货币、员工、基础设施和信任度等专业知识、技能和资产。相比之下,英国的电子金融和美国的翼展银行(Wingspan Bank)这类引人瞩目的创建独立经营的互联网银行的尝试都未获成功。

在我们看来，互联网在时装、音乐行业的故事无法继续在零售金融服务行业演绎下去。信任的重要性，消费者对高街分支机构的持续忠诚，以及成功的传统金融服务提供商转向（Callon，1991）利用互联网，这一切都意味着，互联网只采取它在音乐录制行业里相同的手法，还不足以撼动银行的地位。不过，金融服务毕竟不具有服装那样的物质性，虽然还不确定虚拟模特、弹出"布盒"等在取代时装表演的现场感受方面能走多远，但金融服务行业的价值链面对进一步的重构是相当脆弱的，下这样的结论看来还是比较稳妥的。像抵押贷款计算器这样的互联网工具和像 Motley Fool 这样的信息中介机构，无疑会使零售金融服务变得更加透明化和富有竞争性，并允许特定的消费者群体介入其过程。互联网银行也一直在不断灌输可以信赖在线金融服务、电子货币和电子钱包的观念，让人相信这些事的发生似乎近在眼前。做到这些并非不可能。近来，金融服务行业圈子里就在流传有关互联网本身的"软"新闻，这是一种特殊的话语策略，旨在维护金融服务价值链的控制权，它与老牌音乐唱片公司采用的防卫性话语权策略可谓是异曲同工。

结论

本章阐述了互联网在时装、音乐和零售金融服务业里对价值链的结构、转型和再生产的驱动力和可能产生的效果。虽然电子商务的诸多环节还略嫌稚嫩，但许多著述已分析了互联网对文化产业产生影响的若干要点。下面，我们讲一下其中较为突出的四个问题。

第一，商品的种类。商品性质是决定互联网对音乐、时装和零售金融服务业的影响的关键因素。在不同行业里，商品的数字化转型会遭到不同程度的阻力。与音乐和金融行业相比，时装商品的物质属性使其推行数字化的阻力更大。商品的物理形式和材质不仅对电子商务作用于各行业的能力有着重要的影响,而且也凸显了文化产业这一概念本身的局限性。在文化产业总体框架(见本书序言)下,音乐、时装和零售金融服务业所处的地位对互联网在其各自价值链中可能发挥的重要作用似乎有些乏善可陈。显然,文化产业这个大标题对思考上述三个行业中互联网的影响力有所限制,但零售金融服务业出现了电子商务及其体制化,这一结果从数量和质量两个方面彰显了金融产品和服务的符号内容的重要性。从这个意义上来说,互联网可以很好地帮助和推动金融服务业融入文化产业的大一统体系,其结果,将会改变"传统"文化产业的若干特质(Lash and Urry, 1994)。

第二,商品的种类固然重要,但还需要考虑行业部门的网络和技术,方能更好地理解互联网的影响。互联网对行业组织和空间的作用不能简单地根据埃文斯和沃斯特(Evans and Wurster, 1997, 1999)等理论家关于商品形式的扼要表述来解读。对于音乐和时装这样的正宗文化产业或金融这样的非传统型"文化"产业,互联网的影响力在相当程度上是由众多管理者和现存价值链、权利关系、组织和话语政治的网络的连接结构所决定的,这些决定因素就像商品形式的决定作用一般重要。同样地,互联网技术从社会和经济层面驱动文化产业和非文化产业的分裂结构走向民主化,也是在相当程度上取决于既有的和正在出现的价值链的形态和政治性质,这些决定因素与商品形式的决定作用也是同样的重要。

第三,我们认为,互联网的组织和行业效应比许多技术性决定因素复杂得多,其地理空间效应也比"距离之死"(Cairncross, 1997)或"失重世界"(Coyle, 1997)之类的说辞更为复杂(French and Leyshon, 2004)。从上述三个行业的研究来看,互联网正在强化现有的生产布局,促使消费分散化,同时也在构造分销网络的新节点。此外,在时下的资本主义社会,层出不穷的活动、陈列和表演也有可能被日趋普及的电子商务所替代。如果远距离消费成为寻常之事,那么,网上的远距离相聚共存(co-presence)就会备受青睐,进而影响这三个行业:不仅时装表演承担新的重任,音乐的现场演出亦然(Leyshon,2003),在零售金融服务业,客户通过与理财者的"网络视频实时通话"(Rifkin,2000)来接受服务,但金融产品更难理解,价格却在不断提高。

第四,关于消费的问题。我们认为,消费分化的理论尚不足以充分诠释商品的种类、知识的网络和支撑生产活动的创意对文化产业所起的作用。简单地说,商品的种类、支持商品生产和消费的组织结构以及商品的展示空间,所有这一切,对文化产业来说都是极为根本的,它们可以描绘出一派电子商务理论家们所向往的更精微玄妙和更富有文化内涵变化的经济景象。研究文献中主要都是实体对虚拟、网店对传统店铺、实物对非实物的截然相反的描述,但用它们来解释互联网技术和文化产业发生冲突时的复杂时空问题似乎是越来越没有用处。确切地说,我们需要更多地关注行业内部、行业之间和跨行业的问题。聚焦于一系列行业部门,其结果有可能形成一种多维度分析产业问题的方法论:实物/非实物;信任/怀疑或担心;消费者分类(consumption cleavages);等等。我们希望能够运用这种方法论开辟一条文化产业各部门异同兼具、互动演进的道路。

参考文献

Bruzzi, S. and Church-Gibson, P. (2000) *Fashion Cultures: Theories, Explanations and Analysis*, Oxford: Berg.
Callon, M. (1991) "Techno-economic networks and irreversibility," in J. Law (ed.) *A Sociology of Monsters: Essays on Power, Technology and Domination*, London: Routledge.
Cairncross, F. (1997) *The Death of Distance*, London: Orion.
Cassidy, J. (2002) *Dot.Con: the greatest story ever sold*, London: Allen Lane.
Connell, J. and Gibson, C. (2002) *Sound Tracks: Popular Music, Identity and Place*, London: Routledge.
Coyle, D. (1997) *The Weightless World*, London: Capstone.
Crewe, L. (2003) "Markets in motion: geographies of retailing and consumption," *Progress in Human Geography*, 27: 352–362.
Crewe, L. and Beaverstock, J. (1998) "Fashioning the city," *Geoforum*, 29: 287–308.
Crewe, L., Gregson, N. and Brooks, K. (2003) "Alternative retail spaces," in A. Leyshon, R. Lee and C. Rand Williams (eds) *Alternative Economic Spaces*, London: Sage.

D'Andrea, G. and Arnold, G. (2003) *Zara*, Cambridge, MA.: Harvard Business School Press.
Dicken, P. (2003) *Global Shift* (4th edition), London: Sage.
Du Gay, P. and Pryke, M. (2002) *Cultural Economy*, London: Sage.
Elson, D. and Pearson, R. (1981) "Nimble fingers make cheap workers," *Feminist Review*, 7 (Spring): 87–107.
Entwistle, J. (2000) *The Fashioned Body*, Oxford: Polity Press.
Evans, P. B. and Wurster, T. S. (1997) "Strategy and the new economics of information," *Harvard Business Review*, 75: 71–82.
—— (1999) *Blown to Bits: How the Economics of Information Transforms Strategy*, Cambridge, MA: Harvard Business School Press.
Feng, H. Y., Froud, J., Johal, S., Haslam, C. and Williams, K. (2001) "A new business model? The capital market and the new economy," *Economy and Society*, 30: 467–503.
French, S. and Leyshon, A. (2003) "City of money?," in M. Boddy (ed.) *Urban Transformation and Urban Goverance*, Bristol: Policy Press.
—— (2004) "The new, new financial system?: towards a conceptualisation of financial reintermediation," *Review of International Political Economy*, 11(2): 263–88.
FSA (2001) *The Regulation of Electronic Money Issuers*, London: Financial Services Authority.
—— (2002) *The Regulation of Electronic Money Issuers: Feedback on CP117*, London: Financial Services Authority.
Gereffi, G. and Korzeniewicz, M. (1994) *Commodity Chains and Global Capitalism*, Westport, CT: Greenwoods.
Gereffi, G. Spener, D. and Bair, J. (2002) *Free Trade and Uneven Development*, Philadelphia: Temple Press.
Gilbert, D. (2000) "Urban outfitting: the city and the spaces of fashion culture," in S. Bruzzi and P. Church-Gibson (eds) *Fashion Cultures*, Oxford: Berg.
Green, N. (2002) "Paris: a historical view," in J. Rath (ed.) *Unravelling the Rag Trade*, Oxford: Berg.
Hughes, A. and Reimer, S. (2004) *Geographies of Commodity Chains*, London: Routledge.
Klein, N. (2000) *No Logo*, London: Flamingo.
Lash, S. and Urry, J. (1994) *Economies of Signs and Space*, London: Sage.
Leyshon, A. (2001) "Time-space (and digital) compression: software formats, musical networks, and the reorganization of the music industry," *Environment and Planning A*, 32: 49–77.
—— (2003) "Scary monsters? Software formats, peer-to-peer networks, and the spectre of the gift," *Environment and Planning D: Society and Space*, 21: 533–58.
Leyshon, A. and Thrift, N. (1999) "Lists come alive: electronic systems of knowledge and the rise of credit-scoring in retail banking," *Economy and Society*, 28: 434–66.
Leyshon, A. Webb, P. French, S. Thrift, N. and Crewe, L. (2004) "On the reproduction of the musical economy after the Internet," *Media, Culture and Society* (forthcoming).
Liebowitz, S. (2002) *Re-Thinking the Network Economy: The True Forces that Drive the Digital Marketplace*, New York: AMACOM.
Lucas, H. C. (2002) *Strategies for Electronic Commerce and the Internet*, Cambridge, MA: MIT Press.
Malmsten, E. Portanger, E. and Drazin, C. (2002) *Boo Hoo: A Dot Com Story*, New York: Random House.
McRobbie, A. (1998) *British Fashion Design: Rag Trade or Image Industry*, London: Routledge.

Nardi, B. A. and O'Day, V. L. (1999) *Informational Ecologies: Using Technology with Heart*, Cambridge, MA: MIT Press.
Phizaklea, A. (1990) *Unpacking the Fashion Industry*, London: Routledge.
Power, D. and Hallencreutz, D. (2002) "Profiting from creativity? The music industry in Stockholm, Sweden and Kingston, Jamaica," *Environment and Planning A*, 34: 1833–54.
Power, D. and Jansson, J. (2004) "The emergence of a post-industrial music economy? Music and ICT synergies in Stockholm, Sweden," *Geoforum* (in press).
Purvis, S. (1996) "The interchangeable roles of the producer, consumer and cultural intermediary: the new pop fashion designer," in J. O'Connor and D. Wynne (eds) *From the Margins to the Centre: Cultural Production and Consumption in the Post-industrial City*, Aldershot: Ashgate Publishing.
Pyke, F. Becattini, G. and Sengenberger, W. (1990) *Industrial Districts and Inter-firm Co-operation in Italy*, Geneva: ILO.
Rath, J. (2002) *Unravelling the Rag Trade: Immigrant Entrepreneurship in Seven World Cities*, Oxford: Berg.
Rifkin, J. (2000) *The Age of Access: How the shift from Ownership to Access is Transforming Capitalism*, London: Penguin.
Thrift, N. (1994) "On the social and cultural determinants of international financial centers: the case of the City of London," in S. Corbridge, R. Martin and N. Thrift (eds) *Money, Power and Space*, Oxford: Blackwell.
Woolgar, S. (2002) *Virtual Society: Technology, Cyberbole, Reality*, Oxford: Oxford University Press.
Wright, M. (1997) "Crossing the factory frontier – gender, power and place in the Mexican Maquiladora", *Antipode*, 29: 278–302.
Zhou, Y. (2002) "New York: caught under the fashion runway," in J. Rath (ed.) *Unravelling the Rag Trade*, Oxford: Berg.

第三篇

创意、城市和地域

第五章 创意、时装和市场行为

沃尔特·圣阿加塔(Walter Santagata)

导言

在一切产品中,以创意为基础的产品是最具独特性的。创意同文化一样,它们的根本源泉都离不开时间和空间。文化创意及其传承资本都与特定的场域不可分割,或者从社会意义上说,都与特定的社会空间及其历史时期密不可分。所以,考察创意,不能忽视时间和空间的概念。

然而,关于经济行为的效率理论则主要建基于商品本身,没有考虑特定的时间或空间配置。事实上也是如此,在生产一件商品的过程中,如果需要的时空要素越多,那么,在市场机制的作用下,它的生产效率和消费效率就会越低。商品越具个性化,它的供货信息就会越少,市场的定价机制也就越难发挥调节作用,在这种情况下,要想依靠市场竞争的法则来准确预测它的前景也就更不容易。对于像时尚、设计和艺术这类创意性产品而言,市场是无法充分发挥调节作用的。

本章主要以世界时装产业为例,通过考察创意劳动的个性特征和经济效应,探讨创意产品在市场行为范畴下存在的局限性。这对于从社会角度理解相关的经济理论很有帮助,可以明白一个社会如何在特定的时间与空间的演变中形成它独有的特征。

在探讨市场行为中的有关规律方面,时装市场之所以适合作为案例,是因为它离不开创意,我们从时装的很多方面都能强烈感受到这种文化的神奇。原创作品的每个细节,无不凝结着文化的创意,譬如奇思妙想的整体和谐,巧夺天工的技艺质量,赏心悦目的表现形式,而正是这些蕴含在时装中的文化创意,决定了时装的时尚属性和本质特征,它体现的是一种符号价值,因此也是一种概念性产品(Barrère and Santagata,1998;Santagata,1998a)。其实,在所有时装制作的"王国"中,设计师本身才是灵魂之神。他们的奇幻想象,他们对社会的观察、对人类的思考、对历史的理解,以及他们的信念和风格,一切的一切,构成了他们灵魂之神的特质与魔力,让他们在自己的生产空间里,魔幻般地创作出时尚之美。

一名著名设计师在特定的时间出现在特定的场域,构成一个标志性的创意环境。19世纪的巴黎,给人最深的一个印象,就是聚集了无数的时装设计师(见表5.1)。巴黎设计师的国际化程度不断提高,而国际化正是构成创意空间的另一个因素。

表 5.1   按出现时间排序的巴黎设计师

高级女装出现之前	1858	查尔斯·弗雷德里克·沃斯(Charles Frédéric Worth)、古斯塔夫·博贝格(Gustave Boberg)
	1871	雅克·杜塞(Jacques Doucet)
	1889	珍妮·帕奎因(Jeanne Paquin)
	1898	卡洛特姐妹(Les Soeurs Callot)
	1900	珍妮·朗雯(Jeanne Lanvin)
	1904	保罗·波莱特(Paul Poiret)
第一次世界大战与第二次世界大战之间	1911	让·帕图(Jean Patou)
	1912	马德琳·薇欧奈(Madeleine Vionnet)
	1912	加布里埃尔·可可·香奈儿(Gabrielle "CoCo" Chanel)
	1919	爱德华·莫利纽克斯(Edward Molyneux)
	1919	吕西安·勒隆(Lucien Lelong)
	1932	妮娜·丽姿(Nina Ricci)
	1934	杰曼·巴顿葛蕾(Germaine Barton "Grès")
	1935	艾尔莎·夏帕瑞丽(Elsa Schiaparelli)

续表

20世纪50年代	1937	杰奎斯·菲斯(Jacques Fath)
	1938	克里斯托帕·巴伦西亚加(Cristobal Balenciaga Eisaguri)
	1944	卡门·嘉宏(Carmen Mallet "Carven")
	1945	皮尔·巴尔曼(Pierre Balmain)
	1947	克里斯汀·迪奥(Christian Dior)
	1949	泰德·拉皮迪斯(Ted Lapidus)
	1950	路易斯·费罗(Louis Féraud)
	1952	胡贝尔·德·纪梵希(Hubert de Givenchy)
	1953	皮尔·卡丹(Pierre Cardin)
20世纪60年代	1958	伊夫·圣·洛朗(Yves Saint Laurent)
	1959	华伦天奴·格拉瓦尼(Valentino Garavani)
	1960	卡尔·拉格菲尔德(Karl Lagerfeld)
	1961	安德烈·库雷热(André Courrèges)
	1961	罗塞特·梅特(多浪迪)(Rosette Met "Torrente")
	1962	让·路易·雪莱(Jean Louis Scherrer)
	1962	让·卡夏尔[Cacharel (Jean Bousquet)]
	1965	伊曼纽尔·温加罗(Emanuel Ungaro)
	1966	帕科·拉巴纳(Paco Rabane)
20世纪70年代	1970	让·夏尔·德·卡斯泰尔巴雅克(Jean Charles de Castelbajac)
	1970	三宅一生(Issey Miyake)
	1970	高田贤三(Kenzo)
	1973	蒂埃里·穆勒(Thierry Mugler)
	1976	让·保罗·高提耶(Jean Paul Gaultier)
	1976	克里斯汀·拉克鲁瓦(Christian Lacroix)
当代(1980~2000年)		汤姆·福特(Tom Ford)、约翰·加利亚诺(John Galliano)、亚历山大·麦昆(Alexander McQueen)、马丁·马吉拉(Martin Margiela)

在时装领域,体现创意力量的一个极好范例,是高级时装和定制成衣的巧妙组合。高级时装和定制成衣原本是各自为营,唯有巴黎才首次将它们融合到一起。

尽管如此,在对消费者和生产者的经济行为分析中,我们发现了更丰富的原创表现、创意的理论意义和社会作用,也发现了更丰富的创意型产品。

本章最后一节还会谈到,消费者的选择已经表明,人们的观念已经进入一个后现代时期。大家更讲究创意元素和象征元素的价值含量,不再那么计较产品是否耐用和美观。因此,对于新奇的追求(Lipovetsky,1987),以及热衷模仿所带来的社会群体分化,成为影响社会关系的主要经济行为(Simmel,1904;Bourdieu,1994;Waquet and Laporte,1999)。创意产品的风格和特点主要透过两种方式对经济行为产生影响,一是影响某些大众和社会群体,二是在文化产业区域营造浓郁的创意氛围。在时装领域,这种情况更为典型。随着技术推广的日益国际化,国际竞争的范围也空前扩大,这导致生产成本在竞争优势中的作用不断降低,因而,市场的全球化日益凸显出创意在竞争优势中的重要地位。创意是差异化竞争的动力来源,决定竞争的最终成败。以一件时装产品为例,它究竟含有多少知识产权的成分,比起它用了多少材料要重要得多。不过麻烦的是,由于产品的知识价值及其公共产品的特征,也致使假冒商品和非法市场的出现(Benghozi and Santagata,2001)。

本章共分三节。第一节提出并论述创意人才的三种模式以及他们的创意劳动,包括创意天分、经营管理、如何解决问题,以及精神元素和社会因素如何决定创意的产生。第二节专门探讨创意的经济学定义。最后一节则围绕时装领域来考察创意对经济行为产生的影响。从供给面来说,我们研究的是创意浪潮对社会世代带来的影响。从需求面来说,我们研究的是合理性选择和利用所付出的高成本,以及它对时装消费者进行经济核算所带来的影响。

创意人才模式

创意是一个比较抽象的动态概念,到目前为止,还无法对它做出准确完整的定义。尽管如此,根据它表现出来的一些基本属性,我们仍可以确定,在后现代社会中,创意是一种基础性资源。

创意天才

创意是天才的表现,体现发明创造的独特能力和非凡精神,因而创意的常规模型首先建立在浪漫想法的基础上(Le Robert Micro, 1988),根据这个定义,创造性天才最富灵感。所谓灵感,就是在自己探索奥秘和创意行为活动中,在某个瞬间顿悟一闪念产生的奇思妙想,仿若神助,犹如天降(Rouquette, 1973: 10)。

这种模型在天才特征的智力与精神分析中具有特殊的趣味(Kris and Kurz, 1934; Jameson, 1984)。实际上,就后现代文化、特别是当代艺术来说,天才艺术家对以往的艺术运动和艺术风格几乎全都抱持反叛的观念,于是,他们的作品往往表现出精神世界的强烈冲突和激荡。

通过这一模型,我们也可以探讨创意——精神创造出来的潜在资产——向社会释出的状态。创意与人类的某些状态不无关系,包括罪疚感、疯狂性、自主性要求,还有对待风险、性、年龄、智力、金钱以及标新立异的态度。所以,天才人物以及发明创新者的形象,往往表现为一种文学意味与精神概念上的创意。

虽然可以根据这一模型对天才进行文学性的描述,但仍需要紧扣智能要素进行探索,才有可能深入探究创意的起源和一般定义。在这个研究过程中,必须借助一些传统概念的逻辑方法。

创意就是解决问题

赫伯特·西蒙(Herbert Simon)按照顺序原则提出了一个简洁的定义,它根据创意生成的顺序过程,来考察创意的认知维度和逻辑推理。创意被定义为一种精神运动的方式,也就是说,"一个人把他感受到的一切信息经过有机组合之后而产生的全新想法"(Goleman, 1997: 18)。你可能会补充说,创意是一种人类的大脑活动,借此可使我们进行思考并解决遇到的问题。其实,这也是大家对创意的普遍看法(Simon,1986)。西蒙在论文中对创意定义为:创意贵在能够出色地解决问题。

西蒙(1986:1—8)认为,创意的产生有赖于以下三个基本条件:

1. 准备充分。"巴斯德(Pasteur)说过,机会只青睐于有准备的头脑。"所谓的偶然发现并不存在:"孜孜以求涉猎知识,才能创造惊人的奇迹,天上掉馅饼的美事永远都不要指望。"

2. 成为专家。不管是时装设计师还是画家或音乐家,如果想在专业上投机取巧而不精益求精,那他永远不会造诣臻至、炉火纯青。

3. 敢担风险。科学常常需要"孤注一掷"。"信息之所以有价值,前提是人无你有,要么是其他人对信息仍然半信半疑。科学是一个敢赌一把的职业。"如果我们想要创造性地探索新领域,就需要面对必要的风险,因为,要想获得独特的优势,就不能依靠人尽皆知的常识。"科学家往往借由'逆势而上'来增强自信,努力超越普通的智慧和认识,在学问和判断方面精进有成。"

不过,这些条件充其量只是先前的创意定义的补充而已。不管怎样,这毕竟让我们确定,所谓创意,就是想象力、判断力、品味、智慧、专业造诣以及对风险的态度,就像时装设计师表现的那样。但是,这一切并未揭示创意生成的生理过程。人类的大脑是如何产生创意的呢?大脑的哪些生理机制能够激发创意思维?我们一旦破解思想、情绪和情感产生的原因,就有可能对创意做出更准确的定义,好比随着对精神、大脑、情感以及社会行为之间相互关系的探索发现,我们今天对纯理性的局限的了解也更加深入一样(Damasio,1994)。

到目前为止,我们讨论的两个模型,即创意天才和解决问题的创意,毕竟还是不同的。创意天才的视野带有奇幻色彩,从政治学和建构主义的角度来看,这个定义无法应用在创意的扩展、再生产和传送上。在时装领域,裁缝工匠同样也是非凡角色,可究竟又有多少人把他们看作是创意人士呢？可以说，人们的普遍认识并不符合事实。西蒙关于创意生成的顺序模型同当代认知科学一样，反倒提供了具有可操作性的重要建议。

现在我们转到"笛卡尔错误"(Descartes' Error)和创意情感的神经理论，这些都是安东尼奥·达马西奥(Antonio Damasio,1994)著述的精彩内容。

心灵与大脑；身体与情感

身体重要，大脑也重要。达马西奥(Damasio)发布的具有革命意义的研究成果表明，人的整个身体都与理性功能息息相关，躯体将感应到的基本信息传递给精神进行加工。身体和大脑在推理过程中共同起着重要作用，它们的生理功能是将外部世界无时无刻传递给我们的信息加工为情绪。身体与大脑作为一种独特的有机体，参与了与环境的相互作用；也就是说，它是人类有机体活动的一个重要部分。

情绪很重要。情绪是指身体和大脑中发生的一系列变化，通常是对特定精神内容的反应。现代神经生物学的最惊人的发现之一，是对体内产生的某种情绪状态进行脑区定位。有一个关于菲尼亚斯·盖奇(Phineas Gage,1986~1899)的奇闻，他在工伤事故中失掉了大脑的前额叶部分，但未危及生命。进一步临床实验发现，失掉的这部分大脑，即大脑的前额叶皮层，承担着情绪识别的功能，如果失掉这一部分，人便只有意识而不复再有情绪。患者失去情绪功能照样还能保持智慧功能，但做出决定的能力却明显受损。达马西奥指出，对丧失情绪的个人进行推理研究，可以持续不停地进行下去，因为患者自己不会做出决定来终止这个实验。换言之，丧失情绪的理性是一种无休止的程序，如果只剩下理性本身，这个人就不再可能做出任何决定。由此可见，人之所以能够做出决定，是因为有达马西奥称作的"身体细胞标记物"在起作用；也就是说，由情绪引发的信息及其在神经结构中的活动,可支配大脑做出决定,好比前面提到的,如果是这样,患者就可以决定中止实验。情绪与推理之间的关系,以及"身体细胞标记物"的假定存在,为西蒙的"有限理性"理论奠定了神经学基础。

环境很重要。我们再回到创意和时装的主题上。很明显,创意作为解决问题的活动,取决于我们同不断变化的情绪之间进行互动的能力。好情绪带来积极影响。如果我们生活在一个良好的自然环境或社会环境中,人们的智慧不受束缚,人们的思想可以自由交流、相互激励,人们的任何想法和实验都能享受自由的保障,那么,我们就会产生更多的好情绪。在后面分析创意管理的主题时也会说到,为了提高公司的创意水平,很需要重新设计公司的组织环境和精神环境,而它的论述依据正是情绪理论。

传统的经济分析认为,每个人及其思想都是一个独立的单元,是单一的实体,它只对价格信号系统做出反应,既不接触别人,也不进行沟通。在我看来,人的身体和大脑都存在于自然界中,交织着各种关系和情绪,以及相互间的各种作用。人的情绪和社会交往是促进解决问题和创意活动的必要条件,仅凭理性是不够的。因此,改善生产环境或研究环境是个至关重要的因素,良好的环境可以激发创意灵感、促进创意生产、提升创意质量、畅通创意传送。

笛卡尔的错误在于,在研究身体与心灵的关系中,他低估了身体的价值和作用。前额叶皮层区的现代神经学研究发现,我们首先是我们,然后才是我们之所以是我们。我们所处的社会环境和自然环境都是可以改善的,反过来,我们也可以通过改善自己的情绪来提高创意水平。

我们所理解的创意蜕变,是一个不断向前延续的程序和趋势。如果我们想要学习如何进行创意生产、增加数量和传播传输,第一步就要了解创意的起源、它的存在条件以及它所对应的需求。我们最好把创意看作一种过程,具有社会审美和组织属性的双重特征。

这个过程牵涉人类活动的各个领域，特别是工业生产的逻辑与动力。在时装市场上，设计师和企业管理者的创意活动的影响更是格外明显，关于"高级时装和定制成衣的组合"（Grumbach，1993）的创意自20世纪就已经出现了，新的变化主要体现在创意的概念突破上，它在两个相互关联的层面上取得发展，一个是时装设计的主观范畴，另一个则是经济组织和创意管理的集成领域。

创意的特性

简要的经济学定义

这一节，我们将对创意做出经济学的简要定义。下一节，以时装市场为参照，探讨创意对市场行为的影响。

创意可以看作是人的精神生产出来的经济产品。创意是原生的、独特的、从来没有过的行为，从发明到发现乃至于顿悟，有着不同的形式。创意是新颖之思、奇异之作的披露和发布。

表5.2列出了创意的三种经济特性，即产品的特性、影响需求的特性以及影响供给的特性。首先，提出创意的经济定义的基本元素。其次是探讨其他特性对市场行为（特别是时装和服装行业）的影响。

表 5.2　　　　　　　　　　创意的经济学定义

创意作为经济产品的本质特征	影响市场行为的特征：需求面	影响市场行为的特征：供给面	
		产品	组织
非功利性 非累积性 公共性 非耗竭性	符号性和 零信息成本	产品差异 联合生产	世代产品

创意与创新

在经济学语言中,与创意相对应的是创新(Creativity vs. Innovation)。创意可谓是无中生有,而创新则是将新事物纳入一个既有的领域、程序或过程。创意有两大特征,即非功利性和非累积性,据此可以检视传统的观点。在任何情况下,这些特征在技术创新领域里是存在的,创意被视为创新行为的一种构成要素,其重点是熊彼特式的破坏性能力或曰"颠覆性技术"(Christensen,1997)。

当下的流行观点认为,创意是人类生活的基本要素和自主成分,它有助于开发个人的内在能力。按照经济学的术语来讲,创意是一种非功利性行为,它与创新的概念是对立的,因为创新行为注重功利性。创意本无目的,属于一种非功利性产品。付诸创意的努力能够产生积极向上的价值观,给人以自我实现、内心享受和自我满足感。当一个人采用这种创意理念时,关于创意工作者付出高成本努力的假设便不再适用了。在这种反功利性模式中,创意工作具有内在的满意度:他在创意工作中投入的时间越多,他的满意程度反而会越大(Horvath,1999;Throsby,2000)。

创意的另一个特征是非累积性产品。创意是一种破裂、一种颠覆,而"常规"的创新并不脱离既定的科学范式框架(Kuhn,1962,1977),而且表现为一个累积的、渐进的过程(Santagata,1998b)。这一特征有助于更精确地理解关于非功利性创意行为的假设:创作者之所以付出自己的工作时间,是因为他乐意这样做。他的生命质量并不仅仅取决于消费,还取决于他对创意工作的选择和热爱。"一般来说,创造的欲望是人类最重要的动机之一,在后工业化时代尤其如此"(Horvath,1999:3)。这种行为模式,或者是"为艺术而艺术"的模式,是创意产业的普遍规则(Caves,2000)。而创新直接导致审美、技术或功能的各种变迁和实现,它是一种功利性产品,一种渐进的、累积的功利性行为。对于消费者,它必须显示某个产品或某种服务的实际效用。大凡需要创新过程的工作都会涉及付出和成本,因而就会要求有金钱的回报。

其他特性

必须强调,无形是创意的另一种本质特征,这意味着,无形的创意必然将内涵寄托于有形的物质载体中。这种载体可以是记录思维、设计和形状不一的纸片,也可以是体现某种创意功能的复杂物体。这种载体通常属于私人物品,但创意本身和蕴含创意的物品则是一种公共产品,具有非竞争性和非排斥性的特点。就像新思想、新思维一样,人们的创意必须在市场上受到保护,而首要的便是建立保护知识产权的法律。不过,对抄袭创意的行为(Benghozi and Santagata, 2001),执法也往往不起什么作用,无许可证或非法的生产者可以肆意对创意性物品中任何可见的、感知的或检测到的创意元素进行复制,而这种拷贝的成本几乎是零。创意性物品所蕴含的创意和智力元素的经济价值越高,抄袭者进行复制的诱因也就越强。

最后,创意是一种非耗竭性和非饱和性的产品。这一概念为创意提供了一种无形的支持。一个想法也许就可以表达和描述一种创意行为,并由此书写创意行动的历史。人类创意产生的思想不同于自然资源,它是可以充分开掘和利用的,而且永远也不会耗竭。时装产品的创意与社会发展紧密相连,因而会时时更新,层出不穷。设计也总是与时俱进,因此会推陈出新、升级换代。时装产业由此进入一个取之不尽、用之不竭的境地,企业则立足于各自不同的创意点进行抗衡和竞争。但我们在下一节就会看到,创意的发展不是线性的,在历史上它时而爆发、时而停滞,时装产业更是如此。

创意的效应

创意体现在审美、设计、功能和生产组织诸方面，处处显示出对于不同产品和服务的作用效应。最明显的是，创意对生产组织的影响与创意对其他方面的影响是迥然而异的。创意对需求的影响主要集中在美学、设计和产品功能上，而它对供给的影响则是生产组织类型的更替。

供应面效应：世代产品的难题及其竞争效应

这里，我将专门分析创意对创意型时装供应商行为的影响，同时，也将探讨创意对国际竞争的影响。至于创意对产品的影响，前面已有所涉及，例如，创意导致产品的差异性，以及创意密集型产品的专业化生产等（Santagata, 2002）；生产者和消费者双方联合产生创意（Barrère and Santagata, 1998）。

时空二元性是创意的理论基础和驱动力特征，也是对创意特性的一个重要补充。创意本身赋予一代人特定的原创产品。这一代人在繁衍过程中会受到各种时间与空间条件的影响，这就产生了一个难题：如何在保持产品质量的同时，更新自己的创意生产方式。每一代人都会开拓他们的创意世界，这对市场竞争结构的影响是重要的，却又是不可预期的，尤其是时装市场。我们将会看到，创意型产品的彼此竞争会扭转一代人的路径依赖。

其实，几代人的传承是一个渐进的过程，恰如布迪厄（Bourdieu, 1971, 1994）所说的动态"力场"。就其"物理的、经济的和所有符号象征性的关系……以及维持或改变这些关系的战斗"（Bourdieu, 1994: 140）而言，时装业的"力场"无异于战场，其实，文化生产的其他各个领域也概莫能外。时装市场上的种种业务协作和利害关系，都摆脱不掉先前争斗留下来的特征,包括先前的冲突和妥协构成的关系网。这些一般条件自然影响了所有世代的人们:新的一代总是力图拓展自己的空间,反对那些一言九鼎的领袖人物和功成名就的成功人士,因为这些大人物把持着公共事务、时尚潮流和价值生产。

一名设计师只有在时装产业的结构调整之际才能确立新的位置,因为他必须在产品差异化的复杂过程中创建自己新的一极。文化道统的唯一性并不存在,因此,追求卓越便永无止境。时装产业的动力源无穷无尽,这也意味着不断地洗牌、重组和再定义,每一个新世代的到来都会重复这个极化过程。

因此,不同世代的创意人士薪火相传,继往开来,推动时装产业发生周期性的变化。这种变化的动力可以归结到时装的定义,那便是特色产品或异质产品,因而它又涉及时空二元性。

表5.1列有巴黎在各个历史时期中最负盛名的女装设计师。一代又一代的设计师接力从事创意的再生产,同时又能展现一波又一波时装新潮的鲜明特色,这样的难度是可想而知的。实际上,大自然是按照非线性的运动轨迹在改变空间与时间,因而人才辈出的方式总是难以预见。柏林在第二次世界大战前的氛围和环境,绝不可能在20世纪50年代或1989年之后重现。往日的历史时光永远不会重新转载或复制,也包括那个时期的思想、文化和礼仪,以及人们对重大社会问题的认知。结果是,每一代人都有自己的个性、才华和特质,不会循规蹈矩,亦步亦趋。

历史的经验似乎表明,只有万众萌生创意之际,才会出现一波高潮或一个智慧群体。倘若确乎如此,那么创意终将伴随一代人的寿命。法国时装界的高潮出现在20世纪50年代和60年代,这一代的创意人士都声名显赫:克里斯汀·迪奥(Christian Dior)、卡尔·拉格菲尔德(Karl Lagerfeld)、胡贝尔·德·纪梵希(Hubert de Givenchy)、安德烈·库雷热(André Courrèges)、皮尔·卡丹(Pierre Cardin)、皮尔·巴尔曼(Pierre Balmain)和伊夫·圣·洛朗(Yves Saint Laurent)。这些先驱者绝伦超群,享誉世界,而他们的身后总有无数的后来者。

然而,人们越来越关注创意的潮起潮落和周期更替。创意高潮的出现主要有以下三个原因:

1. 商标增值。从历史上看,20世纪上半叶诞生的高级女装公司很少能够幸免于难,譬如,薇欧奈夫人(Mrs Vionnet)、波莱特(Poiret)和沃尔姆斯(Worms),这些光荣时代的美学大师的事业皆因后继乏人而寿终正寝。相反,第二次世界大战后成立的公司,其创始人有较多生存和发展的机会。这是因为,这些公司的商标随着市场规模的扩大而增值,尤其在流行服装和配饰大获成功的时候更是如此,特别是香水,随着商标增值而水涨船高。香奈儿(Chanel)便是从创始人开始生存下来的第一批公司之一,从此,品牌和声誉成为一种值得投资的无形资产。

2. 所有权结构变动。由于公司股权日渐分散,公司股票进入股市交易,大公司创始人家族对所有权的控制逐渐削弱。服装公司的日常经营活动进入程序化运作,结果是,公司创始人与所有权之间不再有财务上的必然联系。

3. 吸纳外来移民。巴黎历来有接受外国移民的传统,以海纳百川的胸襟收容外部世界的各色人等,从不在乎姓名家族、国籍人种或社会条件。大凡著名的设计师,往往也都无惧于变换自己居住的国家和大陆。巴黎源远流长吸纳移民的伟大传统,使不同世代的设计师"江山代有才人出"。一些鲜为人知的裁缝艺匠浮海而至,像亚美尼亚裔乔治·瓦斯肯(George Vaskène)、波兰裔扎格·皮安哥(Zyga Pianko)和埃及裔盖比·阿洪(Gaby Aghion)。还有一些外裔裁缝早已名声在外,如查尔斯·弗雷德里克·沃斯(Charles Frederic Worth)、克里斯托帕·巴伦西亚加(Christobal Balenciaga)、艾尔莎·夏帕瑞丽(Elsa

Schiapparelli)、妮娜·丽姿(Nina Ricci)、皮尔·卡丹、伊曼纽尔·温加罗(Emanuel Ungaro)和卡尔·拉格菲尔德。与巴黎形成鲜明对照的是意大利,那里的消费者和企业职工,无不抱定创始人从一而终。

新一波的创意高潮,发明的不仅仅是一款新的风格样式,或是一种原创美感,从经济和组织的角度看,它还带来了重大的新工艺、新产品和新业态。如果认可极简主义的话,那么,20世纪50～60年代的法国创意大潮与"高级时装与定制成衣"组合的发明是紧密相关的。意大利创意潮的特点是工业区的企业集群具有组织上的灵活性,而美国创意潮的特征则是大规模分销策略的逻辑性。

然而,1990～2000年,法国这一波振兴高级时装和推进现代成衣的创意浪潮,就像任何一种人类现象那样,逐渐失却动力,慢慢归于平淡。每一波创意大潮都会随着时间的推移而渐趋衰竭:顿悟那一刻,创意达致最高水平,之后便会逐步衰弱,直至落潮可鉴。无论是创意者个人及其创意驱动力,抑或是开拓者被新一代大师及其追随者反复取代的组织模式,大都如此。图5.1在时间维度上回溯了法国、意大利和美国的创意大潮的运动轨迹:意大利创意潮的峰值大约在法国创意潮峰值之后20年形成,美国创意潮的峰值出现在法国之后30年。

这种世代递进模式对国际市场行为产生了重大影响,意大利时装业步履蹒跚的那一刻,法国创意浪潮却重获动力再次崛起。究其缘由,盖出于大师级人物的自然死亡或不幸死亡[如莫斯基诺(Moschino)、范思哲(Versace)、古驰(Gucci)],抑或正值创意大潮开始跌落之时。假定美国的神奇天才——拉尔夫·劳伦(Ralph Lauren)活到62岁,也会显现同样的竞争优势。这表明,创意的世代因素确实对时装界的国际竞争有重要的影响作用,或可称之为一种路径依赖。

法国时装业的发展历史可以为这一动向佐证。20世纪50～60年代,法国时装生产者首次遇到高级女装设计大师们的挑战,法国由此成为新一代创意女服设计师横空出世的第一个国家。如图5.1所示,

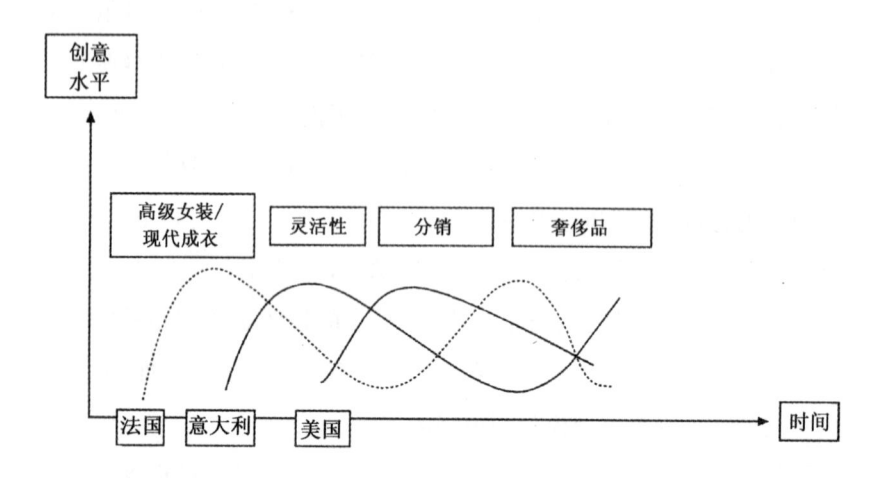

图 5.1 先行者的优势

1990～2000年,它再一次成为成功解决设计大师世代更替难题的第一个国家,涌现出"姬龙雪"的特拉兹(Tarlazzi),"迪奥"的费雷(Ferré),"蒙大拿"的朗雯(Lanvin),"香奈儿"的拉格斐尔德(Lagerfeld),还有加里亚诺(Galliano)、福特(Ford)和拉克鲁瓦(Lacroix)等人。今天,"法国新浪潮"风生水起,汹涌澎湃。奢侈品产业集群就是第二波法国创意大潮的驱动力,当然,它面临的挑战也是多方位的。目前法国时装业正处于一个重要的发展时刻,作为创意奢侈品产业的先行者,法国有机会抢占有利位置,打造自己领先发展的潜在优势。这个奢侈品产业已成为法国开发的一个新世代产品,它将引领法国新世纪的创意浪潮,使之迸发出新的创造激情(Arnault,2001)。

需求面效应

符号和创意型产品

当创意致力于审美价值的创造时,它在形式、原创功能和"创造"

出来的产品等各方面都充满象征性符号的价值。消费者能够辨识这些美感、设计、原创性或新形式,能够掂量评估它的质量和数量,不仅如此,这些表征还会触动他们的心灵和情感,提升他们的雄心和底气。

对时装产品来说,创意实际上是生产价值链的核心。时装业的原动力就是追求新奇性,此乃原创性的题中应有之义。它还意味着社会归属感的形成:人们喜欢某一件特别的服装,这件原创性服装让他们意识到自己与众不同,但同时又让他们产生一种特定的社会归属感。

创意型产品与符号性产品可以循着不同的路径而发生同化作用:虽然符号的魅力与原创性的短期呈现有关,但从长远来看,更重要的还是恒久的独创性,或曰经典的和传统的独创性。创意可以采用上述两种方式进入符号的世界,一种是我们研究过的原创性和独特性;另一种是风格的真实性,这种风格在外观上是全新的,但它依旧表征和还原着某种特定的性状或审美文化。

现在,我就来分析创意型符号产品对消费者行为的影响,这是一大类商品,其创意性和象征性兼而有之,制作时缺一不可。

先来探讨创意型符号产品的第一个特点,即它对经济行为者所谓的"合理性"产生的作用。大体来说,没有知识(文理科知识)便没有合理性(比率、核算)。人有七情六欲、神话传奇、慷慨侠义、符号信仰和机遇运气。若无知识,就不可能对人的任何行动进行成本和收益方面的经济核算。然而,知识生产是一项高成本的经济活动。通过符号、语言、文本、技术、实验和信息诸系统,我们能够收集必要的数据,做出理性的选择,制造出一个具有成本发散结构的复合型产品。矛盾的是,生产信息方面的成本虽然降低了,但收集和利用信息的成本却增加了。

我们的假设是,随着利用市场的成本增加,导致经济合理性的成本也会随之提高。在创意产业诸领域(时装、表演艺术、视觉艺术、工业设计以及包括电影、电视、出版和广告的沟通艺术)中,消费者个人似乎越来越被符号产品和信念的生产与消费所吸引。特别是,消费者似乎正在调整和改变自己的选择,他们利用富含符号价值的、低信息成本的新产品,来替代那些具有较高信息成本的复杂产品。根据这个推测,某一特定物品的购买者既不会研究它的市场结构,也不会检视其质量隐患。相反,我们会选择自己喜爱和认同的符号产品。购买一件衣服时,人们不会仔细算计那件衣服的预期成本和收益,而往往会被模特的魅力和风采所征服。

利用信息来理性选择的成本已然增加,至少可以从两个角度来考察这一假设。首先是价格体系的弱化。在经济模型中,价格信号是理性消费者进行经济核算的充分必要条件。但价格只能传递商品交易最低限度的基本信息,很难反映其内在质量和符号内容。而今商品和服务愈加复杂,质量属性岂可一目了然。消费者既没有技术技能,也缺乏足够的知识来评估,这使理性消费的成本增加。其次,信息收集和消费的成本也须一并考虑。为了收集有用的信息,理性的消费者必须花费时间去搜索,还要付出一定的智力和体力。即使可以得到策略决策所需要的充分信息,信息消费仍然是一项成本上升的活动。

创意符号产品:零信息成本

由于理性选择的成本上升,人们自然会按照经济核算的逻辑去寻求成本最小化的路径。在可供选择的路径中,符号价值取代了有关产品的信息。我们不再寻求关于产品数量和质量特性的信息,而是被它们的符号表征所引诱或托付。符号影响了行为,因为社会行为者认同符号之于事物的象征意义而有所反应。符号也影响了行动,它夯实了属于社区的共同信仰和情感基础。

消费者行为还有一个十分有趣的特点,即零信息成本。从经济角度来看,信息成本降至零是创意型符号产品最重要的特性,它有助于诠释为何会出现这样一类产品,在这类产品上,一个微观经济的消费者对理性利用产品所附带的成本增加必然会做出反应。

在消费者信息成本为零的情况下,一个创意型产品是否具备传递信息的能力,是否具有传导丰富信息含义的符号标志,就成为解决问题的关键。消费者不得不购买某一给定的物品,就是因为这个识别性极强的符号产品征服了他,而无须进一步检视和评估商品与服务的数量和质量内涵。这种消费者行为相当于赫伊津哈(Huizinga,1932,第15章)所说的中世纪的象征主义心态,符号使中世纪男性和女性的头脑发生了"短路"。思维不再是因果联系的系统效应,符号犹如一个晴天霹雳,给人们的意识烙下了一道印记。

结论

对创意及其经济行为效应的追问,促使我从理论上对市场的供给面和需求面做了一番考察。创意的特性已经昭然若揭:创意是一种非物质产品,它可以在一个良好的环境中产生并传播,它的生产条件取决于创意型产品自身的独特性。此外,我还提出了基于世代的创意产品的观点,这种创意型世代产品不仅向品质恒定的生产方式的延续发起了挑战,而且透过自身符号的象征意义,以提供零信息成本创意产品的方式修改了消费者的选择。

考察的结果,令我对现行价格体系监管创意型产品市场的有效性产生了怀疑。空间、时间、符号、文化和社会环境无不要求有一个更全面的经济理论,这个理论不再将创意性产品作为例外,而是将其排除在研究的主流产品之外。

当代时装产业深受沛然涌现的创意的影响。该产业的创意节奏很快,面貌日新月异,创意时装产品既是人世间的稀有之物,却又取之不尽、用之不竭。为了跟上时装业变迁的步伐,消费者和生产者的行为已骤然发生改变。

鸣谢

2002年，在鹿特丹举行的ACEI文化经济学国际会议上，本章的早期版本曾作为参会论文提交会议。在此，我要感谢所有与会者关于创意讨论的有益见解。我还要感谢本书三位匿名审稿人的宝贵意见。

参考文献

Arnault, B. (2001) *La passion créative*, Paris: Plon.
Barrère, C. and Santagata, W. (1998) "Defining Art. From the Brancusi Trial to the Economics of Artistic Semiotic Goods," *International Journal of Art Management*, 2: 28–38.
Benghozi, P.-J. and Santagata W. (2001) "Market Piracy in the Design-based Industry: Economics and Policy Regulation," *Economie Appliquée*, 3: 73–95.
Bergeron, L. (1998) *Les industries du luxe en France*, Paris: Odile Jacob.
Bourdieu, P. (1971) "Pour une économie des biens symboliques," *L'Année sociologique*, 22: 49–126.
—— (1994) *Raisons Pratiques*, Paris: Seuil.
Caves, R. (2000) *Creative Industries. Contracts between Art and Commerce*, Cambridge, MA: Harvard University Press.
Christensen, C.M. (1997) *The Innovator's Dilemma*, Cambridge, MA: Harvard Business School Press.
Damasio, A.R. (1994) *Decartes' Error*, New York: Putnam's Sons.
Goleman, D. (1997) *Emotional Intelligence*, New York: Bantam Books.
Grau, F.-M. (2000) *La haute couture*, Paris: Puf.
Grumbach, D. (1993) *Histoires de la mode*, Paris: Seuil.
Horvath, S. (1999) "Economic Modelling of Creative Behaviour," *Society and Economy*, 4: 1–11.
Huizinga, J. (1919/1932, French translation) *L'automne du Moyen Age*, Paris: Payot.
Jameson, F. (1984) "Postmodernism, or the Cultural Logic of Late Capitalism," *New Left Review*, 146: 53–92.
Kris, E. and Kurz, O. (1934/1979) *Legend, Myth, and Magic in the Image of the Artist. A Historical Experiment*, New Haven, CT: Yale University Press.
Kuhn, T.S. (1962) *The Structure of Scientific Revolutions*, Chicago: Chicago University Press.
Le Robert Micro (1988) Paris: Dictionnaries Le Robert.
—— (1977) *The Essential Tension*, Chicago: Chicago University Press.
Lipovetsky, G. (1987) *L'empire de l'éphémère*, Paris: Gallimard.
Santagata, W. (1998a) *Simbolo e merce*, Bologna: Il Mulino.
—— (1998b) "Propriété intellectuelle, biens culturels et connaissance non cumulative," *Réseaux*, 88-9: 65–75.
—— (2002) "Cultural Districts, Property Rights and Sustainable Economic Growth,"

International Journal of Urban and Regional Research, 26: 181–204.
Simmel, G. (1904) 1957 Fashion, *American Journal of Sociology*, 62: 61–76.
Simon, H.A. (1986) "How Managers Express their Creativity," *Across the Board*, 23: 1–8.
Throsby, D. (2000) *Economics and Culture*, Cambridge: Cambridge University Press.
Waquet, D. and Laporte, M. (1999) *La mode*, Paris: Puf.

第六章　城市的设计师与设计师的城市
——"时装之都"纽约与时装设计师的递归关系

诺玛·兰提西（Norma Rantisi）

> 时装是什么……谁是时装趋势的弄潮儿，其实，生产时装的是产业组织。这是时装界最有趣、最原创的一块基石，超越了其轻佻和虚幻的表象。
>
> （G. 默劳希，《风格之引擎》）

导论

研究风格和创意的起源，已不再是艺术史学家和文化评论家的专属领地。全球经济的竞争压力，日渐细分的大众市场，使审美创新成为后资本主义的新口头禅，继而成为管理、商业和经济地理研究领域的一个新焦点（Bjorkegren，1996；Leadbeater，1999；Scott，2001；Howkins，2001，Florida，2002）。这些新的研究都集中在文化与经济之间与日俱增的融汇上，商品和服务的"符号性"特征现在被视为制定生产策略的关键要素。一些学者认为，"文化产品"和服务具有娱乐大众的能力，透露出其竞争的本性，但同时又提供一种社会认同的形式，或使之超越其功利主义的价值（Harvey，1989；Lash and Urry，1994；Scott，1996）。按照这一思路，关键问题就在于如何启动创意和创作过程，以实现最佳的经济价值。

传统分析方法一直强调，艺术家个人是审美创新的主要来源，而且，往往侧重于分析其心理过程（例如，Koestler，1990；Gardner，1993；

Ghiselin,1996)。但是,对自主创意的过度强调,排除了对社会因素和经济环境的检视,包括个人在这种环境下的运作机会及其能够承受的约束条件。毕竟,创作过程不会发生在真空中。来自经济方面的紧迫需求,使审美创新变得格外重要,也使个人独自承担的这一过程更具挑战性。

由此可见,聚焦于个人,现已让位给关注一系列更广泛的关系,这便意味着文化生产。赫希(Hirsch,1972)首先指出,文化生产理论的假定是,文化产品是一系列相互关联的过程(包括创作、生产、销售和消费)的结果。特别需要提请注意的是,销售商或传播媒体等中介组织为创作者和消费者之间搭建联系的作用。中介机构作为营销和分销渠道扮演着"看门人"的角色,它们确定并促成特定种类的商品和服务,并与创作者和消费者一起,共同构成了文化产业(Hirsch,1972,2000)。

这种"产业"组织方式的最新扩展方向是,进一步凸显文化生产过程的空间维度。对此,艾伦·斯科特(Allen Scott)有着极为出色的论述。斯科特(1997,2000)认为,文化产业往往向着某些特定的地方聚集,以便获得那里的专业劳动力、企业供应和支持性服务,进军和开拓其他产业的创意部门。由于都市生活具有多样性和集中性的特点,因此,城市特别适合于支持这类经济功能。随着时间的推移,有些城市甚至可能发展出某种特殊的联系,即在城市所在地与文化产品之间构建象征性的符号联系,从而能够提供颇具竞争优势的产品。这种联系,也被用来吸引一大批支持性的企业和机构前来落户,在这个意义上,文化产品及其创作者们再造了城市,而拥有一系列主要机构和鲜明形象的城市,就变成了生产过程中的重要投入物。[①]

[①] 对于特定地域和创意文化之间的相互关系,现已有一些颇有见地的研究文献发表,请参见祖金(Zukin,1995)、莱斯利(Leslie,1997)、克鲁和比弗斯道克(Crewe and Beaverstock,1998)、加德纳(Grabher,2001)、莫洛克(Molotch,2002)和德雷克(Drake,2000)。

作为文化产业的纽约时装业

本章旨在通过时装产业这面棱镜来检视城市和文化生产之间的递归关系。相对于一般商品的实用性，文化商品的价值就在于其社会性和象征性的特质，因此，时装的定义便意味着持续不断的创新。创意时装的创作者（即时装设计师）必须与时俱进，始终贴近消费者喜好变化的脉搏（Agins,1999a）。由中介机构搭建的时装产业体系可以帮助时装设计师实现这一目标。而这些中介组织往往集中在城市中（Scott,2000），许多学者也强调了这一趋势（Helfgott,1959；Crewe,1996；Crewe and Beaverstock,1998；McRobbie,1998；Scott,2002）。

在美国，纽约市是无可否认的"时装之都"。这里是世界顶尖的时装设计师唐娜·凯伦(Donna Karan)、拉夫·劳伦(Ralph Lauren)和卡尔文·克莱恩(Calvin Klein)的大本营。这里还有全国十大时尚杂志和排名前两位的时装设计学校。纽约与巴黎和伦敦一样，是最大的国际时装秀的主办城市之一。全市女装附加价值约占美国服装产业的20%，服装制作和批发总额为170亿美元（美国人口普查局,1997；纽约实业保持网络,2001）。虽然洛杉矶后来居上，近年来已超过纽约市成为美国最大的服装生产中心，但它缺乏设计、营销能力和零售网络等方面的基础设施，而这些正是纽约时装经济的优势所在（Scott,2002；Rantisi,2004）。纽约服装产业擅长制作女装，就业人数占整个服装产业的75%以上，而且，在高端细分市场（如礼服）上一家独大（美国劳动统计局,2001）。

在纽约，几乎2/3的服装企业位于历史悠久的"服装区"，该区在曼哈顿中城的西半部，占据4×6个街区，业内人士称之为"第七大道"。"服装区"以极高的密度入驻了大量的服装制造商和承包商，还有各式各样的供应商和服务提供商。提供服务的有设计院校、市场预测服务、纺织品设计工作室、面料供应商、贸易展览会、时装杂志、时装秀和采购办事处。"服装区"靠近主要的零售中心,如第五大道和苏荷区(Soho),附近有各大文化机构,如百老汇和大都会艺术博物馆,还有著名的夜总会、咖啡馆和餐馆。总之,这些文化机构和与服装相关的服务提供商(即"文化中介")构建了当地的服装产业体系,时装设计师们可以从中获取资源,这个产业体系的存在,也使纽约成为探索城市和时装业的联系纽带的典型样板。

笔者在考察作为一种文化产业的纽约时装业时,专注于高档女装这一细分市场。[①] 相对于中低端市场,高端细分市场更多地依赖于审美创新,而不是将模仿作为一种竞争策略,[②]就服装而言,审美创新的那一"瞬间"便是设计。笔者将循着赫希(Hirsch,1972,2000)和其他文化产业研究先驱者的足迹,侧重检视文化中介机构的作用,看看它们究竟是如何将一个设计理念真正转化为实物产品并实现商品化的。这种分析超越了以往的研究,因为我发现城市的文化中介机构也可以成为"创意场所",它们提供的审美刺激,足以影响设计师的创作构思过程(Scott,2000)。我的观点是,纽约这座城市在时装生产过程中是"艺术"和"商务"两者的共同的策源地。[③]

"艺术"之城

生产时装这类文化产品,第一步是决定生产什么。在给定的季节里,设计师要对使用的面料、颜色和服装的款式进行选择,这个过程通

---

① 这种分析是基于笔者1999年11~12月和2000年1月与年过六旬的服装行业从业者进行的多次深度访谈,访谈的对象有纽约市的高端时装设计师、零售商买家,以及来自采购办事处、预测服务机构、行业协会、设计院校和其他与时装相关的服务机构的代表。另外,我还参考了1999年12月~2000年3月对28位高端时装设计师进行的一项调查报告。

② 高端时装包括"时装"、"名师"、"使者"、"当代"和"优胜"等类别,它与中档时装的区别可以从设计强度、价格和分销渠道等角度加以辨识。例如,高端女装很可能在专卖店出售,而中档服装往往在百货公司出售(Uzzi,1993;Rantisi,2002b)。

③ 艺术创作过程和商业部门的需求之间存在着内在的紧张关系,麦克罗比(McRobbie,1998)曾对此做过一个精辟的回顾,请参见他对英国时装界的研究。我在这里的目的,是要说明城市应如何穿越和驾驭这种紧张关系。

常始于一个被各种影响因素激发而产生的概念。一些高级时装设计师在访谈中透露,触发新概念的那些灵感,绝大多数来自纽约市特有的文化机构,其大致可分为两类:互补性文化机构(即其他设计导向的领域)和与时装相关的文化机构(如直接与时装业有关的领域)。现在,笔者就来分析这些机构是如何为设计者提供创意刺激、激励设计师投入美学实践的。

互补性文化机构的作用

除了身为国际时装之都外,纽约还是著名的表演艺术中心和视觉艺术中心。20世纪中叶之前,纽约大多从欧洲吸取艺术灵感,纽约的艺术家们经常访问欧洲各国的首都,尤其是巴黎,以获得前卫的新技能和新见识。但第二次世界大战之后,随着许多欧洲著名艺术家移居美国,艺术世界的天平逐渐从巴黎向纽约倾斜。战争和巴黎的失落,出人意外地给纽约的艺术人才提供了培训和获取资源的机会,纽约的艺术产业不仅得以维持,而且还发展出了独特的现代美式风格,乔治亚·奥基夫(Georgia O'Keefe)、迈尔斯·戴维斯(Miles Davis)和乔治·摩西(George Moses)的著作中屡屡提及纽约的案例(Guilbaut,1983;Scott and Rutkoff,2001)。随着时间的推移,纽约的美式风格也在不断演变,吸收和留存了不少国家的艺术精华。著名的文化机构,如大都会艺术博物馆、古根海姆博物馆、卡内基音乐厅和林肯表演艺术中心,有力地支撑了本地艺术人才的发展,在国际文化领域里强化了纽约的地位。实际上,作为文化之都的纽约,早就是当地时装设计师心目中不可或缺的无形资产。当采访者问及灵感从何而来时,超过1/3的设计师都会援引建筑、艺术展览、歌剧和戏剧作为其主要来源,灵感来源也大多集中在这些行业可能会对设计的可视化做出贡献的概念性元素上。一位高端时装设计师曾坦承其深受纽约建筑的影响:"建筑业一直是设计行业的前沿阵地……在确定特定季节时装的样式、质地和色彩方面,建筑起着重要的引领作用"(个别访谈,2000)。另一位设计师说:"虽然设计出自我的头脑,但这并不表示你身边的一切都无足轻重。我的意思是,如果你观看一幕伟大的歌剧,或者欣赏一幅宏大的画作,必定会有一抹色彩撩拨着你、刺激着你"(个别访谈,2001)。纽约华裔设计师谭燕玉(Vivienne Tam)接受《亚洲周刊》采访时,强调指出纽约的美学特质和设计师视觉之间的关系。2001 年,谭燕玉举办了春季时装展,她将纽约的天际线作为一个卖点:"展出的许多图案和纸样,是从我的露台上欣赏美景的结果……在灰蓝色夜空的背景衬托下,远处建筑物的轮廓和折角被粼粼闪亮的光线勾画出来,太令人着迷了"(Harlan,2000,www.asianweek.com/2000_09_28/feature.html)。

纽约的戏剧界和服装界也一直有密切的联系。华丽的戏装,细巧的服饰,将演出舞台装扮得美轮美奂,也给设计师提供了一种灵感来源(Owen,1987;纽约市博物馆,2000;某高端时装设计师的访谈记录,2001)。从历史上看,这两个艺术领域之间的纽带是在纽约形成的,并以 20 世纪 30 年代末成立的纽约服装学院(前身是服装艺术博物馆)为标志。最初,该机构由一些当地剧团创立,后来,以行业精英的资金为后盾变成了纽约大都会博物馆的一部分,如今它在那里作为一个单独的策展部门而存在。

对设计师来说,服装学院不啻是一种宝贵的资源,它不仅有跨越 300 年的服饰收藏和赞助商支持的特别展览,而且还陈列着行业精英旧的设计草图和样式,当代设计师随时可以参观这座知识宝库。最近,美国领先的设计学校之一——纽约时装技术学院(F.I.T)——新落成了一间设计草图和服饰样式的陈列室,展品多系老校友捐赠。一位高级时装设计师指着墙上挂着的那幅她的旧设计草图说道:"虽然大多数设计师都不会承认这一点,但有许多人靠旧的设计草图获得灵感……在时装学院及其图书馆里,你常常可以发现那些著名的设计师"(个别访谈,2000)。一名时装学院的图书管理员证实,此乃寻常之事。笔者访问该学院时,曾亲眼看见一位"服装街"已成名设计师的助理,他就坐在我的对面,正浏览着旧的服饰草图画册。

除了较正式的机构,纽约的消费者也是经常触动设计者灵感的另一种文化机制。超过一半的受访设计师,将大街上的、夜总会的和其他各种聚会中见到的人物,视为影响其设计理念的主要因素。正如一位设计师所说的那样:"你的日常所见就足以让你保持新鲜感。这里的每个人都挺时尚的。只要走到外面街上站一分钟,你就会看到那么多不同穿着打扮的人"(个别访谈,1999)。在描述纽约人如何风流倜傥时,另一位设计师说道:

> 人啊,让我激动的是人。满大街的人熙熙攘攘,你来我往……什么样的人都有。昨天,我看见一个女孩穿着一件衣服……我说:"哇,那件衣服好轻。"但后来仔细一看,那是件超紧的紧身衣。于是,我说:"有意思,有人在想什么呢。"然后,我又看到另一个女人,她穿着橄榄绿的皮大衣,还披着一件浅绿色的羊绒披肩。我就在想,多潇洒、多别致啊,那是真的好看,要知道,我原先并不喜欢穿皮草的人。

(个别访谈,2000)

纽约集多样化的生活方式于一身,对设计师从城市的社会结构中获得灵感大有裨益。"你要找感觉吗?直接去那儿就是了。找中国的感觉,就去唐人街;找意大利的感觉,就去小意大利。所有不同的文化都在同一个城市的中心区域,相距不过几公里,有时仅几公尺而已。"一位设计师如是说,这就是支撑城市艺术脉博跳动的背景(个别访谈,1999)。在此背景下,纽约人本身就代表着一种生动活泼的文化,这种文化是前卫风格的标志,消费者的时尚文化有助于文化的生产。

与时装相关的文化机构的作用

另一类可以刺激设计灵感的机构,直接为服装产业配套,提供空间场地,贴近观察和监测消费者如何选择购买各种时装。这类与时装相关的机构,最明显的便是纽约的零售市场。纽约的女装行业是19世纪中后期的移民批发商和零售商开发的,今天的纽约云集着大批零售商店,从百货商场、专卖店到独立的精品店。纽约的零售中心位于曼哈顿的东侧,沿着第五大道和麦迪逊大道分布,这种布局可以追溯到20世纪初(Jackson,1995)。在这些购物走廊上,坐落着布卢明代尔百货商店(Bloomingdales)、萨克斯第五大道精品百货店(Saks Fifth Avenue)和亨利·班德尔精品百货公司(Henri Bendel),它们是美国最有活力的购物中心之一,其中包括面向当地"企业界"女性的高端市场。

过去的25年中,各具特色的零售区遍布整座城市,特别是曼哈顿市中心。以苏荷区为例,它已成为追寻另类前卫风格的居民和游客的购物目的地。苏荷区的前身是大批独立设计师的据点,他们在自己的时装店里出售自己设计的衣服。该地区近年来逐渐贵族化,时装企业纷至沓来,克鲁品牌时装(J. Crew)和香蕉共和国百货店(Banana Republic)在此开设了专卖店。现在,一些独立零售商和设计师在苏荷区以东地区开设店铺,创建了一块波西米亚风格的新飞地。这块飞地通常被称为诺利塔(小意大利)和果园街,现已成为购物区,在导购指南和新闻报道中屡屡宣示自己的存在(Pratt,1997;Holusha,2002)。与北部的百货商店和专卖店形成鲜明对照的是,这里的商店不为大众市场生产,它们提供更多的独家产品和"前卫"产品(Rantisi,2002a)。

118　文化产业与文化生产

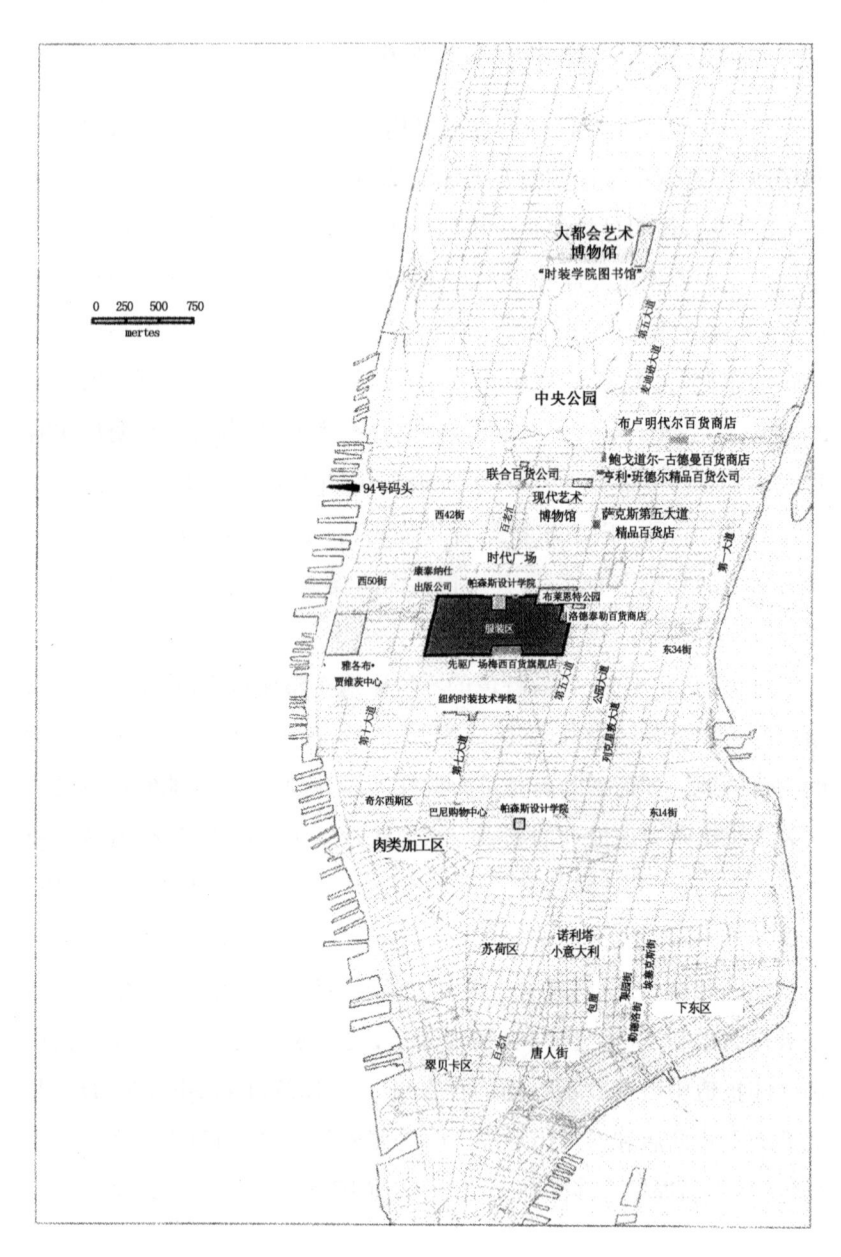

资料来源：CACI，地图资料，2000.

图 6.1　纽约市"服装区"

纽约的每个购物区各具特色,使整个零售服装市场呈现出多样化的面貌。设计师既可以亲眼目睹其直接竞争对手的创意之作,也可以观看不同产品市场上不同价位的各种设计(Rantisi,2002b)。许多接受采访的设计师说,他们会定期走访店铺,及时跟进零售市场的流行"趋势"。至于在当地市场购物的好处,一位运动服装设计师这样说道:

> 一踏进萨克斯(Saks)精品店,就会不时地激发灵感,仿佛我带着一些精灵来工作似的……我可能会从婚纱礼服上得到一个启示,让运动服的新设计浮出脑海。我是做运动服的,但我不会只盯住运动服,因为你可以从完全不同的事物中引出全新的想法……哪怕它只是婚纱上的一些针脚、一块织物或几种面料。这些小事似乎微不足道,却对我很有意义。

(个别访谈,2000)

当然,这些接受采访的高端时装设计师注意到,从当地市场获得启示不等于抄袭复制。他们认为自己从事的是创意工作,虽然可以借用他人现成的设计元素,但必须在随后的新产品开发过程中重新加以改造。

另一种与时装相关的机构,是每年举办两次的纽约时装周,这是激发设计师创意的一大来源。1993年,美国时装设计师协会(CFDA)专门为时装秀设立了一个主办机构,承担整个时装秀的协调和安排工作。时装秀历时一周,在布莱恩特公园(Bryant Park)设置的帐篷里举行,这个公园位于纽约"服装区"的东北部(见图6.1。时装周活动于2010年迁至林肯中心举办。——译者注)。这家主办机构名为"7th on 6th"(第六大道上的第七大道),[①]它的目标是在国际买家和全世界记者面前提高本地设计人才的曝光率,努力让纽约的时装业与伦敦、

---

① "第七"是指第七大道,即"服装区"的主要走廊,高端时装设计师的陈列室均设于此地。而"第六"则是指布赖恩特公园的一条大道。

巴黎和米兰并驾齐驱(专访"7th on 6th"执行董事,2000)。纽约时装周的成长和成功有目共睹,2001年全球营销公司 IMG 收购"7th on 6th"也证实了这一点(Chen,1999)。

对于高端时装设计师来说,纽约时装周的集中展示为他们观察竞争对手的创意之作提供了另一种机会。在大多数情况下,T 台上展示的服装并不会真正得到制造的机会,而更多地被视为一种戏剧性表演,T 台上走秀的主要目的是振奋观众,引起设计师的兴趣(Chen,1999)。不过,T 台上所展示的时装样式确实捕捉到了服装趋势行将流行的主要特点,如业界将会采用的流行色、缝合或裁剪方法,时装周通过为给定的季节确定主题,对服装产业产生"涓滴"效应。对几位设计师的采访表明,时装秀确实可以引领行业发展趋势,起到"定向"、"激发灵感"和"时尚前沿"的作用(个别采访某些高端时装设计师,1999,2000)。

设计灵感的其他来源

除了互补性文化机构和与时装相关的文化机构外,受访的高端时装设计师还列举了一些非本地的设计灵感来源。像山本耀司(Yohji Yamamoto)或普拉达(Miuccia Prada)这样的国际顶尖设计师,就是外部世界的刺激灵感的源泉。出访欧洲、印度和非洲,观看老电影,也是来自外部的灵感来源。

虽然所有的受访者提到的影响因素不止一个,但绝大多数受访者(超过80%)都特别指向了纽约市的文化经济。这个调查结果清楚地揭示了城市和创意产生过程之间存在着很强的正相关关系。

"商业"之城[①]

纽约的文化机构不仅让设计师有机会看到时装的制作方式,驱动和促进了设计创新,而且在将设计师的新概念转化成可交易的商品方面起了举足轻重的作用,这些与时装有关的文化机构在将设计师和消费者联结起来的过程中,扮演了中介机构的关键角色。从历史上看,这些文化机构在纽约"服装区"的密集出现发生在 20 世纪初期,当时,这座城市正在经历快速的城市化进程。纽约专门从事面向大众市场的批量化成衣生产,要求有相配套的生产、营销和配送服务,让企业能够协调地运转(Scranton,1998;Rantisi,2004)。随着时间的推移,这些配套的服务机构都已遵循公认的商业惯例,变成了整个生产体系的一个组成部分。它们为设计人员提供市场的敏感信息,提供利用这些信息来设计产品的技术技能,提供为销售这些产品服务的宣传媒介,这一切深刻影响了今天的文化生产过程。接下来,笔者将检视这种情况是如何发生的,侧重考察城市在时装设计的物化与商业化中的功能。

城市在设计物化中的作用

所谓设计的物化,是指一个设计概念被赋予物质形态和决定其颜色、样式和质地的过程。对高端时装设计师来说,为这一过程奠定知识基础的机构就是时装设计学校。约九成受访高级时装设计师表示,他们最初接受培训的学校是纽约服装技术学院(F.I.T)或帕森斯设计学院(Parsons School of Design),这两所学院位于或靠近纽约的"服装区"。帕森斯建校早得多,它成立于 1896 年。建校之初,帕森斯开设了美术课程,专注于学习绘画技能,但随后几十年逐步转向设计的应

[①] 此节分析借鉴了兰提西(Rantisi,2002b)的研究成果。

用层面,以因应工业化的需求和消费品的批量化生产。纽约服装技术学院成立于1944年,由当地服装行业的精英分子出面建校,其中许多人都是移民,他们关心的是培训和教育新一代服装生产骨干,以适应战后服装产业规模不断扩张的需要。建校伊始,该校便关注培养学生的职业生涯(个别采访纽约服装技术学院时装设计规划主席,1999)。

这些培训机构是如何帮助未来的设计师摆正创意与商业需求的关系的呢?首先,让未来的设计师"读懂"纽约这座城市。培训机构赞助学员参观博物馆和艺术画廊,提供歌剧、表演和剧院的低价门票,推行一种将城市作为"艺术"观赏对象的策略。据某时装设计学校校长反映,他们鼓励学生多上街,体验餐厅、零售店和建筑物的多样性,因为"你只要到纽约的大街上逛逛,就能看到苏荷区、格林威治村,这本身就是一种经验"(个别访谈,1999)。这些活动既让学生对城市内在的各种刺激更加敏感,又能帮助他们识别跨文化机构的发展趋势,进而在更广阔的文化经济领域里开发出创新的、可行的设计理念。

其次,课程设置有明确的商业化方向。纽约服装技术学院和帕森斯设计学院除了开设艺术史和服装式样裁剪之类的传统课程,它们的服装设计课程涵盖了广泛的商业化问题(比如,服装制造、资源成本的计算以及面料开发的新趋势),或另行开设专门的商业和管理课程。在这两种课程中,纽约服装产业及其产业领袖们贡献良多,这些产业精英中间本来就是校友居多,他们或担任客座讲师,或举办高级研讨会,或协助策划最后一学年的毕业设计项目。实习,则是加强与产业联系的另一种手段。在实习中,他们帮助学生建立重要的社会关系网络,让学生在产品正式进入行业之前就能获得第一手的真实体验,就知晓将产品推向市场的种种约束条件(个别采访纽约服装技术学院的实习导师、帕森斯设计学院时装设计项目的主管助理,1999)。

许多受访的高端时装设计师认为,本地设计项目的职业导向性对他们顺利过渡到职场很有帮助。该项目鼓励学生提出自己的创意概念,同时训练他们将创意用于实际的商业用途。这种职业取向颇为成功,在纽约服装技术学院,超过 85% 的学生一毕业马上就找到了当地服装产业的工作机会,约有一半学生受雇于其曾经实习过的公司(个别采访纽约服装技术学院的实习导师,1999)。一些设计师雇用了当地的毕业生和实习生担任助手,并对这些学生的工作能力表示认可。一位在纽约开业的欧洲设计师,将自己在欧洲接受培训的过程与其聘用的当地实习生进行了比较:

美国的时装教学法全都指向商业化。一切从商品的概念出发,绝不会从一个想法开始,而欧洲的学校更多的是想法……在这里,首要的问题是商务,必须切合实际,解决问题,比如,时装的季节,面料的重量,价格的确定。我在这里聘用的实习生都知道所有这一切,学校就是这么教他们的。而我在欧洲上学时,从来没人这么教过我。

(个别访谈,2000)

除了设计学校,一些与时装相关的机构也在帮助设计师实现(或"物化")其创意概念。特别是服装趋势预测服务和服装行业出版物,它们是市场信息的重要来源,设计人员在决定采用何种设计元素(如颜色、面料和款式)时需要得到有关的咨询服务。例如,预测服务机构专门从事市场调研的工作,它们为设计人员提供 18 个月的行业趋势预测报告,这样,设计师就可以预先知道需要采购哪些材料和资源,并向上级管理部门报备。一家预测服务机构的主任说,她的办公室获取服装市场信息的途径是"持续不断地调研购物中心、博物馆、画廊、电影、时装秀……只有这样,方能把握时尚趋势和流行文化的脉搏"(个别采访,2000)。① 高级设计师是这类预测服务的典型用户,当他们试

---

① 最近,为本地设计师和买家牵线搭桥的居民采购办事处也开始提供此类服务。作为中间人,采购办事处的地位比较有利,他们在供方和需方的角色转换中有较高的曝光率。一家最大的采购办事处的预测服务部的经理说:"设计师来找我们,因为我们有一个很大的客户群,可以分摊做预测研究的成本。作为大型采购办事处的一个部门,我们也有优势,我们可以跟踪卖出了什么、什么没卖掉"(个别访谈,1999)。

图进入传统设计范畴之外的新领域,或启动一个新项目时,这种预测服务应用得最多,因为独家定制的市场调研可能过于昂贵,或耗时太长。约有30%的受访高级设计师表示,他们是从当地的预测机构获得趋势报告或个性化咨询服务的。然而,并非所有的设计人员都能负担得起年费5 000美元的咨询服务。一些设计师坦承,他们参加免费讲座演示,或索取免费样品报告,间接获取自己所需要的信息(个别访谈,1999,2000)。

行业日报与预测服务的作用颇为相似,也是为设计师进行市场导航,为其确定价位和产品面向提供相关趋势方面的知识。行业日报经常介绍产业亮点,如新开发的面料及其供应商,或新的设计、营销和生产策略。WWD(原女装日报)是纽约出版的最流行的日报,已经发行了9年。这份报纸是商务新闻的主要来源,涵盖了服装制造商、零售商、供应商、服装设计学院以及与时装相关的其他机构。WWD现有发行量55 000份。所有受访的设计师和业内人士表示,他们会定时查阅这份日报。一位设计师认为,WWD是最主要的行业信息资源,"它告诉你市场在哪里,最新发展趋势是什么,它还会告诉你哪家做得好,店铺在何方,你在跟谁竞争……要知道,这是每天要念的生意经"(个人访谈,2000)。

在设计者制作样品的阶段,预测服务和行业出版物十分重要。但样品一旦定型,零售商便是决定后续的生产运行的关键因素,他们可以通过采购样品的品种、数量和定价来影响实际的生产过程。零售商的选择无疑会影响服装的外观和品质,因为他们决定了设计人员用料和制造的选项。此外,零售商还会根据上一季的销售经验和竞争者的销售业绩提出具体的建议,即设计师在制作特定的服装时应使用何种色彩或面料。在过去的20年里,零售商对设计过程的杠杆作用有增无减,因为购买力就集中在少数大型零售公司的手中。[1] 零售商不但

---

[1] 十大服装零售商控制了将近一半的服装零售总额,而百货商场中,前六大连锁店控制了90%以上的服装销售额(WWD,1999)。

支配着设计本身,让高端时装设计师向市场提供有特色的优质产品,而且他们还为设计人员设定了进行创意活动的各种参数(Lubow,1999)。一位设计师介绍了零售商帮助她进入市场的路径:"我不是在设计20套自己喜欢的礼服,因为我们不需要20套礼服,我们只打算卖出一套"(个人访谈,2000)。由此可见,零售商必须确保设计师的创意艺术作品能够为其带来切实的商业利益。

城市在设计商业化中的作用

将设计转变成实物固然是时装生产过程的一个重要组成部分,但要真正变成一个商品,设计还必须作为一个可以被买卖的对象,才能正式进入市场。在城市中,有一些文化中介机构把守着这条通道。这些机构通常被称为"看门人"(Hirsch,1972),其主要作用就是作为分销或营销渠道将设计者与消费者联结起来。然而,它们的作用并不仅仅是守护者。正如祖金(Zukin,1991)指出的那样,这些品位的仲裁者代表一种"关键性基础设施",它们诠释了文化产品对消费者的意义,在这个过程中还可能会改变其象征意义。

在时装产业中,有两个重要机构将文化作为营销和生产的对象,那就是时装秀和时尚杂志。时装秀是设计师可以掌控自己的概念如何展示的少数场合之一。正如上文所强调的那样,举办时装秀活动的目的是"吸睛率"或"回头率",而不是显示可穿戴的或经济实惠的衣服,因此,设计师通常会使用最豪华的面料,聘请知名的模特,有时甚至邀请乐队到现场演出,每场时装秀约花费3万～5万美元(个别访谈,1999,2000)。文化机构和文化人为凸显符号的象征意义而绞尽脑汁。例如,为了使人们在公司形象与都市街舞之间产生联想,一位设计师可谓别出心裁:"时装秀的结尾,我们放观众出来,大伙儿打着鼓,其实敲的是垃圾桶,那场面就像来了一支'疯克(Funk)'乐队,这是从百老汇都市音乐会偷师的点子"(个人访谈,2000)。通过这种方式,时装秀营造了一种烘托设计师创意作品的强烈氛围,凸显出时尚的娱乐价值(个别采访"7th on 6th"总经理,2000)。

如上所述,"7th on 6th"极大地提高了时装秀作为一种营销资源的重要性,该主办机构协调好地点和时间,确保每个参展者的能见度达到最大化。时装周并不是向所有设计师开放的,参展者的资格都是由业内精英组成的评委会审定的,能参展本身就是无上的荣誉。一些参展者认为,时装秀的重要性不言而喻,让他们有机会获得媒体曝光,或与新客户有了生意来往。一位设计师反映:"我们从'7th on 6th'那里得到了很多的宣传机会,有许多杂志以前根本就不知道我们,现在常常提到我们"(个别访谈,2000)。通过杂志和电视/报纸时装栏目的集中报导,时装秀在消费者中间引发了时装热。一位时装咨询师认为,获得广泛宣传正是时装秀存在的理由,因为"其他国家……经常为时装业做宣传,他们的报纸有专门的时装编辑。而在美国,这种情况并不多见。所以,一年中搞那么两次时装周,让消费者亢奋一下,非常有必要"(个别访谈,2000)。

解读T台走秀,是时装杂志推动时装商业化的一大贡献。时装杂志还通过对卖场产品风格发表评论和为设计师产品宣传提供版面的方式,发挥"看门人"的把关作用。纽约市是美国出版业的中枢,《时尚》和《时尚芭莎》等著名时装杂志的总部也设在这里,这些杂志在全美国发行,拥有3 000万读者(BID,2001)。纽约的地理区位有助于时装杂志的编辑紧跟时装潮流,因为他们很容易访问设计师的陈列室,参加业界举办的活动。同城相处也给了设计师与编辑建立关系网的机会,因为他们经常去同一家餐厅、俱乐部,或参加同一场文化活动(个别采访某些高端时装设计师,1999,2000)。杂志编辑和设计师均承认,这些社会关系对于在行业内获得知名度和地位是相当重要的。据一名知名杂志的助理编辑反映,许多受到杂志好评的设计师常常会到总编辑办公室登门拜访和致谢(个别访谈,2000)。

时装秀和时装杂志主要面向消费者,而重要的行业出版物、贸易博览会和采购办事处等中介机构则主要针对零售商,零售商才是最终决定产品摆上商店货架的那个人。我们前面已经讲过行业出版物(如WWD)的潜在意义,但有一份专门针对零售商的出版物《TOBE 报告》仍值得一提,这是由一家领先的零售顾问公司在 1927 年创办的周报,它告诉买家流行服装的风格,对服装设计师进行点评,帮助买家决定购买哪些服装和在哪里购买。与时装杂志涵盖当季趋势有所不同,《TOBE 报告》的价值在于它按照行业季节(即提前半年)进行预报。许多受访零售商表示,他们在做产品购买决策时通常会查询这份报告。TOBE 的总裁也曾表示,美国几乎所有的大型零售商都是她的客户(个别访谈,2000)。

服装贸易展是近年来颇为流行的另一种营销机构。传统上,零售商会逐个参观设计师的陈列室,查看市场上现有的产品,虽然这些陈列室都集中在"服装区"主要街道沿线,但挨家挨户查访着实费时费力。现在,许多买家更乐意参加一些大型会议中心举办的服装贸易展,像 94 号码头、雅各布·贾维茨中心等。一名来自"服装区"的销售代表认为,贸易展之所以受人欢迎,可以归因于这样一个事实:"它将数百个服装制造商集中在一个屋檐下,方便买家采购和比较本地产品"(个别访谈,1999)。与时装秀相比,买家更喜欢去服装贸易展,因为 T 台上展示的产品一晃而过,很难看得真切(Agins,1999b)。虽然设计师们在贸易展上只有一个小隔间的展位,但参展者的资格甄选使这一营销方式变得越来越有吸引力。展览机构 ENK 国际(ENK International)主办的"时装圈"展会(Fashion Coterie)便是一例,那里的参展设计师都是由行业精英组成的评审团选定的(个别采访某些高端时装设计师,1999)。

最后一种文化机构,就是充当文化中介的居民采购办事处。它的历史可以追溯到 20 世纪初期至中期,这段时间正是纽约服装市场的扩张期，创建办事处旨在为当地生产厂家与外地买家牵线搭桥。时至今日，采购办事处仍在不断地挑选最适合买方特定客户需求的设计师，为供求双方联姻匹配。据一名就职于最大的采购办事处之一的业务经理介绍："对任何给定的时装季节，我们将搜寻所有的设计师。我们将确定最新的服装潮流，并从美学的标准出发，判定哪个厂家的产品最好地诠释了最新的发展趋势。我们还去商店考察，查明他们需要搭配什么饰件，或有什么特殊需求"（个别访谈，1999）。大多数采购办事处都在特定的价位上开展业务活动。例如，格雷戈尔·西蒙斯（Gregor Simmons）专供高端时装的专卖店（个别采访某业务经理，1999）。市场细分使这些采购办事处术业有专攻，在各自的利基市场上游刃有余、调度有方，从而强化了他们在当地生产体系内的权威性或"公断人"地位。

结论：城市与设计师之间的递归关系

本章探讨了纽约这座城市作为"艺术"和"商务"双重策源地的功能，揭示了该市文化中介机构在时装生产过程中帮助和指导设计师的作用。一方面，这些中介机构向设计师展示他人的创意之作，激发其设计灵感，使他们的创作别开生面；另一方面，这些中介机构又在设计创新过程中发挥了指导作用，教会设计师在生产和消费领域里什么可能做到，什么价格合适，什么可以接受，影响了一个设计从构思、制造到销售的全过程。这样一来，纽约市就为创意时装开辟了社会和经济通道，为设计师创意之作赋予了意义和价值，从而确保审美创新能够转化为商业上可行的产品。

纽约这座城市对时装产业的发展可谓功不可没，但这并不意味着对设计师个人作用的否定。在时装生产过程中，设计师并不只是被动地接受文化中介机构的影响，反过来，他们也在积极地重塑或改造这类机构设置,在某些情况下,这种挑战甚至改变了城市原先的功能。采访过程中不乏这样的实例,面对限制性的约束条件,设计师们仍然坚持自己的个性和主张。例如,一位高端时装设计师开发产品时受到了价格限制,她便尝试在需要什么与自己想做什么之间寻求折中方案。对她来说,"产品通常是不同东西的平衡,你知道,这些流苏和绒毛既能赚钱,又能体现产品的个人风格"(个别访谈,2000)。笔者不是要消弭设计师对时装生产过程的影响力,而是要在更宏大的体制框架下妥善发挥他们的作用。本章对纽约时装产业生产过程的描述,诠释了这座城市是如何赋予设计师能力和资源来管理这门常常是相互矛盾的"商业性艺术"的。它表明,城市和设计师之间的关系是递归的,而不是线性的,这种关系是驱动时装产业砥砺前行的引擎。

然而,维护这种递归关系的努力正面临着现实的挑战:纽约主要文化中介机构的公司化倾向正在不断加深,这使城市作为激发美学灵感的源泉的功能受到侵蚀。[①] 零售商的购买权力得到强化,时装杂志业界并购盛行,此类行业整合趋势造成了生产体系的层级化,其结果,那些商业导向的中介机构对设计和市场营销活动拥有更强的话语权和杠杆作用(Kucynski,1999;WWD,1999)。以杂志为例,目前在《时尚》杂志上刊登一则广告的成本高达 6 000 美元,这意味着,许多创意设计师迈不过市场入口的这道门槛,他们开拓自身财源的努力将严重受挫。在某些案例中,设计人员尝试绕过这类中介机构,自行开设零售商店,或撇开自己的"企业"身份,利用公共广告进行宣传(White,1997)。这些选项需要加以鼓励,而且要有可行性。麦克罗比(McRobbie,2002)建议,有关设计人员的文化政策,其焦点是应提出一种价值归属的替代方法;也就是说,设计师创造的价值应该回归于创造者,而不是完全地或主要地按照企业家或商业的标准。[②] 文化中

[①] 麦克罗比(McRobbie,2002)说明了新自由主义思潮如何削弱了英国时装界的创意性。
[②] 圣阿加塔(Santagata,2002)对这种政策取向的一些可能的方向做了归纳。

介机构的发展,是由其内在的经济和文化逻辑驱动的。创建并支持多元化的机构,对纽约市保持文化资本之源的本色,维持"艺术"和"商业"之间的微妙平衡,全面推进时装生产体系的建设,无疑是至关重要的。

参考文献

Agins, T. (1999a) *The End of Fashion*, New York: William and Morrow Company.
—— (1999b) "The Real Action in Fashion is Off the Runway," *Wall Street Journal*, 30 July 1999, B1, B4.
Bjorkegren, D. (1996) *The Culture Business*, London: Routledge.
Chase, E. W. and Chase, I. (1954) *Always in Vogue*, London: Gollancz.
Chen, J. (1999) "An Early U.S. Fashion Week," *CNN Style*, 14 September 1999; available online: <http://www.edition.cnn.com/STYLE/9909/14/focus.money> (accessed 16 June 2003).
Crewe, L. (1996) "Material Culture: Embedded Firms, Organizational Networks and the Local Economic Development of a Fashion Quarter," *Regional Studies*, 30: 257–72.
Crewe, L. and Beaverstock, J. (1998) "Fashioning the City: Cultures of Consumption in Contemporary Urban Spaces", *Geoforum*, 29: 287–308.
Drake, G. (2003) "'This Place Gives Me Space': Place and Creativity in the Creative Industries," *Geoforum*, 34: 511–24.
Fashion Center BID (2001) Available online: <http://www.fashioncenter.com> (accessed 1 December 2001).
Florida, R. (2002) *The Rise of the Creative Class*, New York: Basic Books.
Gardner, H. E. (1993) *Creating Minds*, New York: Basic Books.
Ghiselin, B. (ed.) (1996) *The Creative Process: Reflections on the Invention of Art*, Berkeley, CA: University of California Press.
Grabher, G. (2001) "Ecologies of Creativity: The Village, the Group, and the Heterarchic Organization of the British Advertising Agency," *Environment and Planning A.*, 33: 351–74.
Guilbaut, S. (1983) *How New York Stole the Idea of Modern Art: Abstract Expressionism, Freedom, and the Cold War,* Chicago: Chicago University Press.
Harlan, H. (2000) "Downtown Funky in New York City," *AsianWeek*, 28 September 2000; available online: <http://www.asianweek.com/2000_09_28/feature.html> (accessed 25 May 2003).
Harvey, D. (1989) *The Condition of Post-Modernity*, Cambridge, MA: Blackwell.
Helfgott, R. (1959) "Women's and Children's Apparel," in M. Hall (ed.) *Made in New York*, Cambridge, MA: Harvard University Press.
Hirsch, P. (1972) "Processing Fads and Fashions: An Organization-set Analysis of Cultural Industry Systems," *American Journal of Sociology*, 77: 639–59.
—— (2000) "Cultural Industries Revisited," *Organization Science*, 11: 356–61.
Holusha, J. (2002) "Gritty Neighborhood is Looking Better to Retailers," *New York Times*, 13 October 2002, Section 11: 6.
Howkins, J. (2001) *The Creative Economy: How People Make Money from Ideas*, London: Allen Lane.
Jackson, K. (1995) *The Encyclopedia of New York City*, New Haven, CT: Yale University Press.

Koestler, A. (1990) *The Act of Creativity*, New York: Penguin Books.
Kucynski, A. (1999) "Conde's Latest Acquisition Has Fashion Industry Fidgeting," *New York Times*, 23 August 1999, Section A: 1.
Lash, S. and Urry, J. (1994) *Economies of Signs and Space*, London: Sage.
Leadbeater, C. (1999) *Living on Thin Air: The New Economy*, London: Penguin Books.
Leslie, D. (1997) "Abandoning Madison Avenue: The Relocation of Advertising Services in New York City," *Urban Geography*, 18: 568–90.
Lubow, A. (1999) "The Shadow Designer," *New York Times Magazine*, 14 November 1999, 124–27: 140.
Malossi, G. (ed.) (1998) *The Style Engine*, New York: The Monacelli Press.
McRobbie, A. (1998) *British Fashion Design: Rag Trade or Image Industry?*, London: Routledge.
—— (2002) "Fashion Culture: Creative Work, Female Individualization," *Feminist Review*, 71: 52–62.
Molotch, H. (2002) "Place in Product," *International Journal of Urban and Regional Research*, 26: 665–88.
Museum of the City of New York (2000) "Fashion on Stage: Couture for the Broadway Theatre, 1910–1955"; available online: <http://www.mcny.org/Exhibitions/prevexhib.htm> (accessed 20 May 2003).
New York Industrial Retention Network (2001) *Still in Fashion: The Midtown Garment Center*, special report by the New York Industrial Retention Network to the Union of Needletrades and Industrial Textile Employees (UNITE), April 2001, New York.
Owen, B. (1987) *Costume Design on Broadway: Designers and Their Credits 1915–1985*, Westport, CT: Greenwood.
Pratt, S. (1997) "Head to Head: Elizabeth vs. Orchard Street," *New York Post*, Sunday edition, 3 August: 34.
Rantisi, N. M. (2002a) "The Local Innovation System as a Source of Variety: Openness and Adaptability in New York City's Garment District," *Regional Studies*, 36 (6), 587–602.
—— (2002b) "The Competitive Foundations of Localized Learning and Innovation: The Case of Women's Garment Production in New York City," *Economic Geography* 78: 441–62.
—— (2004) "The Ascendance of New York Fashion," *International Journal of Urban and Regional Research*, forthcoming.
Santagata, W. (2002) "Cultural districts, Property Rights and Sustainable Economic Growth," *International Journal of Urban and Regional Research*, 26: 9–23.
Scott, A. J. (1996) "The Craft, Fashion, and Cultural Products Industries of Los Angeles: Competitive Dynamics and Policy Dilemmas in a Multi-Sectoral Image-producing Complex," *Annals of the Assocation of American Geographers*, 86: 306–23.
—— (1997) "The Cultural Economy of Cities," *International Journal of Urban & Regional Research*, 21: 323–39.
—— (2000) *The Cultural Economy of Cities*, London: Sage.
—— (2001) "Capitalism, Cities, and the Production of Symbolic Forms," *Transactions of the Institute of British Geographers*, 26: 11–23.
—— (2002) "Competitive Dynamics of Southern California's Clothing Industry: The Widening Global Connection and its Local Ramifications," *Urban Studies*, 39: 1287–306.
Scott, W. B. and P. M. Rutkoff (2001) *New York Modern: The Arts and the City*, Baltimore, MD: Johns Hopkins University Press.

Scranton, P. (1998) "From Chaotic Novelty to Style Promotion: The United States Fashion Industry, 1890s-1970s," in G. Malossi (ed.) *The Style Engine*, New York: The Monacelli Press.

U.S. Bureau of the Census (1997) *Economic Census 1997*, Washington, DC: Government Printing Office.

U.S. Bureau of Labor Statistics (2001) *Current Employment Statistics, 2001*; available online: <http://www.stats.bls.gov> (accessed 5 December 2001).

Uzzi, B. (1993) "The Dynamics of Organizational Networks: Structural Embeddedness and Economic Behavior." PhD dissertation, New York: State University of New York at Stony Brook.

White, C. C. R. (1997) "New Wave of Designers Opening Stores in Soho," *New York Times*, 2 September 1997, Section C: 19.

WWD (1999) "NPD: Department Stores Taking a Bigger Slice of Apparel Pie," *WWD*, 30 April 1999: 4.

Zukin, S. (1991) *Landscapes of Power: From Detroit to Disney World*, Berkeley, CA: University of California Press.

Zukin, S. (1995) *The Culture of Cities*, London: Blackwell.

第七章 日本电子游戏产业的创意资源

青山裕子（Yuko Aoyama）
出石浩（Hiro Izushi）

导论

电子游戏产业又称互动性娱乐产业，一般不被人们视为提供"高级文化"或高雅艺术形式的部门，但它业已成为一个规模可观的产业，并在大众文化领域拥有极为广泛的影响。世界电子游戏的市场规模约为 180 亿美元。1999 年，美国出售了 2.15 亿件游戏复制品，平均每个美国家庭购买 2 件（IDSA，2001）。虽然电子游戏对年轻人的文化拥有普遍而又重要的影响，但人们对这个产业仍所知寥寥，尤其是创意资源对该产业的构成和竞争力的作用。迄今为止，有关电子游戏的研究还是强调其道德伦理问题和心理影响（Loftus，1983；Greenfield，1984；Kinder，1991；美国国会，1994）。电子游戏产业与电脑、多媒体和互联网等新兴技术相伴而行的发展轨迹，显示了当代数字化技术、艺术创意和多媒体娱乐活动的协同作用。

大体而言，美国及基于英语的文化产品及其出口日益巩固了自己的主导地位，以美国为基地的跨国公司推出的好莱坞电影、说唱音乐、李维斯牛仔裤、可口可乐和耐克鞋，将其他国家的同行挤压到了利基市场（即小众或缝隙市场）（Llewelyn-Davies et al.，1996）。因此，日本电子游戏在西方世界文化产品潮流中实属异类。尽管美国的雅达利

(Atari)公司是电子游戏产业的始作俑者,但如今大多数业内人士认为,若无日本的任天堂(Nintendo)和索尼电脑娱乐公司(SCE)等企业,那么,电子游戏也就是一时的狂热,早就烟消云散了。实际上,自1983年电子游戏产业崩盘后,美国的电子游戏需求也就一扫而空,正是任天堂的挺身而出,担当了产业复兴的重任,才使之成为盈利的行业。为了重振消费电子产品行业,索尼成功地整合硬件和软件资源,推出家用综合电脑娱乐平台——PlayStation和PlayStation 2,占据了全球市场的主导地位。

日本电子游戏产业究竟是如何进行管理并渗透到全球市场的呢?本章将剖析有关日本电子游戏产业的种种误解,探讨并回答上述问题。在目前可以看到的一些研究电子游戏产业发展趋势的日文著述中,鲜有聚焦于跨行业运用创意资源和系统阐述其他产业部门开发技术的作用的学术文献。[①] 下面,我们将通过回顾电子游戏产业的历史、体制和文化基础来分析这一相对受到忽视的领域。

笔者认为,卡通和动画片以及跨行业的消费类电子产品的创意因素,为日本电子游戏产业的兴起奠定了重要的基础。首先,我们会讨论电子游戏产业的重要性及有关它的一些误解。其次,分析硬件制造商和软件出版商的相互作用如何影响电子游戏产业的发展轨迹。最后,根据行业间分享劳动力资源的历史和现实证据以及采访业内专家得到的资料,探讨电子游戏产业的技术基础。

创意产业——电子游戏产业:重要性及误解

正如沃尔特·本杰明(Walter Benjamin,1936)在工业革命年代指出的那样,任何时代的新技术都会深刻地影响那个时代的艺术形式。

[①] 日本的学术研究主要聚焦于公司战略(藤川,1999;藤田,1999a,1999b;Sunagawa,1998)或产业内部的企业间关系(Shintaku,2000;Shintaku and Ikuine,1999,2001;Tanaka and Shintaku,2001;柳川和桑山,2000)。

第七章 日本电子游戏产业的创意资源

今天,先进的信息和通信技术凭借数字化和模拟开辟了新的前沿,为网络空间的艺术新形式提供了各种可能性。与电影和电视之类的被动式娱乐不同,电子游戏是从较早的玩具和大型电动玩具之类的互动式娱乐中脱颖而出的,并将这种互动性扩展到一个崭新的领域,它允许玩家选取角色,充当主角,自编故事情节,从事角色扮演游戏,甚至与地球另一端的玩家协同游戏(Jenkins,2000;Wolf,2000)。

作为一种当代艺术的形式,电子游戏在先进经济体的新兴创意产业中占有重要的地位。目前,全球电子游戏的市场销售额高达180亿美元,预计2005年G-5(美、英、德、法、日)国家的市场还将继续增长。1997年,美国的电子游戏比家庭互联网接入更为普及,日本78%的家庭拥有电子游戏机(CESA,2000)。2000年,美国的电子游戏及相关产业拥有22万个工作岗位,支付工资总额达720亿美元(IDSA,2001)。日本电子游戏产业的硬件和软件部门拥有3万个工作岗位,英国则有2.7万个工作岗位(METI,2001a;文化传媒体育部,1998)。

众所周知,电子游戏对年轻人的文化有着巨大而又深远的影响,但人们对它的工业发展路径、创意资源在创新中的内在动力和作用所知不多。尤其是,日本公司称雄该产业的背后的缘由鲜为人知。除任天堂和索尼电脑娱乐公司外,日本还有大量的软件出版商。为了更好地理解日本企业的竞争能力,我们首先必须澄清有关日本电子游戏产业的某些误解。

第一个误解是,日本对外贸易的竞争力主要体现在汽车、电子器件和机械之类的制造业,而不是以知识为基础的创意产业。日本的弱点明显表现在其缺乏竞争力的软件业。有人指出,日本的贸易、金融、就业和教育体制,加上强调服从、忠诚和稳定,压制了创意和风险型娱乐业,这是导致其软件业弱势的根源(Cottrell,1994;Anchordoguy,2000)。试问,假如体制安排阻碍软件设计所必需的创意资源的发展,那么,日本的电子游戏厂商又何以成功地开发了他们的产品呢?安柯道格(Anchordoguy,2000)认为,2000年日本的游戏软件占软件总销售额的27%,故应单独列项统计。在她看来,虽说软件是语言驱动、硬件制造导向和以个人与企业通信为目标的,但游戏软件是新工业的一部分,其特点是较低的进入壁垒,不受制于语言的劣势,也无国家规划工业化的弊端。与日本其他成功产业不同的是,电子游戏产业实际上并未得到政府的扶持,它的发展取决于私营部门的首创精神。然而,我们发现这些解释都不足以诠释日本电子游戏的崛起,所谓的"进入壁垒"就是其中之一,它不会以相同的方式对创意产业起作用。例如,布莱曼(Bryman,1997)的研究发现,在美国动画产业里,后来者往往比先行者更具优势。此外,对平台开发商和软件出版商来说,它们也面临不可忽略的市场进入壁垒。更重要的是,上述这些解释无法辨识电子游戏产业的创意资源,而且也不能说明,真有这样的创意资源的话,日本的电子游戏厂商又会使用什么样的创意资源。

第二个误解是,创意产业素以技艺为基础,技术含量低,且为劳动密集型,如时装、戏剧和艺术。然而,近年来创意产业与技术密集型产业的联系日趋紧密,特别是多媒体技术的引入,使新技术成为创意产业不可分割的一部分,电子游戏就是最好的例子。在美国,电子游戏产业的研发(R&D)经费占整个销售额的比重是娱乐行业的佼佼者(IDSA,2000)。我们采访过的一名电脑程序设计师认为,电子游戏产业的图形界面就优于计算机辅助设计和制造之类的其他产业部门。

电子游戏是硬件制造(或虚拟机、软件平台)和软件开发(或软件设计、制作和出版发行)之间相互作用的结果,但对这种相互作用的重要性尚存歧议。一种意见是,创意与软、硬件产业是否存在着协同性的定位,关系到创意开发的成败(Pratt,1997)。范·希佩尔(Von Hippel,1988)认为,若两者截然分开,用户对自身任务和需求的知识将会导致软件企业变成专业化的复合体形式。由此引起的一个问题是,日本这一高科技创意产业的发展能否与该国的硬件技术资源相衔接。

对于产业组织形式的问题,当代理论发展有多种见解,包括交易成本理论(Coase,1937;Williamson,1975)、社会制度理论(Piore and Sabel,1984)和根植性理论(Granovetter,1985)。纳尔逊和温特(Nelson and Winter,1982)的演化论主张,通过技术开发的轨迹可以考察"路径依赖"。奥斯本和哈格道姆(Osborn and Hagerdoorn,1997)提出多元论,有助于更好地理解组织行为的复杂性。笔者认为,一种多元化的方法论能够最好地包容各种文化产业的特色和特征。我们从历史的视角对电子游戏产业所做的分析强调演化的过程,在这一过程中,跨部门的变迁是与技术知识和艺术创意的演进同时发生的。

实际上,基于漫画、动画片的创意虚构是有社会和历史基础的,这种基础不仅嵌入了电子游戏产业,日本消费类电子行业的广大技术工程师还为它准备了人才。在日本,竞争性的消费类电子产业意味着电子游戏产业不乏其必需的技能和工人,而且,从以往连环漫画和动画片传承而来的社会地位也为电子游戏的创作者和设计者打下了基础。伴随着游戏机平台开发商——任天堂和索尼——的适时进入,这些基础因素对催生电子游戏产业发挥了重要作用,其结果,铸就了非一体化垂直性的产业复合体,既包括游戏机硬件制造商,也含有数量众多的游戏软件开发商。

电子游戏开发:跨行业的联系纽带和资源分享

众多拥有广阔的行业背景的参与者影响了电子游戏产业的演化进程。电子游戏产业是从大型电动玩具的电脑应用程序起步的,尔后采用消费类电子技术来制造家用电子游戏机。平台之争旨在竞相获取游戏软件的通道。日本任天堂和索尼这两大平台开发商在消费类电子制造技术与软件出版商之间创建了一种间接的联系纽带。作为硬件制造商和软件出版商的组合体,平台开发商吸取了消费类电子成长过程中不可或缺的重要资源,并用金融资助和提早披露游戏机平台的技术指标的方式扶持了那些创业伊始的软件业"雏鸟"。

消费电子制造商和游戏机平台开发商之间的联系纽带

如前所述,消费类电子产业的技术能力和专门知识是日本早期平台开发的基石。任天堂当初之所以能向电子游戏转型,就得益于它与消费类电子企业的协作和分享后者的工程技术。本土消费电子企业的存在,特别是有三菱电器、理光和夏普这样的集成电路芯片厂商,使新的家用电子游戏机在设计之初便能经常接触有关的信息,进行必要的实验。任天堂对电子游戏的兴趣始于20世纪70年代中期,当时钟情于电子游戏的还有三菱电器,三菱电器为电子游戏开发的大规模集成电路因其合作伙伴的破产而告终,正转而寻求新的合作伙伴。任天堂牵手三菱电器,不仅成功地投产并制造出第一台彩色的家用电子游戏机(彩电游戏6),还为自己的工程师们提供了实际动手进行大规模集成电路设计的训练机会。接着,任天堂又与理光公司联合开发了"红白"游戏机(Famicom),这段姻缘部分起因于一位在理光工作的前三菱电器工程师,他曾与任天堂一起设计过电子游戏的大规模集成电路。夏普则是任天堂以前开发电子玩具的合作伙伴,由此培育起来的关系导致夏普向任天堂提供了液晶显示屏技术,这项技术催生了便携式电子游戏机,对任天堂早期的功成名就着实功不可没。任天堂现在经常与硅谷图形公司、飞利浦和IBM等海外制造商打交道,但任天堂跟国内电子企业的合作对其早期模式来说是至关重要的。

除了通过共同利用工程师提供技术知识外,消费类电子企业在任天堂创业成功的过程中还充当了合同制造商的角色。总部位于京都的任天堂,其销售点遍布全球,但公司内部并没有任何的工厂,仅在京都附近设有检验产品的仓库。任天堂将绝大多数制造业务都外包了,包括零件的生产以及平台和盒式存储器的组装。在国际供应链尚未充分发展起来的那个年代,任天堂将国内消费类电子企业作为合同制造商,自己则集中资源专门从事设计和平台开发。

索尼电脑娱乐公司凭借只读型光盘机技术进入市场,它代表了消费类电子业和平台开发商间的另一种关系。索尼电脑娱乐公司本身就是声誉卓著的消费电子企业,集团内部拥有自己的工厂,其设计和产品性能素以高品质著称。对生产过程的直接控制,加上快速生产的能力,使索尼电脑娱乐公司既能对市场需求做出快速反应,同时又能确保产品质量符合标准。还有一种现已消失的世嘉(Sega)模式,它与东京大田区的众多小型工程公司关系密切,因而可以利用后者快速灵活的特点,试制零部件样品。

由此可见,日本的电子游戏产业得益于其具有全球竞争力的消费类电子工业,并从中吸取了技术知识和工程技能。此外,许多相关产业也为它提供了技术资源,如汽车、计算机和电信的程序设计技术,电台电视广播的多媒体技术,电子行业的系统设计技术,以及建筑行业的 CAD 工程技术(Sunagawa,1998)。

平台开发商和软件出版商之间的联系纽带和文化接近

如今,无论是任天堂还是索尼电脑游戏公司内部,均已拥有自己的软件制作和出版资源。这种硬件和软件兼而有之的综合商业模式造就了某种协同的优势,成为这两家企业获得成功的重要因素。例如,在任天堂的软件开发部,设计师、艺术家和软件程序员等所有职员均须接受硬件结构的学习培训。该部门的经理宫本茂认为,只有硬件和软件知识相结合,他的团队才有能力系统地开发任何水准的游戏(Takeda,1999:100—101)。大量的独立软件出版商和两大平台开发商构成的日本电子游戏产业,组成了一个专业知识和技能转移的网络。正如表7.1所示,软件出版商的起源、规模和公司组织形式都发生了变化,大致可分为以下三类:(1)平台开发商内部的软件出版商(如任天堂、索尼电脑游戏公司);(2)综合性软件出版商,它们自身具备软件开发的各种能力,包括编写脚本、分镜头剧本到音效设计(如Square);(3)担任制片人/协调人和外包大部分业务的软件出版商(如Enix)。

表 7.1 日本的主要软件出版商

公司	创建年份	起源	总部所在地	雇员人数	销售额*（2 000财年百万美元）	游戏系列标题
Bandi	1950	玩具	东京（台东区）	960	1 808	龙球
卡普空	1979	街机	大阪	1 009	409	生化危机,生物危害,魔幻鬼武者
Enix	1975	出版商	东京（涩谷）	130	377	勇者斗恶龙
Koei	1978	个人电脑销售,办公软件	足利—横滨	435	167	真三国无双,Winbank
科乐美	1973	自动唱片点唱机出租/修理	东京（港区）	522	1 429	合金装备,寂静岭
南宫梦	1955	街机	东京（太田）	2 097	1 221	小精灵,铁拳
任天堂	1889	玩具	京都	1 150	3 854	超级马里奥兄弟,神奇宝贝
索尼电脑娱乐	1993	消费电子/录制	东京（港区）	1 700	无	GT赛车,小龙斯派罗,劲爆滑雪
世嘉	1951	自动唱片点唱机制造	东京（太田）	1 007	2 024	赛马,VR战士
史克威尔	1986	游戏软件	东京（目黑区）	774	608	最终幻想

*公司销售总额按120日元兑换1美元的汇率进行折算。

资料来源:作者从各有关公司网站上收集。

平台开发商还在第三方软件出版商和消费类电子制造商之间充当中介,为两者建立间接的联系。身为硬、软件混合经营者,平台开发商带头开展信息交流,帮助独立的软件出版商进入市场,一起成长壮大。这种信息交流分成三个阶段:(1)给予初期指导,包括软件格式、质量标准和伦理规范、开发工具的采购等;(2)向软件出版商提供开发游戏的新版操作系统,允许其使用游戏系列标题;(3)对软件和程序说明书进行终极质量检验。

有证据显示,平台开发商和第三方软件出版商之间存在着一种文化接近性。日本的软件出版商在接近几乎独占的平台开发商时所处的地位很是独特,尤其是在产业萌发之初。文化接近性表现为多种不同的形式,但殊途同归,都能减少沟通的障碍,强化信息的流动。首先,由于面对面的人际网络的存在,人们可以彼此交流信息,从而快速地接触和获悉以前属于专利的信息。平台开发商通常在新平台开发的中后期向第三方软件出版商公开披露有关的技术指标,并根据后者的反馈进行平台的后期调整,同时,这么做也有助于软件出版商解决与新平台相兼容的问题。借助于双方的互动,平台开发商能够适时推出新的游戏系列标题,并成功地改编老标题以适合新平台。

其次,文化接近性存在于双方共同运作的过程之中。拿英国和美国的软件出版商来比较,同为联合开发的合作伙伴,但宫本茂(任天堂"大金刚"和"超级马里奥兄弟"之父)发现,他与英国软件出版商共事更顺畅,因为他们有相似的产品开发方法。宫本茂认为,英国软件出版商在开发过程的各个阶段始终聚焦于游戏的结构,所以游戏可编程性强。这种方法基于对硬件结构的完全理解,日本软件出版商已普遍分享这种方法,而在美国的软件出版商中却相当罕见。

再次,从需求—反应的视角来看,软件出版商和市场之间也存在着文化接近性。游戏是一种内容驱动的商品,本土的游戏出版商享有深知国内市场喜好和口味的优势。各国爱好的游戏类型很不相同(英国垄断与兼并委员会,1995:48),1999年,美国售出的游戏中有2/3是动作片或体育游戏,而日本仅售出1/3同类游戏(Shintaku and Ikuine,2001)。美国软件出版商3DO开发的"玩具兵大战"系列,成功地迎合了那些喜爱这些塑料玩具军人的男孩,但在海外市场并未获得同样的反响。在日本,角色扮演游戏大受欢迎,某些角色还成为市场热捧的偶像。下一节我们还将看到,电子游戏和卡通/动画片的互动为日本游戏软件赋予了一种强调角色和故事的独特风格。

日本游戏软件的创意来源:卡通与动画片

今天,游戏软件出版商在日本电子游戏市场上执掌牛耳。这个产业的历史是由占主导地位的竞争性的平台开发商书写的,但该产业的赢利比重却日益向游戏软件倾斜。平台开发商销售游戏机只能赚取极薄的利润,其赢利主要来源于内部的软件出版商或向第三方软件出版商收取许可费。1990年,日本硬件市场与软件市场的比例是1:2.4,到1998年,这一比例变成了1:3.2。更进一步说,平台已日趋过时,风光不再,因为未来软件将越来越多地在互联网上进行销售。这一势头目前仍受到限制,但它终将会把软件出版商推上电子游戏产业的中心舞台。

游戏软件的生产和分工

游戏软件的生产需要各种技术技能和艺术创意,每个参与者都是多学科工作团队中的一员,必须与其他各种背景的人进行互动。表7.2列出了游戏软件产业的主要技术职位,分为设计、音效、模型和程序等类别。美国的电子游戏产业还是属于幼稚产业,只能将工作机会奉送给那些特立独行的艺术家和计算机程序员。这个产业陆续吸引了一些工程师和和程序员加盟,其中许多人曾经在"冷战"时期为美国防务部门工作过。美国雅达利公司创始人布什内尔(Bushnell)说过:"我们为有创意的人们提供一个创造崭新事物的工作场所,聪明人在这里发挥自己的才智创作一些刺激而有趣的东西,他们想做的是游戏,而不是炸弹"(Sheff and Eddy,1999:140)。如今,日本的游戏软件出版商也将他们的办公室改造成闲适惬意、创意导向的工作环境,并与传统产业那种等级森严的企业制度割断了脐带。

表 7.2　　　　　　　　电子游戏产业的技术职位类型

职位类型	主要任务概述	所需技能与培训
游戏设计者	编写游戏蓝本;决定游戏的使命、主题和规则;引导游戏设计者确定全局概念,使游戏各片段设计者的工作协调一致,指导编剧人员编写文本和角色对话。	写作和沟通能力;管理能力;计算机程序和软件设计等技术技能;大多数设计者拥有英语、艺术或计算机科学学位。
艺术家	创建图形;在制作二维游戏时,艺术家在纸上绘制形象,然后扫描到计算机中。在制作三维游戏时,艺术家大多在计算机上创建形象;角色艺术家设计和建立人物或动物形象,动画艺术家使之活动起来;背景艺术家创建电子游戏场景;结构艺术家对三维艺术外观进行细化。	可视化形象;应用基本数学概念的能力;使用模型和动画软件的能力;大多数电子游戏艺术家在美学或与艺术相关的项目上接受过正规的培训,学士学位获得者优先。
声效设计师	为游戏创作音乐和声响;为特定游戏选取匹配的音乐;创造出兼顾现实与夸张的娱乐价值的声音效果。	音乐创意;音频工程培训;计算机硬软件基础知识;许多声效设计师拥有音乐学士学位,一些人接受过电影配乐方面的教育。
计算机程序员	规划和编写电子游戏软件;将设想转换成计算机能够理解的数学方程式;有关的专业人士包括:编写电子游戏运转软件的工程程序员,编写代码使计算机控制的角色自如活动的人工智能程序员,图形程序员,声效程序员,为艺术家和设计者编写软件的工具程序员。	很强的数学能力;计算机程序知识(C 和 C++);大多数程序员拥有计算机科学的学士学位。
游戏测试员	通过玩游戏来发现软件错误、图形毛病、电脑崩溃和其他故障;书面报告其发现的问题。	良好的沟通能力;熟悉游戏操作的技术技能;不需要接受正规教育,但鼓励测试员获取计算机技术人员证书。

资料来源:根据克罗斯比(Crosby,2000)的资料进行改编。

目前的游戏软件生产分为若干阶段(见图 7.1)。生产过程从规划游戏的标题开始,涉及游戏的任务、主题、主要角色、目标平台、市场和预算。游戏设计蓝图或由内部制作,或交给自由职业的游戏设计师来完成。当负责项目全面管理的制片人批准后,生产就进入了详细设计的阶段,包括脚本编写、主角细节及配角设计以及背景设置的开发计划。接下来需要同时完成两项任务:一是绘制角色和背景素材,二是编写电脑程序。通常先由艺术家手绘角色,然后运用绘画和动画设计专用的二维或三维软件进行扫描,输入电脑。声响和音乐则由音效设计师完成。随后,计算机程序员编写程序,精准界定角色的动作和背景,引入绘画和声音素材,完成供测试用的"α版本"。再下一步,到了排障阶段,由游戏测试员试玩游戏,找出其中的故障、缺点和错误。在这一阶段的适当时机,向评论家和大众媒体发布"β版本",供出版前的评估和市场营销之用。当最后一个测试版本即"发运级版本"发布并呈交量产时,全部生产过程就此结束。

纵观软件出版业发展的历史进程,技能方面的要求发生了两个根本性的变化。第一个变化是由任天堂引进角色和故事情节促成的。此前占主导地位的是"战争游戏"和"球类游戏",要打赢这类游戏,关键在于玩家的快速反应能力。早期的电子游戏,如拉塞尔的"太空大战"(1961)、布什内尔的"乒乓"(1973)和塔伊托(Taito)的"太空入侵者"(1978),大多属于这一套路。而任天堂的决斗性游戏系列标题,如"大金刚"和"超级马里奥兄弟",其中的主角都是富有个性的人物或动物,而且有脚本和故事情节。创作引人入胜的故事和塑造魅力十足的角色的技能,由此成为电子游戏软件出版不可或缺的一种要素。游戏设计师原先大多来自工程师队伍,从此以后,游戏设计就成了富有艺术天赋的专业设计师的任务。数学水平高的工程师则更多地转向专门开发中间软件,运用专利性程序软件将绘画资料从工业标准的 2D/3D 工具(如 Avid 技术公司的 Soft Image)转换出来,经优化处理后用

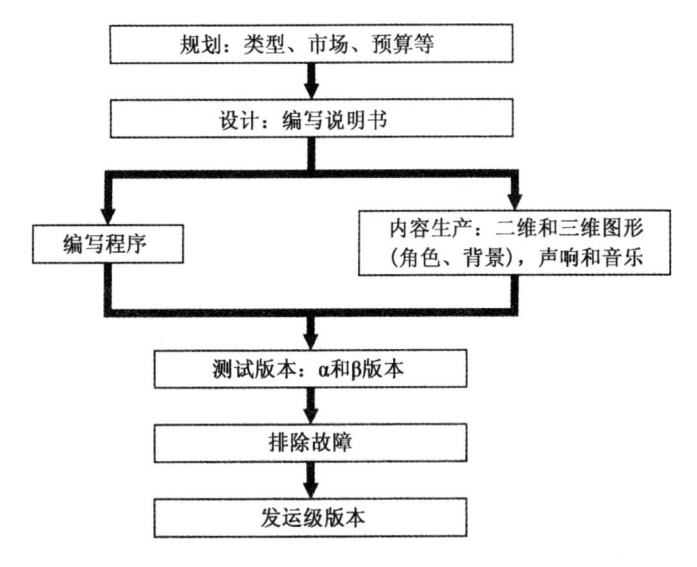

```
┌─────────────────────────┐
│ 规划：类型、市场、预算等 │
└───────────┬─────────────┘
            ↓
┌─────────────────────────┐
│    设计：编写说明书      │
└───────────┬─────────────┘
      ┌─────┴─────┐
      ↓           ↓
┌──────────┐ ┌──────────────────────┐
│ 编写程序 │ │内容生产：二维和三维图形│
│          │ │（角色、背景），声响和音乐│
└─────┬────┘ └──────────┬───────────┘
      └──────┬──────────┘
             ↓
┌─────────────────────────┐
│ 测试版本：α和β版本       │
└───────────┬─────────────┘
            ↓
┌─────────────────────────┐
│      排除故障            │
└───────────┬─────────────┘
            ↓
┌─────────────────────────┐
│      发运级版本          │
└─────────────────────────┘
```

资料来源：上田,1998；Dai-X 出版商,2000；柳川和桑山,2000。

图 7.1　游戏软件的生产过程

于特定的游戏机平台。

随着盒式只读存储器向光碟式只读存储器(CD-Rom)发展,第二个变化也发生了。由于光碟存储器具有大容量的记忆能力,一些游戏软件开始尝试在游戏的过程中显示预渲染电影,这使游戏角色的动作更加逼真,也使拥有高超绘画水平的天才艺术家脱颖而出。上述两种变化趋势进一步凸显出绘画—设计这种综合性技能的重要性。为了满足变化中的技能要求,日本电子游戏产业便从比较成熟的卡通和动画片产业吮吸艺术创意。

日本的漫画和动画片产业

卡通(即漫画)和动画片对日本文化和社会的影响无处不在,远胜于美国和欧洲。1999 年,日本的卡通占书刊销售总额的 1/3 以上(Dentsu Soken,2001)。这一年新出版的漫画书有 2 192 种,还有 280

种漫画杂志,年发行总数达 11 亿册。在 5～18 岁的儿童和年轻人中,大约有 2/3 的男孩和 1/6 以上的女孩喜欢看漫画书,其中大多数人平均看连环漫画杂志(周刊、双周刊或月刊)400 页,约 15 个连载故事(Schrodt,1983;Grigsby,1998)。漫画对成年人也颇有吸引力,1999 年发行的 280 种连环漫画杂志中就有 215 种杂志面向成人,年印刷和发行数量高达 7.27 亿册,约占所有连环漫画杂志的 53%(Dentsu Soken,2001)。漫画的主题十分广泛,涵盖浪漫、教育、幽默、体育、冒险、性和暴力,甚至还有操作指引漫画(如烹调、金融)、古典名著漫画和社会政治讽刺漫画。

漫画的独特风格要归功于"漫画之神"——著名的漫画家手冢治虫(Osamu Tezuka,1962－1989)(Bendazzi,1994;《经济学家杂志》,1995)。手冢年轻时深受好莱坞电影的影响,他那革命性的漫画融合了电影使用的技术,如特写镜头、淡出和变化的摄影角度。他对漫画的影响体现在引入新的样式和内容,使漫画从先前占主导地位的幽默短片变成复杂的长篇故事。他还打破娱乐圈的禁忌,成功地涉足了宗教、种族、战争和社会正义等严肃的课题。手冢治虫在长达 40 多年的职业生涯中共创作了 15 万页漫画,到 20 世纪 80 年代中期创下了出售 2.5 亿册漫画书的纪录。手冢治虫也是创作电视动画连续剧的先锋,1963 年推出的动画片"铁臂阿童木"曾风行一时。手冢治虫于 1989 年去世,当时日本大报《朝日新闻》发表社论称,日本漫画之所以风靡全球,一个最重要的原因就是"日本有铁臂阿童木"。今天,几乎所有的专职漫画家都或多或少受到他的影响。凭借其作品质量和身为医生的声誉,手冢治虫在把日本漫画提升到文学作品境界的进程中起的作用最大。

对卡通画家来说,漫画在日本流行文化中的重要性意味着他们的社会地位至少相当于知名的畅销小说家①。日本的连环漫画家对其创作的连环画拥有切实的版权,他们对自己的作品的控制力远胜于美国的同行(Reinmoeller,1999)。日本的卡通画家既被视为艺术家,又被看作企业家,这种较高的社会地位部分地反映了其经济地位。1997年,日本有3 500~4 000位卡通画家以及2万名助手(Dentsu Soken,1999)。从小学到大学,几乎每一所学校都有学生自己组织的课外活动的卡通俱乐部。你若问日本三年级的小学生未来想做什么,你会发现有相当多的人希望成为卡通画家。大约有1万日本人有志于成为职业的卡通画家(Lent,1995)。连环画书促使了动画片和电视连续剧的兴起,也使漫画成为日本流行文化中举足轻重的组成部分。20世纪60、70年代的大多数电视动画片都缘起连环画的人物角色及其故事。到了70年代末和80年代,动画片在日本电影院俨然大片般地隆重上映,并受到观众热捧,其中有将第二次世界大战沉没的战列舰改造成航天飞船的《宇宙战舰大和号》,一个男孩乘坐银河特快列车进行太空冒险的《银河铁道999》,以及地球人与殖民卫星居民大决战的科幻片《机动战士高达》。今天,动画片和电视剧在日本的电影和广播市场上仍占据着重要的份额,以1997年上映的排名前十部的电影为例,其总收入的40%来自动画片。②

　　技术从漫画向动画片转移是上述演化进程的一个明显的结果。《宇宙战舰大和号》和《银河铁道999》的创作者是松本零士,他成为卡通画家深受手冢治虫的影响。科幻动画片连续剧《机动战士高达》的创作者富野由悠季是在手冢治虫的公司开始其职业生涯的,创作《千

---

① 尽管卡通和动画片大受欢迎,对流行文化有着深远的影响,但长期以来却被日本的家长和教育机构视为不良的社会现象。这种看法直到近年来才幡然改观。朝日新闻网站(Asahi.com)于2000年9月28日报道,日本教育部发布的《教育白皮书》聚焦于文化在教育中的作用,而卡通和动画被列为艺术领域的组成部分,它们第一次被视为艺术形式和诠释当代社会趋势的表现形式。

② 绝大部分播放的动画电视连续剧都是日本国内生产的。1999年日本播放的2 553部动画片中仅有296部是外国生产的(Dentsu Soken,2001)。日本也是电视动画片的出口大国,1992年出口的电视片中有58.3%是动画片(Kawatake and Hara,1994)。

与千寻》的宫崎骏(2003年度奥斯卡奖获得者)也是漫画家,其作品无疑也镌刻着手冢治虫的痕迹。

创意资源向电子游戏业的转移

卡通和动画片产业是日本电子游戏产业崛起的重要基石。生产游戏软件的关键在于脚本编写和绘画,而卡通和动画片产业为游戏软件产业的人物角色创作和图像设计提供了必需的技能与专门知识。电子游戏产业界支付的薪酬比较高,这样一来,促使熟练的设计师和插图画家高手从卡通和动画片业界转移出来。动画业界存在着若干小型次级承包商,这种层级结构往往会抑制工资,而基于项目支付的薪酬也常常会压低小时工资。① 20世纪90年代,电子游戏产业快速增长,从业人员的工资收入较高,动画行业出现人力资源流失和短缺的现象也就不足为奇了(Nikkei BP,1999)。

虽然缺乏卡通、动画和电子游戏产业之间人员流动的实际资料,但有关电子游戏产业的文献显示,这些产业之间的互动是客观存在的,我们对电子游戏业内人士所做的调研也证实了这一点。② 所需技能在卡通、动画和电子游戏产业之间相互交叉的情形,在职业学校的培训课程中便可以看到。大约有300个职业培训课程是专门针对与电子游戏相关的技术职位来设置的,另有170个职业培训课程是为未来的卡通、动画和插图画家设置的。这些职业学校通常分为两类:时装和艺术设计学校;电子和计算机程序学校(参见表7.3)。我们对东京12所职业学校所做的调研显示,大多数都属于上述两类职校,只有两所职校是专门为电子游戏生产进行培训和开发专业技能的。在所

---

① 虽然游戏软件出版商主要都是小型企业,但卡通和动画片产业的企业规模甚至更小。1999年,有235家经营企业,共雇用3 270名员工(Dentsu Soken,2001)。

② 2001年4月12日,作者采访了南宫梦公司(Namco)的总制片人纯一河村。同年8月18日,在3DO公司采访了中间软件程序员公明原田。

有的艺术和设计学校里,动画片和卡通课程都是与电子游戏课程相结合的,其共同的课程包括计算机图形和三维动画等。

表 7.3　　　　　　提供电子游戏课程的东京职业学校

类型	电子游戏教程	课程长度：入学人数	其他课程
专业的电子游戏培训学校	1. 游戏程序,计划,图形,声效设计	2年:230 3年:50	无
	2. 游戏程序,电脑图形,声效设计,计划,编写脚本	3级 (1级/年): 250	无
艺术/设计学校	3. 游戏程序,游戏设计,角色设计	2年:120	卡通(2年:接受80),动画片(2年,80),广播,信息技术,建筑
	4. 游戏设计,电脑图形设计	2年:200	卡通(2年:150),动画(2年:250),配音,插图
	5. 游戏图形(电脑图形设计部分)	2年:约40	卡通(2年:约40),图形设计,室内设计
	6. 游戏设计,角色设计,游戏声效,游戏生产	2年:约200	卡通和动画片(2年:约200),图形设计,时装设计,室内设计,建筑,工业设计
	7. 游戏程序,游戏图形,手机游戏程序	2年:120	卡通(2年:50),动画(2年:40),3D电影,网页设计,配音
电子/计算机程序学校	8. 游戏设计和程序	2年:40	信息处理,信息技术,建筑
	9. 游戏程序,游戏电脑图形	2年:80	信息处理,建筑,生物技术,环境技术
	10. 游戏设计和程序	2年:30	计算机图形,建筑,信息处理
	11. 游戏程序,游戏电脑图形(电脑图形课程部分)	3年:70	信息处理系统,工程学,计算机程序,计算机音乐
	12. 游戏设计和程序	2年:40	三维电脑图形,网页设计,数字电影,信息处理,网络管理

资料来源:作者调查。

电子游戏产业与这些职业学校保持着密切的联系。从业者常以辅导教师或学生的身份兼职,继而入行成为全职雇员。有的企业干脆设立自己的职业学校,平台开发商和主要的软件出版商在东京联合建立了数字娱乐专科学院,科乐美(Konami)公司则独自在东京和大阪开办了柯纳米计算机娱乐学校。这些学校炙手可热,吸引了那些梦想成为游戏设计师的学员,在竞争激烈的电子游戏职场上就读这些企业自办的职校无异于搭上了就业直通车(Mikuriya,1999)。

　　日本创意资源的分享,部分原因就在于卡通、动画片和电子游戏产业的同步发展和交叉发展。战后初期,美国的连环漫画杂志和动画片在流行文化中的影响力到达顶峰,但到电子游戏出现时已经衰退。而日本连环漫画杂志的高峰期直到20世纪90年代中期才出现。[①] 在日本国内电影业严重衰弱的今天,动画片夺取了市场的主要份额。由于日本卡通、动画片和电子游戏产业的技术资源是同期开发和有效分享的,因此,这些创意产业的交互影响也就越来越大。

　　日本卡通、动画片和电子游戏产业之间对艺术人才的分享产生了一些共同的特征,人们可以在两种不同的艺术形式之间观察到这些共性。例如,许多电子游戏产业的从业者认为,他们对卡通和动画片的兴趣是其从事现有职业的主要驱动力。如前所述,任天堂在电子游戏里将人物和动物角色与故事情节结合起来的创新手法,实际上也对某个受到手冢治虫影响的设计师有所裨益。宫本茂是任天堂的首席游戏开发者以及《大金刚》和《超级马里奥兄弟》的创作者,他对漫画的兴趣始于初中,曾是学校卡通俱乐部的领头人。随后,他进入金泽艺术学院。1977年,他受雇于任天堂,成为其第一批在职的艺术家。1980年,宫本茂受命为美国市场开发一个电子游戏,他仔细研究了那时当红的《太空入侵者》和《小精灵》,发现这些游戏的目标其实都很简单,不过是从屏幕上消灭一个对象而已,于是,他决定像卡通和动画片那

[①] 对美国连环漫画文化和动画片的详细分析参见本达齐(Bendazzi,1994)和赖特(Wright,2001)。

样创作一个有故事的游戏。

在《大金刚》游戏里,既有像漫画似的角色,又有动画片般的复杂故事,"游戏的主角必须克难攻坚,方能从恶作剧的大猩猩手中夺回他的公主"[采访山梨(Miyamamo),引自阿伊达和随机视频聊天,1997:178]。山梨着力于角色的开发,该游戏的主角是一名蓝领建筑工人,他豢养了一只宠物猩猩,还有一个漂亮的女友。这个主角曾是《超级马里奥兄弟》里的"马里奥",这次被重新启用[1],电子游戏也因而变得更复杂、更精巧。作为"大金刚"这类早期游戏的扩展,那种玩家可以假扮某个角色去冒险或寻宝的角色扮演者游戏在日本大为流行。一些角色扮演者游戏所设计的角色就出自漫画和动画片,或两者兼而有之,这表明,绘画的技巧和角色的设计都是直接从漫画或动画片产业那里转移过来的。

电子游戏、卡通和动画片这三种媒体的互相融合带动了其交互式的市场营销。一些经典的动画片被改编成视频游戏,如1999年为台式游戏机(又称街机)开发的《宇宙战舰大和号》,2000年为台式游戏机2开发的《机动战士高达》。经典动画片的引入也使培训计划建立在计算机格式化程序的基础上。这些游戏含有原作的视频芯片,使用相同的配音演员,以便吸引那些曾经观看原版片长大的成年人。这三种媒体形式相结合的最好例子当数《神奇宝贝》。《神奇宝贝》起初是为任天堂的"掌上型电动玩具"开发的电子游戏,1996年首次推出不久,这个角色便在儿童漫画月刊中出现。它引领着潮流,衍生出1997年的电视动画连续剧和随后的两个重量级电影。《神奇宝贝》在一系列媒体中横空出世、相互呼应,支撑了电子游戏市场的成长。

---

[1] 20世纪80年代中期,华纳公司起诉任天堂,称后者的"大金刚"与自己发行的"金刚"相似,侵犯了自己的版权。但任天堂在诉讼中最终胜出,因为华纳从未正式拥有过"金刚"的版权(Sheff and Eddy,1999)。

结论

电子游戏产业的演进轨迹表明,硬件和软件技术之间从原作开始就存在着复杂的互动关系,而最近的发展趋势则显示,在得到卡通和动画片产业的艺术创意的支持下,这种硬件和工程驱动的技术正日益转向以软件为中心。这一转变清晰可见,因为今天的竞合关系已超越了以往的平台之争,进一步扩展到与提供热门游戏标题的软件出版商联手协作的更大范围。日本游戏平台制造商所占据的主导地位也有条件让日本的电子游戏产业和连环漫画杂志及动画片对全球的大众文化施加有力的影响。然而,随着微软进入游戏平台市场,日本工业对硬件的垄断控制权正日趋消亡。电子游戏软件能否依旧保持日本文化的影响力,抑或进入一个以盎格鲁撒克逊文化内容为主的新时代,人们将拭目以待。

鸣谢

本文原作较长,文章题目是"硬件噱头还是文化创新?——日本电子游戏产业的技术、文化和社会影响",刊载于 2003 年出版的《研究政策》第 32 期(3)第 423～444 页。在此,我们感谢"数据库科学"(Elsevier Science)允诺发表本文的部分内容。

参考文献

Aida, Y. and Ohgaki, A. (1997) *Shin Denshi Rikkoku: video geimu kyofu no kobo*, Tokyo: Nihon Hoso Shuppan Kyokai.

Anchordoguy, M. (2000) "Japan's software industry: a failure of institutions?," *Research Policy*, 29: 391–408.

Bendazzi, G. (1994) *Cartoons: One Hundred Years of Cinema Animation*, London: John Libbey.

Benjamin, W. (1936) "The work of art in the age of mechanical reproduction," trans. Zohn, H., *Illuminations*, 1969 edn, New York: Schocken Books.

Bryman, A. (1997) "Animating the pioneer versus late entrant debate: an historical case study," *Journal of Management Studies*, 34: 415–38.

Coase, R. (1937) "The nature of the firm," *Economica*, 4: 386–405.

Clifford, L. (2001) "This game's not over yet: Xbox vs. PlayStation: who cares? The real winners are videogame makers," *Fortune* (9 July): 164.

Computer Entertainment Software Association (CESA) (2000) *CESA Game White Paper*, Tokyo: CESA.

Cottrell, T. (1994) "Fragmented standards and the development of Japan's microcomputer software industry," *Research Policy*, 23: 143–74.

Crosby, O. (2000) "Working so others can play: jobs in video game development," *Occupational Outlook Quarterly*, 44: 3–13.

Dai-X Shuppan (2000) *Entateinmento Gyokai Shushoku 2002: gemu*, Tokyo: Dai-X Shuppan.

Dentsu Soken (1999) *Joho Media Hakusho 1999*, Tokyo: Dentsu.

—— (2001) *Joho Media Hakusho 2001*, Tokyo: Dentsu.

Department for Culture, Media and Sport (1998) *Creative Industries: Mapping Document*, London: Department for Culture, Media and Sport.

Economist, The (1995) "Eclectic: Japanese manga," 16 December: 116–18.

—— (2000) "Play to win: games and the Internet go well together. Survey of E-Entertainment," 7 October: 12–16.

Fujikawa, Y. (1999) "Sofuto kaihatsu o suishin suru dainamizumu no gensen," in Shimaguchi, M., Takeuchi, H., Katahira, H. and Ishii, J. (eds), *Seihin kaihatsu kakushin*, Tokyo: Yuhikaku, 363–87.

Fujita, N. (1999a) "Famicon tojo mae no nihon bideo gemu sangyo," *Keizai Ronso*, 163: 59–76.

—— (1999b) "Famicon kaihatsu to bideo gemu saygo keisei katei no sogoteki kousatsu," *Keizai-Ronso*, 163: 69–86.

Gertler, M. S. and DiGiovanna, S. (1997) "In search of the new social economy: collaborative relations between users and producers of advanced manufacturing technologies," *Environment and Planning A*, 29: 1585–602.

Granovetter, M. (1985) "Economic action and social structure: the problem of embeddedness," *American Journal of Sociology*, 91: 480–510.

Greenfield, P. M. (1984) *Mind and Media: The Effects of Television, Video Games, and Computers*, Cambridge: Harvard University Press.

Grigsby, M. (1998) "Sailormoon: manga (cartoons) and anime (cartoon) superheroine meets Barbie: global entertainment commodity comes to the United States," *Journal of Popular Culture*, 32: 59–80.

Hall, P. (1998) *Cities in Civilization: Culture, Innovation and Urban Order*, London: Weidenfeld & Nicolson.

—— (2000) "Creative cities and economic development," *Urban Studies*, 37 (4): 639–49.

IDSA (Interactive Digital Software Association) (2000) *1999 State of the Industry Report*: http://www.idsa.com.

—— (2001) *Economic Impacts of Video Games*: http://www.idsa.com.

Jenkins, H. (2000) "Art form for the digital age: video games shape our culture. It's time we took them seriously," *Technology Review*, 103: 117–20.

Kawatake, K. and Hara, Y. (1994) "Nihon wo chushin to suru terebi bangumi no ryutsu

jokyo," *Hoso Kenkyu to Chosa* (November): 2–17.
Kinder, M. (1991) *Playing with Power in Movies, Television, and Video Games: From Muppet Babies to Teenage Mutant Ninja Turtles*, Berkeley: University of California Press.
Lent, J. A. (1995) "Cartoons in East Asian countries: a contemporary survey," *Journal of Popular Culture*, 29: 185–98.
Llewelyn-Davies, UCL Bartlett School of Planning and Comedia (1996) *Four World Cities: A Comparative Study of London, Paris, New York and Tokyo*, London: Llewelyn-Davies.
Loftus, G. R. and Loftus, E. F. (1983) *Mind at Play: The Psychology of Video Games*, New York: Basic Books.
Mikuriya, D. (1999) *Gemu yori 100 bai omoshiroi gemu gyokai no nazo*, Tokyo: Eru Shuppansha.
Ministry of Industry, Technology and Economy (METI) (2001a) *Dejitaru kontentsu hakusho 2001*, Tokyo: Dejitaru Kontentsu Kyokai.
—— (2001b) "Joho sabisugyo," *Tokutei sabusu sangyo doutai toukei geppou: heisei 13 nen 2 gatu bun*; available online: <http://www.meti.go.jp/statistics/downloadfiles/hv41200j.xls>
Monopolies and Mergers Commission (1995) *Video Games: A Report on the Supply of Video Games in the U.K.*, London: HMSO.
Nelson, R. R. and Winter, S. G. (1982) *An Evolutionary Theory of Economic Change*, Cambridge, MA: Belknap Press.
Nikkei B. P. (1999) *Anime Bijinesu ga Kawaru*, Tokyo: Nikkei BP.
Oshita, E. (2001) *Enix no hiyaku: Jitsuroku gemu gyokai sengokushi*, Tokyo: Shouin.
Osborn, R. and Hagerdoorn, J. (1997) "The institutionalization and evolutionary dynamics of interorganisational alliances and networks," *Academy of Management Journal*, 40 (2): 261–78.
Piore, M. J. and Sabel, C. F. (1984) *The Second Industrial Divide: Possibilities for Prosperity*, New York: Basic Books.
Pratt, A. C. (1997) "The cultural industries production system: a case study of employment change in Britain, 1984–91," *Environment and Planning A*, 29: 1953–74.
Reinmoeller, P. (1999) "Nihon no kontentsu no kokusaika," in Shimaguchi, M., Takeuchi, H., Katahira, H. and Ishii, J. (eds), *Seihin kaihatsu kakushin*, Tokyo: Yuhikaku, 388–414.
Schrodt, F. L. (1983) *Manga! Manga! The World of Japanese Cartoons*, Tokyo: Kodansha International.
Scott, A. J. (1997) "The cultural economy of cities," *International Journal of Urban and Regional Research*, 21: 323–39.
—— (1998) "Multimedia and digital visual effects: an emerging local labor market," *Monthly Labor Review* (March): 30–8.
Sheff, D. and Eddy, A. (1999) *Game Over: press start to continue*, New York: Vintage Books.
Shintaku, J. (2000) "Gemu sofuto kaihatsu ni okeru kaihatsusha manejimento to kigyo seika ni kansuru kenkyu," September; available online: <http://www.e.u-tokyo.ac.jp/~shintaku/TVGAME/index_j.html>
Shintaku, J. and Ikuine, F. (1999) "Katei-yo gemu sofuto ni okeru kaihatsu senryaku no hikaku: kaihatsusha kakaekomi senryaku to gaibu seisakusha katsuyo senryaku," ITME Discussion Paper No. 22, University of Tokyo, March.

—— (2001) "Amerika ni okeru katei-yo gemu sofuto no shijo to kigyo senryaku: genjo hokoku to nichibei hikaku," ITME Discussion Paper No. 47, University of Tokyo, March.

Sunagawa, K. (1998) "Nihon gemu sangyo ni miru kigyosha katsudo no keiki to gijutsu senryaku: Sega to Namco ni okeru sofutouea kaihatsu soshiki no keisei," *Keieishigaku*, 32: 1–27.

Takano, M. (1994/1995) "Famikon kaihatsu monogatari," *Nikkei Electronics*, various issues.

Takeda, T. (1999) *Nintendo no Hosoku, Digital Entertainment 2001*, Tokyo: Zest.

Tanaka, T. and Shintaku, J. (2001) "Gemu sofuto sangyo ni okeru kigyo soshiki to seika: Kakaekomi-gata to gaibukatsuyo-gata no hikaku," ITME Discussion Paper No. 85, University of Tokyo, July.

Ueda, S. (1998) *Yokuwakaru Gemu Gyokai*, Tokyo: Nippon Jitsugyo Shuppansha.

United States Congress (1994) *Violence in Video Games*, Hearing before the Subcommittee on Telecommunications and Finance of the Committee on Energy and Commerce, House of Representatives, One Hundred Third Congress, Washington, DC: U.S. GPO.

von Hippel, E. A. (1988) *The Sources of Innovation*, New York: Oxford University Press.

Williamson, O. E. (1975) *Markets and Hierarchies: Analysis and Antitrust Implications*, New York: Free Press.

Wolf, M. J. P. (2000) *Abstracting Reality*, Lanham: University Press of America.

Wright, B. W. (2001) *Comic Book Nation: The Transformation of Youth Culture in America*, Baltimore and London: Johns Hopkins University Press.

Yanagawa, N. and Kuwayama, N. (2000) "Kateiyo bideo gemu sangyo no keizai bunseki: atarashii kigyo ketsugo no shiten," ITME Discussion Paper No. 45. University of Tokyo.

第八章 伦敦微小型创意企业的生存之道

安吉拉·麦克罗比(Angela McRobbie)

在伦敦不断增长的文化产业中,微小型创意企业是如何生存和发展的呢?这一章提供了一个研究的框架结构,包括六个短节,涵盖了今后这一研究领域里的主要问题,并做了简要的评论。本章还选取了位于伦敦东部和东南部的两个"艺术"产业集群的案例进行分析,分别展示了其不同的时空方面的驱动力,以便全面理解和诠释伦敦这个国际都市的宏观层面与企业运作的微观层面的互动作用。然而,聚焦于伦敦也不无问题。随着近10年来社会科学和文化研究对"新文化产业"的兴趣与日俱增,这座城市太过于引人注目。人们开始注意到,将伦敦这类西方世界的国际大都市作为"新文化产业"运作空间的典范、网络社会的化身和文化创新的地点,可能是存在问题的。我们如何理解这些国际都市的特殊性质和"脱域"漂移状态(Giddens,1991)?为伦敦专门设计的特殊政策会有什么样的地位?索加(Soja)已经提到了"伦敦式近视",即对伦敦的过度关切可能是以舍弃关注更多的普通城市(如利兹或利物浦)为代价的(Soja,2002)。政府如何为伦敦这个国际都市"量身定制"政策以获取回报,这个问题显然十分复杂,但检视伦敦的"特殊"环境,倒也可以一窥新文化经济的实际运行机制。英国政府现在对新文化经济的长久成功寄予厚望,过去5年里,在其发布的众多文件、白皮书、绿皮书、报告和小册子中,这样的宣示比比皆是。有鉴于此,伦敦创意产业的劳动力市场的实际运行,各种创意产业的谋生之路,都是值得人们回顾和检讨的。

大伦敦议会最近发表的一份有关伦敦创意产业的文件,对上述问题提供了一些有用的信息(《大伦敦议会经济会刊》,2003)。首先,1995~2000年,全市文化产业在这5年里一直在大幅增长,该产业已跃居伦敦的第三大产业,拥有近50万劳动力。首都创意产业的巨大规模和主导地位令人印象深刻,在全国其他地区纷纷裁员的情况下,伦敦却创造了110 200个新的工作岗位,其东南部还有86 000人就业。该文件关于"增长叙事"的平实风格更能说明问题,例如,除了广播电视公司,文化产业企业的平均雇员数目少于25人,大多是非常小的企业。又如,伦敦劳动人口的25%都没有资历证书,而创意产业的劳动者41%是"专业"人士,31%拥有大学学历。加上开小店铺的资深业者,赋予当地文化产业鲜明的独特性。这一切,对文科毕业生和"年轻的创意人士"非常有吸引力。作为整个英国媒体和通信产业(包括报刊、电视电影、时尚和音乐)的中心,伦敦的优势相当突出,而且,它还有"历史特征、产业集群和区位优势",这意味着,如果没有一大批小规模的创业创意活动活跃在大机构和大企业的周围,反倒是令人奇怪的(Scott,2000)。

从文化劳动者的角度来考察伦敦的文化产业,人们将会看到那些十分重要却又被人忽视的问题。也许卡斯特(Castells,2002)说得对,在没有任何组织支持或代表的情况下,文化劳动者正变得"越来越孤立无援"。我们可能想知道,在不断扩张的文化产业里,人们如何做创意"项目"?采取何种工作方法?有何独特的"工作文化"(Sassen,2002)?现有的文献侧重于研究创意劳动的过程和组织,而很少关注创意活动的时空问题(如Negus,1996;McRobbie,1998,Patterson,2001;Nixon,2003)。实际上,几乎无人知晓整个小型创意企业网络是怎样形成的。精英论坛已经探讨过一些重要问题,如文化产业如何吸引人们进入创意领域,对现有的创意社区会产生什么影响(Zukin,

1988),笔者将另辟蹊径,不仅会关注创意工作者日常的工作状况和谋生方式,更会关注广大社区和房地产公司因艺术家入驻而带来的利润空间成倍扩展的后果。

只有将创意活动实践和地理空间意识联结起来考察,并实地参观和当面采访一定数量的业内人士,才能知晓创意人士如何在"流动的时空"中流经首都的机构、公司和社区,也才能理解伦敦怎样透过这种人员流转而变得愈加开放并达到转型。这种流动性主要是指特定的文化劳动力,而不仅仅是资本(Castells,1996)。即便按照跨国流动性的含义来形容这支文化游牧部落也无妨。伦敦的外来文化劳动者如何与自己的原居住地进行联系?其他地方是否也有类似伦敦这样的工作环境?他们所居住的社区或场所,有可能同时发生"去地方化"和"当地亚文化的再地方化"之类的变迁吗(Sassen,2000,2002)?许多文化工作者驻足于伦敦,但不一定为英国市场进行创意创作,他们的客户可能来自世界上的其他任何地方。在实践中,他们可能会先利用伦敦习得更多的技能和专业知识,然后再决定是否移入这座城市。这些人对伦敦的临时性或过渡性依附究竟到了何种程度?创意劳动力进入壁垒和移出首都又意味着什么?所有这些问题萦绕心头,费人思量。但可以预计,在不久的将来,由于工作和合同越来越临时性和国际化,伦敦小型创意企业的文化劳动力的工作时间会更加"短暂",流动性会更强,从事创意工作的自由职业者将会发现自己更像流浪者那样漂泊不定。伦敦成为一个密集开展文化活动的临时站点,既要为新来者进行大量的投资(按生活成本计算),又为其提供其他地方难以学到的宝贵经验和技能。随着时间的推移,从事小规模自由职业的文化劳动力会愈加碎片化和分散化,而更多满怀希望的新人又会来到这里,反过来这又表明,根据创意"项目"持续时间的长短,网络将会更为迅速地形成或瓦解。对社区空间的依附程度将会逐步减弱,文化经济加速"去地方化"的内在逻辑不可违逆。

苦乐观

一方面,伦敦、纽约和巴黎等国际大都市积极寻求文化产业发展的空间和路径,另一方面,这些城市近年来大幅修订就业政策,压缩公营部门和发展服务业、新媒体和文化企业,大量的研究文献都在集中探讨这两者的关系(Sassen,1991;Scott,2000)。一时间,创意文化工作为万众所瞩目,但这种工作的痛苦和快乐却常常被人忽视(McRobbie,2002)。与一般的工作或就业相比,创意劳动者的社会影响力比较大,但其遭受的不安全、不稳定甚至失败的苦痛也更大。创意工作者自称是在做"快乐的工作",其实是执迷于做"自己的工作",因为这种工作有可能最大限度地表现自我。这似乎是一个令人信服的理由(也是一种约束机制),为此,他们不惜忍受种种不确定性和自我剥削,纵然无利可图,也要坚守创意产业,而不是一古脑儿放弃它(McRobbie,1998)。对此,学术界有一种最新的认识:在后工业化社会,工作提供了一种内在的奖励机制,不仅"常规工作"可以实现自我,而且,"非物质劳动"概念更是打破了横亘于工作和娱乐之间的界限(Lazzarato,1996)。当然,这种提法也有明显的问题,尤其是工作和娱乐的混淆在实践中真的会牺牲掉个人的娱乐时间。如托拉诺瓦(Terranova)所言,为了构建一个极富想象力的网站,有人愿意通宵达旦地忘我工作,因为有付出就有回报,这样做可以满足自我表现的欲望(Terranova,2000;Ross,2003)。需要进一步思考的问题还有:过分强调文化人才和文化工作的独特性与创意性,是否贬低了资质相同的人们所从事的其他工作(如教学或出版工作)? 这是否在某种意义上孤立了那些试图在知识经济中谋生的人们,并使之进一步个体化? 随着创意工作者的人数不断膨胀,他们自行组建的"社团""工会"前景如何? 他们会联手应对共同的挑战,即长久存在的精神和躯体疾病、零星的收入与丧失信心之类的痛苦吗？

综观文化产业的各个领域，从平面设计师、新媒体工作者、自雇艺术家的管理者和策展人、时装设计师、造型师以及许多其他的创意人士，压根儿就没有一个劳工组织存在。在日渐扩展的文化劳动力市场上，非工会的男女演员（舞台、电影和电视剧）、电视工作者或新闻工作者都是群龙无首，只剩下艺术家我行我素的波希米亚情结和商业艺术总监的钻营精神的混合体。寥寥三两人组成的小型独立公司与非工会的、打临时工的自由职业者，俨然成了文化生产的主要代表。近年来，随着无工作合同的自由职业者成倍增长，电视和报刊印刷行业不再只雇用工会会员，大公司实行瘦身精简，大批新人涌入文化劳动力市场，致使传统的工会组织变得无关紧要，或干脆被绕过。劳资关系甚少包括雇主和雇员之间的标准合同。权力的层面也变得更加不固定和不透明。如同帕特森（Patterson）描述的那样，在电视行业，一边是手握大权的责任编辑，另一边则是一帮散兵游勇，后者未来的生计全凭自己的名声和快速进入网络的能力（Patterson, 2001）。在这种工作中，权力关系发生了位移，不再表现为管理者和员工队伍的对立关系，在工会代表缺位的情况下，劳动者只能间接地感受到隐含的权力效应（Bauman, 2000）。不公平、不公正和舞弊渎职的现象随处可见，这几乎是常态，却又难以求证。人们不时地借助社交网络（酒吧、俱乐部等）互通职场信息，但单身母亲或缺乏社会资本（无大学学位）的人就很难参与，甚至被拒之门外（McRobbie, 2003）。于是，新的进入障碍取代了只雇用工会会员的旧式壁垒。这种情况的产生有一个很重要的原因，即现今的文化劳动在很大程度上是自发组织的创业活动，（兼职）就业法只能局部地或短暂地适用之。

流动的时空

随着社交网络形成自己的神秘、瞬变而又亲和的聚会场所，文化产业公司的固定职位便让位于灵活流动和漂泊不定的工作机会。在俱乐部、酒吧里聚会,是以亲身参与和人际交流为前提的。寻找文化工作机会的外来者往往拥有多层次的亚文化资本(subcultural capital),可以引导人们去找一份工作或一个项目(Thornton,1996)。面对如此高度的不确定性,文化工作者必须始终处于"战备状态",随时准备承接下一个更大或更好的合同或项目(Lash and Urry,1994)。如同帕特森(Patterson)所言,在电视行业里,一份工作的起始,便是谋划下一份工作的开端。如果眼下这份工作只是寻找下一份工作的临时栖身之处,那么,这两份工作的交互交替必然会显现出某些张力。对手头工作半心半意也意味着缺乏韧性和耐力,使工作、工作场所和生活失去意义(Sennett,1998)。工作场所也带来了某种空间的不确定性,如轮用办公桌,或临时办公室,甚至是本地的咖啡吧,总给人以无常和不安全的感觉,缺乏长远的稳定性或安全性。还有就是没有一席之地,没有固定规则,没有可靠路径。不难推测,按照文化活动赖以发生的这种时空关系与非结构化和个性化的工作文化,各种新形式的集团关系、隶属关系或伙伴关系,以及非标准化、非契约型的依存和义务关系都有可能出现。

维特尔(Wittel)将社交网络定义为一种社会性的结合方式,它是"基于个人的,深深根植于技术的;它是信息化的,短暂而又密集,其特点是工作与娱乐的同化"(Wittel,2001:71)。但他也指出,很少有人对这种脆弱、浅显的信息交流进行人类学的观察研究。在这里,我想谈谈一项正在进行中的工作,它就在我自己工作的地方——戈德史密斯学院(Goldsmiths College),它正是这样一个网络枢纽。该学院的网络"枢纽"地位部分源自于其培养视觉艺术家的历史声誉。它位于一个失去经济动能的、低学历和低技能人口密集的地区,这意味着该贫困地区可以为这类网络的应运而生提供广阔的土壤和环境。可以说,这与其他位于富足地区或繁忙城市中心的艺术院校形成了鲜明的对照。该学院也是一批"激进的"专家学者之家,他们的研究范围涵盖了文化与媒体研究、人类学、艺术史、社会学和城市研究。只要举办研讨会、展览会和其他活动,形形色色的城市活动家、青年和社区工作者以及政府部门的艺术管理人员就会走进学院的走廊和会议室,这本身就生成了一个有活力的枢纽。

下面两个案例的研究对象均来自艺术世界。所涉及人士或团体大多是主动前来联系的,其余的人或者是出席会议或活动,或者参加了一些与学院间接有关的社会活动。这些主动参与者和问卷调查回应者以准网络的形式存在。有些独立制片人也意识到,学术机构及其"专家"与文化企业家之间的互动互联还有潜力可挖。学者邂逅这些人,听取其"社会性叙事",或许能够在一定程度上反映出创意工作的持久性和安全性问题(Sennett,1998)。两个案例研究只是一小部分问卷调查回应者的情况。① 参与项目的受访者都不是戈德史密斯学院招收的学生,他们与学院只有曾"流动"过此地的间接关系。自我提交问卷报告要优于使用志愿者的方式,它本身就是网络分析的一大特征。例如,它能显示人们是如何从出击、投标到深夜建网争取合约的商业前沿,找到学术机构这样的公共部门避风港的。在学院的范围内,知识、专业技能、"理论"和信息的流动比较开放,且价格低廉,也较少受到创意世界因防止屡见不鲜的"思想盗窃"而施加的种种限制。作为公共资助的机构,高校一向不乏合作精神。近年来,高校对家门口雨后春笋般生长起来的小型艺术企业(或孵化企业)产生了浓厚的兴趣。我个人的做法是直接找文化企业家面谈,看看他们是否敏于自我反省,在社会学家和文化理论家的面前,这些企业家也觉得有必要回顾和检视自己的实践经验。我们运用流动的时空观指引下的开放方式,集中研究各类活动的交集点,这是很有用的,这些活动、邂逅和行为举

---

① 到2003年8月,这个调研项目获得的资料包括:20个深度访谈,对相关活动的观察分析,联系人和受访者通过电子邮件发来的大量宣传材料,"集结号"画展受访者通过电子邮件发来的调查问卷结果,以及"网络枢纽"即戈德史密斯学院举办的会议和研讨会的资料。

措往往发生在学院之外数百公里的地方。

"集结号"

2000年10月5日至31日,在伦敦东区两个行将拆迁的老校舍里,174位艺术家一起展出了他们的作品。在大卫·鲍伊(www.bow-ieart.com)和其他人的赞助下,戈德史密斯学院、皇家艺术学院与切尔西学院的毕业生,接手了废弃的校舍,以"集结号"为主题举办了一场画展,得到了不少媒体的关注和好评。展品目录中列出了所有作者的名单,每个人附有一个电话号码、地址或电子邮箱(有些人三者皆有)。2001年7月和8月,第一批电子邮件发出,意图是先了解一下艺术家们是否愿意参加电子邮件形式的交流活动(给定的主题是"一个视觉艺术家的谋生之道")。在发向137个电子邮箱的电子邮件中,有15人没有回复,居住在英国以外地方的25人予以婉拒,最后只有41人同意参加,并在8周内返还了问卷。这次调查工作分为三个阶段:首先是问卷调查,随后要求受访者写电邮日记,最后是参观其工作室,并进行一次深度采访和讨论。30份问卷全部完成并返还,但其余11份问卷并未答全(只回答了少数问题,因而作废)。总共收到了7份电邮日记,项目期间仅参观了3个工作室。

这一小型研究项目提供了考察伦敦年轻艺术家日常工作和经济状况的宝贵机会。大多数人的年龄在25~36岁,但有一个医生改行的艺术家已经44岁,另有两人39岁。30名受访者中,男女人数相等,他们来自不同的国度,其中有一名波兰人,一名波斯尼亚人,一名哥伦比亚人,两名法国人,一名美国人,一名德国人,一名奥地利人,两名丹麦人,一名南非人和一名瑞士人,其余都是英国人。大多数人在伦敦东区生活和工作,只有5人在刘易舍姆区,极少数人住在偏远的伦敦郊区,但他们一般都有一间位于伦敦东区的工作室。最常见的邮政编码为 E1、E3 和 E11。几乎所有的人都住在合租的公寓里,每月的租金约为 300 英镑。一半以上的工作室平均月租为 100 英镑,最便宜的仅 60 英镑,少数人租用昂贵工作室,月租高达 200 英镑。至于那些租不起工作室的人,就只能待在家里工作了。这些都是高素质的年轻人,拥有三个学位的不在少数。问卷调查显示,他们的专业水平非常之高。从事艺术工作是其优先的选择,但须借助多种兼职工作来资助。许多受访者在同一时间至少打两份工,以支持他们喜爱的"自己的工作。"从各方面收集到的资料(包括日记)来看,经常出现的主题如下:

● 三个艺术院校提供了一个联络网点,将大家汇聚起来举办了一个"一次性项目"的展览。从获取场地、赞助和宣传的角度来看,这个展览的规模、雄心和计划都有独到之处。新闻报导的正面评论为个人简历和代表作品集增添了丰富的素材,但这个联系网络仅仅是为了展出活动才存在的。

● 受访者的国籍构成也很引人注目,大部分非英国籍人士在其职业生涯中只是"飘过"伦敦而已,他们在展览结束后便去其他地方生活了 8 个月之久。[①] 但是,那些对研究项目回应最迅捷的人(尤其是一直坚持写日记的人)依然还留在伦敦,他们在伦敦东区租有工作室或居住,还向随后举办的所有画展发送大量的电子邮件和作品截屏图,坚持自我提交和呈现的做法。从艺术家的视角来看,这类研究项目是互惠的,他们乐意与学者保持联系,因为这些学者日后也可能成为评论家,或为画册撰写短文。与戈德史密斯学院这类机构保持接触(对许多艺术和媒体从业者来说,在该学院担任兼职教师还能获得一份稳定的收入),显示"网络情感",并将"保持联系"这种特许当作一种投资策略,网络就是这样通过一个承载着"学术"而非"商业"价值的

[①] 很难确切地知道 174 位艺术家中暂住伦敦的人数及其回流和流出的流动率。25 位艺术家(主要来自东南亚)的电子邮件表明,他们已经返回原籍国,因而无法参与调研项目。

电子邮箱在现实生活中发挥作用的。

● 受访者特别提到了在伦敦流动的时空内的谋生之道。尤其是伦敦东南区,当地的和跨地区的流动性极高。他们虽然云集在伦敦东区,租用那里的工作室和公寓,但他们对"社区"或"邻里"并没有特别的依恋,也没有为该区域相关的社会或公共服务做过有偿工作。

● 受访者的生活和工作相当狂热,每人都从黎明工作到黄昏,一周七天不休息。他们每天都会穿越伦敦纵横交错的街区,去干有薪工作,也做艺术工作。他们都没要孩子,虽然有的人已有异性朋友。享受家庭生活或休闲娱乐的时间比较少,唯一可以放松的时间是做饭,与朋友或合作伙伴吃饭,或去影院看电影(这也与工作相关)。排得满满当当的时间表摧毁了波西米亚自由不羁的生活方式的混沌理想——所谓的"职业艺术家"。

● 艺术工作需要巨大的投入,但财务回报甚微。去年,皇家艺术学院曾有学生售出了作品(该学院以教授经商技能和绘画雕塑而著称,绘画、雕塑皆可出售,不像拍片或安装工作)。售出作品的艺术家数目极少,价格很低,连1 000英镑都赚不到,唯一的例外是戈登·张(Gordon Cheung),他从销售或租赁雕塑作品中挣了1万英镑。艺术家们花费了大量时间去申请补助,与艺术顾问一起参加研讨会,希望能找到一些支持其工作和支付工作室费用的办法,而与此同时,他们还肩负着大量的学生贷款和商业贷款,还要支付信用卡账单。为了生计,他们不得不去干各式各样的活儿,占用了他们大量的时间,结果,往往只能挤出白天或晚上的零星时间来搞艺术创作。一位女性艺术家在日记中写道,她实在是太累了,当最终得到她的工作室的那个星期天下午,一倒头就睡着了。另一位妇女一周教20小时的健美操,另一位用同样多的时间在英语班教课,还有一位在泰特现代美术馆的书店一周工作 30 小时。有一位受访者在"集结号"画展中是个重要的组织者，她追逐佣金，申请资助，一周的兼职工作竟然占了 42 小时。

归纳起来，有三种不同的支持艺术创作的谋生方式。到目前为止，最受欢迎的是主流艺术学院的教学工作，因为它能带来人脉关系、技术装备和图书馆丰富的馆藏资料。然而，这份工作备受追捧，往往求之不得。其次，是与艺术相关的工作，它也有一些优势，如关系网络、技术装备和进入画廊的机会，还能获得其他各种自由职业的工作，如艺术品搬运工（开着面包车穿街走巷运送艺术作品，"可以接触到各种人"）、商品陈列设计师（橱窗装饰、排列）、平面设计师、助理摄影师、商业摄影师、唱片制作人和策展人（"我与其他事业有成的艺术家接触，但对我的艺术职业生涯没什么帮助"）。最后，则是与艺术无关的工作，包括清洁工作、教学翻译工作（健美操、英语班、成人教育学院）、市场营销和公关、销售助理、餐厅领班，还有"临时工"。干这类工作意味着某种现实主义态度，因为单靠艺术工作无法自立，而申请不到补助的话，生活便无以为继，"其他有偿工作"则可以提供财务来源，支持彰显身份和自我价值的艺术工作。有些小说家也采用相似的文化生产模式，白天是助理编辑或校对员，晚上写自己的小说。那些不敢放弃"正职工作"的演员也是如此。艺术家之所以用次要的兼职工作来支撑心仪的艺术工作，是寄望于自己的艺术作品总有一天能获得成功，或期盼自己也能得到一份不错的教学工作，而无须再干太多的其他工作。

试问，伦敦创意产业的文化生产模式有哪些特色呢？它不仅有多元文化生产的能力，有频繁进出首都的跨国流动艺术家，而且还有网络情感、有效人脉和保持联系的诀窍，以及不断更新的文化领域的专业知识和技能。而作为一名伦敦艺术家，要不断学习新的艺术和文化理论，时常观看电影和参加展览，还要做"研究"工作，制定规划和自我宣传，凡此种种，都是艺术家必须严肃对待和认真处理的业务活动。

伦敦为寻找一份保持艺术身份的工作提供了可能性，戈德史密斯学院成了艺术家们的网络枢纽，而伦敦东区则是众多艺术工作室和展览会集中的场所。鲜有时间过家庭生活，生活空间受限于经济承受能力，流动速度加快也使艺术家对社区邻里少了一份依恋之情，面对着重重困难，艺术家们仍保持着高度的乐观精神、单一的生活宗旨和献身于艺术的自我认同感。罗斯曾对"自我的企业家"现象做过这样的解释："人要成为自己的企业家，如同过去那样，他们总是通过对可供选择的现实生活方式进行抉择来塑造自己的生活的"（Rose，1999：87），我们的受访者身体力行地实践了这一点。

海尔斯画廊："这个地方对我们很重要"

海尔斯画廊（Hales Gallery）位于伦敦的德特福德大街。据该画廊的经理保罗·赫奇斯（Paul Hedges）介绍，有一次，他受一名同事的邀请，去参加一个午餐会讨论，大约10个人出席，那次午餐会提出了一项建立本地艺术综合体的新计划。由于赫奇斯本人对该地区相当熟悉，也知道社区里开展的各种艺术活动，他自然是这个研究项目的理想候选人。他的画廊离戈德史密斯学院约有30分钟的步行路程，隐藏在该地区仅有的一片温馨诱人的餐饮区里。餐饮区混合了中产阶级和波希米亚生活方式的风格，倒也蛮配当地居民的胃口。该画廊位于地下室，沿着花园延伸出去，在当地教堂还设了一个大仓库。在赫奇斯的引导下，我们参观了画廊，仔细察看了展厅和仓库的画作。与艺术品经销商的"有钱人"形象迥然而异的是，赫奇斯对自己的工作抱有强烈的社会投资意识。他1983年毕业于艺术学院，从小就生活在这个地区，始终不减工薪阶层本色，对邻里街坊诚信有加。他坦承："如果没有金钱资助，在艺术界又无人脉，工薪阶层会面临重重障碍，这至今仍然是一个巨大的问题。"由于与最有创意的艺术家们胼手砥足,常年相处,他的职业生涯已经与艺术世界难分难舍。但他特别说明,他是一个有社会良知的工薪阶层人士,与当地教会保持着密切的关系,他以自己的方式跨越了公然"傲慢"(如他所言)的伦敦艺术界。

赫奇斯还在大学就读时,就曾在自己的学生宿舍里策划举办画展。他当过九年邮递员,为的是下午休息时能抽空做自己的工作。后来这也行不通了。这时,他发现德特福德大街上有一处教堂里废弃的房屋,他本来就热心参与这个教会的活动,于是,他与教会达成协议,并在朋友的帮助下重新装修了这间房屋,把它打开做成了一间咖啡馆。他参与过教会的青少年项目和药物康复计划,摸清了社区参与项目立项的门道。他向贸易和工业部提交了一份针对艺术家的"业务培训项目"计划书,总共筹集到近 85 000 英镑的资助款。他的画廊就开在咖啡馆的后面,头六年,他亲自在咖啡馆里烹饪:"我早晨 5:00 起床开始做三明治,一直干到下午 15:00,然后走出厨房,为画廊做文书工作。"直到另一名音乐学院的毕业生接管了烹饪,赫奇斯和他的生意伙伴才能将他们的所有时间用在画廊经营上。

海尔斯画廊的第一个画展是为杰克和迪诺斯·查普曼举办的,他们也是第一批展出迈克·尼尔森作品的画廊之一。赫奇斯说,"我们传布福音,我相信社会包容",对于普通人,画廊也从不推诿。尽管有很大的压力让他的画廊迁往伦敦西区(著名经销商都在西区开设自己的画廊),但赫奇斯坚持认为,"这个地方对我们很重要"。拥有 15 位艺术家(其中有些人的知名度很高)的海尔斯画廊,现在是伦敦东南区的一座里程碑。不过,年轻一代的大学生对赫奇斯也有非议。赫奇斯声称,他的画廊不想跟这些大学生合作,他坚信"自己动手"的精神:"他们(大学生)以为走出艺术学院的校门就会有一份工作,卖一幅画就能赚上 4 000~5 000 英镑。他们还认为,经营艺术画廊的人大多是骗子,会抢走他们的钱。"现在,赫奇斯每周的工作包括与艺术家进行接触,参观世界各地的艺术博览会,管理咖啡馆,偶尔做一点教学工作,并且还参与刘易舍姆区各种创意企业的活动。一个艺术学院的毕业生,从带有"自己动手"气质的工薪阶层人士(也可能是朋克),到教会参与活动的积极分子,再到一个忙碌奔波的艺术界玩家,他在流动的时空中始终保持着定力和忠诚度。因此,他就是萨森(Sassen)所讲的"本地亚文化的再地方化"的实际参与者。对于戈德史密斯学院这个网络枢纽,赫奇斯仍嫌其创业精神不足:"学校不知道我们这儿发生的事,大批的人从学校那边过来,至今还住在这一带,他们把我们的小咖啡馆当作一个非正式的网络中心,他们都是戈德史密斯学院以前的学生。"

"卖画的钱很少,没有回扣,没有签约画廊,没有经销商。"对问卷调查的电子邮件回应

这种类似于"生活传记"的资料表明,创业模式是如何在艺术职业生涯中占据主导地位的(Beck,1992)。无论是赫奇斯还是"集结号"的艺术家,他们都非常自立。但是,自组织仍要与艺术导向的网络相连通,这就需要一个接触点,例如,在公立艺术院校担任教学工作,或者像赫奇斯那样与当地政府和社区紧密接触,以争取获得资助的机会。这些人期盼获得多份兼职工作,并在城市圈里高速迁移。很少有人提及英国的其他地方是否也如此,但在伦敦,这种漂移或"脱域"的状态是确实存在的(Giddens,1991)。受访者们严格自律,勤奋工作,总在不断地鞭策和监测自己,评估自己同时运作的诸个项目有无进展。这种自我反思也是问卷调查、日记和访谈进程的一部分。还有一些微小型企业,它们需要投入大量的时间、精神和体力,还要牺牲休闲时间与个人和家庭生活。赫奇斯自诩为成功者,而"集结号"的所有受访者依旧是一副"奋斗的艺术家"的传统形象。幸运的是,伦敦不断扩展的宏观经济、公共机构、私营部门和服务部门,至少为年轻的艺术家提供了其他形式兼职工作的机会,从而可以资助他们"自己的工作"。赫奇

斯仅凭工薪阶层和社区草根的身份，就打造出属于自己的一片艺术世界天地，这跟他抓住了当地环境可能给予的一切机会和网络有关，当然，也离不开他度过大学时代的戈德史密斯学院，这是一所以鼓励工薪阶层出身的学生而闻名遐迩的大学。

伦敦这个国际都市的劳动力市场，为微小型艺术企业及艺术相关的活动提供了安身立足之地，其明显特征是低（或无）资本回报，但会产生高文化资本（Bourdieu，1984，1993）。在日益扩展的创意劳动力市场上，这种文化资本不仅是一种可供交换的价值，而且提升了参与者的业内地位，对他们不安定的生活和投资费用有所补偿。但人们不禁会叩问，我们是否希望在其他类似的城市中心找到这种新出现的模式？人们还会追问，长此以往，这样一大批艺术家及其共事者或支持者会有什么样的结局？"创意刘易舍姆"的研究表明，该地区已有500多家艺术或创意企业，但近期发展情况不详。假如这些创意企业能持续发展下去，且时间长度超过人生的工作时间，那么，其重要特征会有多大的风险性和不确定性（Landry，2001）。这些灵活性极强的企业可以因应任何变数而发生变异、转型和发展。这里不存在什么固定的模式，只有"不断变迁"的路径。

由于人们很难凭借权力关系找到工作，不妨想象，这些受访者都是通过自我调节机制而顽强生存下来的人。他们在物质层面被人谆谆劝导，同时，他们也总是这样劝勉自己——干吧，好好干，找对说话的人，坚持就是胜利。面对激励自己、保持联系、努力工作、对个人成功负责和自我管理诸多其他日常事务的种种要求，受访者只能无休止地自律、自我评估和自我促销，独自承受所有的失望和委屈，这就令人质疑：难道权力必然会与这些折磨人的做法捆绑在一起吗？对当年参加"集结号"画展的艺术家来说，这一切已然排挤了其他的发展可能性，实际上也否定了他们原先持有的庞大雄浑的信念，这些信念与他们现在自行发明的新自由主义观念是南辕北辙的。以往吸引艺术家接近边缘化或弱势群体的激进、协同的做法早已随风逝去,艺术家社区曾经倡导过的行动措施也付之厥如,我们在艺术问卷调查中已经找不到任何与社会工作、与儿童、精神病人或老人工作相关的痕迹。他们已经与"社区"擦肩而过,错位断绝。即使是兼有社会和文化精神的赫奇斯(一个不寻常的组合),那也是早些年(即 20 世纪 80 年代)的产物,他的画廊最终还是被迫搬出低收入的德特福德地区而进入伦敦西区的心脏地带。

作为这一章的结语,我还要说几句话。所有这些参与者可以被视为"个性文化的新主体",他们是自律和自我管理的,十分明白自己要对职业生涯和人生道路的选择完全负责,他们也享有这种自由,宁可承担多项兼职或项目,也不考虑做普通工作(即使它更有利可图),或在与艺术相关的领域里稳定就业(如担任中学美术教师)。除了艺术家渴望成才这样一种期盼,伦敦可以说为他们提供了一个城市网络所有的可能性,但是,这座国际大都市正以令人诧异的方式耗尽着艺术家们的生命和活力,这绝对是去社会化的,因为它采用的是新自由主义的方式。或许,我们可以改换一种方式,即坚决整顿和介入国际大都市的近邻社区,包括"再地方化",不过,随着艺术经济的加速成长,这一做法越来越遭到排斥而变得不可能。于是,伦敦衍变成一个不适合艺术家生存的地方,它只是提供了一个接触聚会、举办活动和所谓的"可能性"的虚幻背景。艺术家们与这座城市的关系是脆弱的,甚至短暂的,他们仿佛是临时性的合同工。可以预计,在不久的将来,随着跨国文化经济的发展,伦敦依旧是创意交易和网络机遇的一个集中地,但它会渐渐变成更贫困、更乏味的地方,这是因为,越来越游牧化的文化劳动力将这座城市当作一个"临时""路过"的工作场所,而它无法提供目前定居伦敦所必需的收入。反过来,这也意味着,如果政府不做部分政策调整的话,那么,对一个可持续发展的城市创意产业寄予厚望是要落空的。为了创意经济的未来,人们有必要重新审视现有的创业模式的价值。①

参考文献

Bauman, Z. (2000) *Liquid Modernity*, Cambridge: Polity Press.
Beck, U. (1992) *Risk Society*, London: Sage.
Castells, M. (1996) *The Rise of the Network Society*, Oxford: Blackwell.
—— (2002) "An Introduction to the Information Age," in G. Bridge and S. Watson (eds) *The City Reader*, Oxford: Oxford University Press.
Giddens, A. (1991) *Modernity and Self Identity*, Cambridge: Polity Press.
GLA Economics (2003) *Creativity: London's Core Business*; available online: <www.london.gov.uk>
Landry, C. (2001) *Creative Lewisham*; available online: <www.lewisham.gov.uk>
Lash, S. and Urry, J. (1994) *The Economies of Signs and Space*, London: Sage.
Lazzarato, M. (1996) "Immaterial Labor," in S. Makdisi, C. Casarino and R. Karl (eds) *Marxism Beyond Marxism*, London: Routledge.
McRobbie, A. (1998) *British Fashion Design*, London: Routledge.
—— (2002) "From Holloway to Hollywood: Happiness at Work in the New Cultural Economy," in P. Du Gay and M. Pryke (eds) *Cultural Economy*, London: Sage.
—— (2003) "Club to Company," *Cultural Studies: Special Issue on "Who Needs Cultural Intermediaries?,"* 16: 516–31.
Negus, K. (1996) *Producing Pop*, London: Edward Arnold.
Nixon, S. (2003) *Advertising Cultures*, London: Sage.
Patterson, R. (2001) "Work Histories in Television," *Media, Culture and Society*, 23: 495–520.
Rose, N. (1999) *Powers of Freedom*, Cambridge: Cambridge University Press.
Ross, A. (2003) *No Collar*, New York Basic Books.
Sassen, S. (1991) *The Global City*, Princeton, NJ: Princeton University Press.
—— (2000) "New Frontiers Facing Urban Sociology at the Millennium," *British Journal of Sociology*, 51: 143–159.
—— (2002) "Extract from 'Globalisation and its Discontents'," in G. Bridge and S. Watson (eds) *The City Reader*, Oxford: Oxford University Press.
Sennett, R. (1998) *The Corrosion of Character*, New York: Norton.
Scott, A. J. (2000) *The Cultural Economy of Cities*, London: Sage.
Soja, E. (2002) "Six Discourses on the Postmetropolis," in G. Bridge and S. Watson (eds) *The City Reader*, Oxford: Oxford University Press.
Terranova, T. (2000) "Free Labor: Producing Culture for the Digital Economy," *Social Text 63*, 18: 33–57.
Thornton, S. (1996) *Club Culture*, Cambridge: Polity Press.
Wittel, A. (2001) "Toward a Network Sociality," *Theory, Culture and Society*, 18: 51–77.
Zukin, S. (1988) *Loft Living*, London: Hutchinson.

---

① 我想谈谈 35 岁的德国时装设计师维拉·冯·加瑞尔（Vera Von Garrel）的例子。加瑞尔的公司以伦敦为基地，她利用伦敦简便的注册程序成为正式的自雇者（不像在德国）。平日里，她租了一个朋友的房间作为办公室和工作室，但她自己住在慕尼黑（房租便宜），在德国制作她的服装（质量较高），并乘坐廉价航班在两个城市之间往返穿梭。

第四篇

文化产业的集群化进程

第四篇

文化、道徳及び宗教

第九章 文化产业集群的多维度分析
——德国莱比锡媒体产业实例

哈拉尔·贝谢尔特（Harald Bathelt）

导论

本章将探讨文化产业中的一个特定子产业——媒体产业，这个产业生产文化产品，涉及文化的商品化、文化的创造以及社会与文化内容的传输。这类产业往往聚集在一起，在地理区位上一直相当集中（Storper and Christopherson, 1987; Lash and Urry, 1994; Crewe, 1996; Scott, 1996, 2000; Pratt, 1997; Leyshon et al., 1998; Grabher, 2002; Power, 2002）。不同的社会经济体，其文化产业的构成自然有所不同，但究竟哪些行业从事文化生产仍有些界定模糊。不过，媒体和多媒体行业属于文化产业这一点，大家还是有共识的。从经济地理角度来看，这些行业的集群化发展和特殊的社会劳动分工倾向尤为有趣。相互关联的各种专业化媒体呈现为区域性的集群化产业，往往是由当地创业创新驱动的经济增长过程的产物（Scott, 1996; Brail and Gertler, 1999; Egan and Saxenian, 1999）。

下面，我将探讨德国莱比锡传媒业的案例。莱比锡传媒行业历史悠久，其书籍出版产业主要集中在老城图书街（Graphisches Viertel），从 18 世纪开始便在德国图书交易中独占鳌头，直到第二次世界大战爆发。由于第二次世界大战和德国统一，莱比锡出版业陷于衰落，如今已所剩无几。然而,20世纪90年代以来,以电视/电影制作、图形/设计和数字化新媒体为中心,新媒体产业蓬勃发展起来。这些新的媒体分支领域是本章研究的重点。笔者将采用多媒体产业集群这一概念来分析莱比锡新媒体产业的发展,以辨识该产业发展的水平维度、垂直维度、体制维度、外向维度及权力维度的问题。2000年7月～2002年8月,笔者对新媒体分支所属公司陆续进行了100多次采访。为了获悉创业过程及支持性公共政策的信息,我又追加了20次采访,采访对象包括当地的规划者、决策当局和银行界代表。

首先,我将勾勒莱比锡媒体产业的历史发展脉络,该产业在20世纪经历了严重的危机和转型时期。接着,在产业"重组"概念的基础上,构建多媒体产业集群的理论框架,解释该产业集群如何创建,为何成长,以及如何自我复制,据此分析20世纪90年代莱比锡新媒体产业集群的起源。企业创建和再定位的进程,拓展了这个产业集群的垂直维度。而且,这种发展还从补强性的体制建设过程中受益匪浅。但莱比锡媒体产业集群的外向型发展不够充分,是未来经济增长的一道屏障。结论部分总结了集群的现状、潜在的威胁,提示了一些达到长期繁荣的发展机会。

研究背景:莱比锡发展之路与产业重组过程

早在中世纪,莱比锡就是一个重要的贸易和服务中心,在欧洲贸易展会中处于领先地位(Schmidt,1994;Gormsen,1996;Grundmann,1996)。第二次世界大战之前,莱比锡在德国图书出版业中占据主导地位(Schulz,1989;Wittmann,1999)。20世纪30年代,莱比锡就有800多家出版商和书商,雇用了3 000多名员工(Denzer and Grundmann,1999)。大多数公司位于毗邻市中心的图书街(见图9.1)。当时的生产设施坐落在一个19世纪的工业区内(Boggs,2001)。

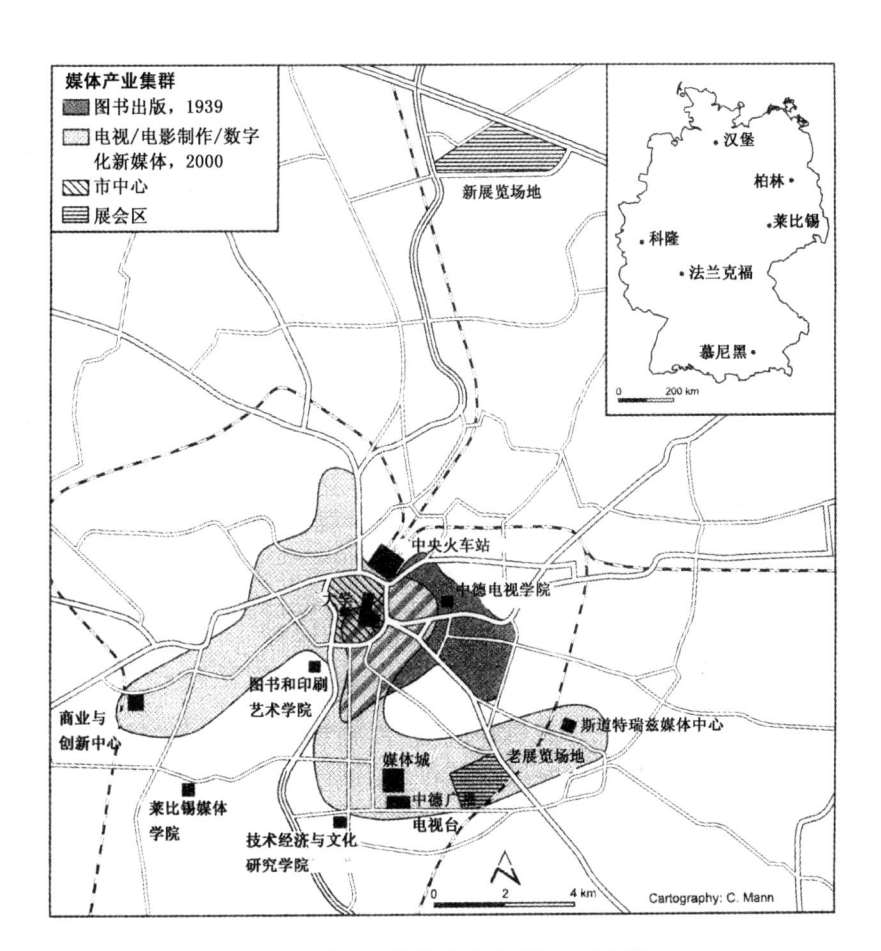

图 9.1　莱比锡媒体产业集群的地理位置

地区分裂和产业重组

第二次世界大战的爆发,中断了当地媒体产业的发展轨迹。战后,图书街虽然得到重建,并被整合到社会主义阵营的国际分工中,但它与西德甚少互动。尽管莱比锡仍然在德意志民主共和国(即东德)的图书出版业界占有重要地位,但已丧失国家和国际的中心地位(Denzer and Grundmann,1999;Gräf,2001)。

1990 年,德国重归统一。当时,跟大多数东德产业一样,莱比锡图书出版业还未直面由市场驱动的竞争(Kowalke,1994;Oelke,1997)。这一年,一个由公私合作伙伴组成的松散组织——莱比锡媒体城开发协会——开始推动图书街的再开发,试图重建图书出版和相关产业中心(Baier,1992;Denzer and Grundmann,1999;Schubert,2000),但效果不彰,图书街既未形成传统媒体领域的中心,也未能发展成为新媒体产业的重镇。

在广播、电视和电影等电子媒体领域,莱比锡缺少强大的传统优势(Sagurna,1999,2000),因为这些产业主要配置在东德的东柏林—波茨坦地区。尽管先天不足,但围绕中德广播电视台(MDR)的业务活动,莱比锡的新媒体产业集群在20世纪90年代逐步地发展起来。中德广播电视台(MDR)成立于1991年,属于公共广播服务公司,它很快成为莱比锡建立新传媒分支的坚强支撑机构。

表9.1将莱比锡与德国其他的媒体产业中心进行了比较。这张表清楚地表明,莱比锡媒体产业集群的规模比慕尼黑、科隆、汉堡和柏林的小得多(Gräf and Matuszis,2001;Gräf et al.,2001;Sydow and Staber,2002;Krätke,2002)。1999年,莱比锡的传媒企业数目不到750家,总销售额为5亿欧元,只相当于传媒产业的一个次中心而已。但该产业却是莱比锡在德国统一后经济有所增长且能稳定当地经济发展的少数经济部门之一。

表9.1　　1998年/1999年德国媒体产业的企业数目和销售量

媒体分支	媒体产业集群					
	德国 1998年	慕尼黑 1998年	科隆 1998年	汉堡 1998年	柏林 1998年	莱比锡 1998年
A. 已建企业数目						
电影	6 880	910	502	531	752	31
电视/广播电台	2 081	168	165	45	165	12
出版	15 183	1 475	855	744	797	182

续表

媒体分支	媒体产业集群					
	德国 1998年	慕尼黑 1998年	科隆 1998年	汉堡 1998年	柏林 1998年	莱比锡 1998年
广告	25 461	1 700	1 364	1 547	1 147	278
新闻机构/杂志	2 095	273	229	163	144	96
数据加工	25 725	2 032	1 141	988	1 208	133
总计	77 425	6 558	4 256	4 018	4 213	732
B. 销售额(百万欧元)						
电影	7 185	3 026	499	1 426	568	30
电视/广播电台	7 373	1 549	1 869	756	134	8
出版	38 286	2 712	1 522	4 518	3 239	283
广告	22 086	2 973	1 385	2 776	602	83
新闻机构/杂志	1 513	125	109	199	82	6
数据加工	27 348	4 617	2 727	961	756	134
总计	103 791	15 002	8 111	10 636	5 381	544

资料来源：Deutsches Institut fur Whtschaftsforschung, 1999; Statistisches Landesamt des Freistaates Sachsen, 2001; Kratke and Scheuplein, 2001.

本地资产重组

莱比锡媒体产业发生危机和进行重组的结果，可以很好地解释一种区域发展模型：既注重发展过程的连续性(如 Arthur, 1988)，又兼顾意外破裂因素和规制理论中的非连续性概念(Lipietz, 1987; Boyer, 1988, 1990)。在破坏性的政治和经济因素作用下，使资本稳定积累的体制整合仍会失效。其结果是，地区社会经济发生紊乱，现有交易网络遭到破坏，资源释出另作他用。此前供应商和服务性企业主要满足当地主导部门的需求，现在则以开放的姿态，面向其他部门和地区的技术创新企业。

通过互动学习和反思社会实践，当地企业为新一轮资本积累而进行资金重组,在这种刺激下,一个地区有可能从危机中复苏过来(Bathelt and Boggs,2003)。这样做,有时也会为创建新的地区产业核心和开辟新型发展道路打下基础(Storper and Walker,1989)。为了走出危机的阴影,开辟区域经济发展新路径,必须重新开发一个竞争力组合,或创建一个新的涵盖相关经济活动的专业化集群。而且,还需要在社会专业化分工体系中发掘出特殊资源,从而将新产业集群融汇到当地经济中去。

基本框架:集群的多维度分析

在这一章中,"集群"一词是指某个产业领域里的企业及其支持性基础设施,集中地分布于同一地点或区域,并通过交易性和非交易性的相互依存关系而密切地连接在一起(Maskell,2001;Bathelt and Taylor,2002)。当然,这并不意味着,凡是集聚而居的企业都有着相同的增长潜力和区域影响。对产业集群应当从多个维度进行剖析,也就是说,要分析其水平维度、垂直维度、体制维度、外向维度和权力维度(见图9.2)。根据集群所处的发展阶段和增长前景,可以辨识集群的不同结构特点(Porter,1998,2000;Bathelt,2001,2002;Malmberg and Maskell,2002)。这个理论框架将被用来分析莱比锡新媒体产业集群的产生和发展。

竞争与变迁:集群的水平维度

生产同类产品的公司共处一地,构成了一个产业集群的水平维度或横向维度。有时,水平维度是理解一个集群为何开始形成并成长的关键原因(Porter,1990,1998;Malmberg and Maskell,2002)。相互竞争的公司,又有着类似的竞争能力,似乎没什么理由要相互合作或密

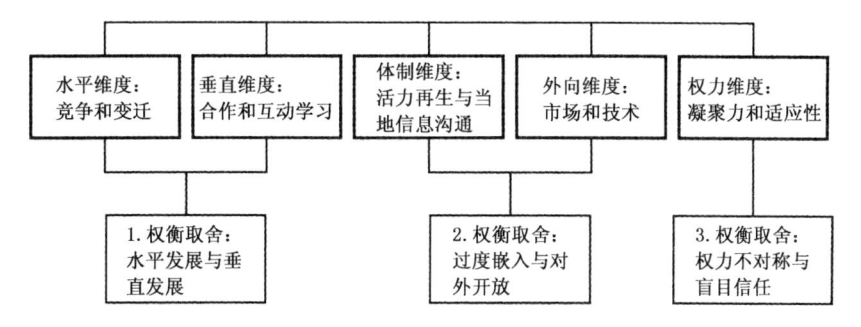

图 9.2 产业集群的维度和取舍关系

切互动。但是,共处一地提供了近距离观察竞争对手和相互比较经济业绩的机会(Grabher,2001;Maskell,2001)。即使没什么接触,企业也能了解其竞争对手,理解他们的行为,因为它们是在相同的条件下进行运作,这会鞭策它们时刻关注产品的差异化、流程的优化和降低成本。

莱比锡的媒体产业集群在水平维度上发育不足,企业仍在相互观望。在电视、电影制作领域,以及需要供方与用户大量互动的复杂产品生产领域,当地的竞争并不激烈。而在标准化产品和服务领域,则有一大批提供类似服务的企业,致使该领域的价格竞争愈演愈烈。

合作与互动学习:集群的垂直维度

产业集群的垂直维度或纵向维度,是指这样一组企业,它们具有产品互补或提供配套的能力,因而可以从集群内的密集交易和相互依存的交易网络中受益。这将促使供应商和服务性公司向客户靠拢,并供应区域市场(Marshall,1920)。这些公司将会受益于较低的运输成本和交易成本,赢得规模经济,进而获得竞争优势(Scott,1988;Krugman,1991,2000;Fujita et al.,1999)。通过这样做,现有的产业集群将不断发展壮大,进而引发劳动力市场的专业化。

然而,对产业集群而言,还有比成本降低和交易的相互依存度更多的优势。近来,研究产业集群的文献更强调创新能力的本地化(Maskell and Malmberg,1999,1999b)和非交易性的相互依存关系(Storper,1995,1997),研究结果表明,社会关系的调整,以及企业间的沟通和互动式学习,在区域创新和经济增长过程中都发挥了决定性的作用(Cooke and Morgan,1998;Lawson,1999;Gordon and McCann,2000;Bathelt and Jentsch,2002)。大量文献表明,复杂的创新过程在很大程度上依赖于供应商—生产商—用户的互动和相应的学习过程(Lundvall,1988;Gertler,1993,1997)。因此,创新主要是社会关系和反思性行为,而不是个人奋斗的结果(Granovetter,1985;Grabher,1993)。

在莱比锡媒体产业集群中,企业的创建过程对集群垂直维度的快速拓展贡献良多。同时,大量的专业供应商和服务提供商也从相互依赖的交易网络中受益。当地生产者不再被迫从外地采购其所需的大部分投入物。此外,非交易性的相互依存关系也很重要。与媒体相关的资质、特定交易的投资、电视格式的约定,这些方面的进展使企业发展合作关系有了共同的基础。笔者随后还将进一步分析其背后的动态过程。

讨论一个产业集群的水平维度和垂直维度时,必须考虑到这两者之间存在着一种权衡和取舍的关系,从长期来看,这种关系有可能削弱集群的竞争基础。如果社会分工充分发展,供应商就会很乐意将自己定位于集群之中(Malmberg and Maskell,2002)。然而,社会分工越是深化,就近观察竞争者和强化水平维度的机会就越少。只有通过不断的产业集聚,垂直的劳动分工和水平的变迁机会才能同时得到拓展。

活力再生与当地信息沟通:集群的体制维度

规范、规则、习俗、惯例等制度性安排,对企业在集群内进行沟通与协作是非常重要的(Amin and Thrift,1995;Maskell,2001;Bathelt,2002)。共同的体制框架让特定的用户和生产者能够一起讨论和解决具体问题(Hodgson,1988;North,1990)。但这种框架并不会自动生成,仰仗于通过日常互动的社会实践来打造。联合解决问题是排解争议进而创建修复机制的开端,第一步必须走得稳健,方能在随后的一系列互动中逐步完善。这种修复机制要随着创新过程中新目标的出现而不断加以更新或调整(Storper,1997)。在产业集群内创建体制安排,有助于发展合理预期,促进互信,强化生产者和用户的稳定联系(Granovetter,1985;Crevoisier and Maillat,1991;Bramanti and Ratti,1997;Lawson and Lorenz,1999)。

在产业集群内,许多从业者共处一地,面对面接触,这就产生了信息和灵感流通的优势,进而构建出一种信息沟通的特殊生态圈(Bathelt et al.,2000)。当地的活力表现为信息的持续流动和不断更新,体现在事先计划或意料之外的学习过程,这些均仰仗于共同的制度安排(Marshall,1997;Grabher,2002;Owen-Smith and Powell,2002;Storper and Venables,2002)。有了这种体制安排,业内人士不必再为获得信息而四处搜寻或投石问路(Bathelt et al.,2002),他们只需待在集群之中,自有技术、市场和战略方面的信息透过新闻报道、八卦流言和上门推荐等管道源源而来(Gertler,1995;Grabher,2002)。

在莱比锡的媒体产业中,企业相对封闭,也不参与互动学习,信息传播和沟通机制尚处于初级发展阶段。但在那些支持现有企业和鞭策创业进程的区域内,正规的制度安排已然显现,这是笔者接下来将要论述的焦点。

市场、技术和跨地域管道:集群的开放维度

很显然,如果聚集一处的企业完全依靠国内市场和当地知识,那么,这个集群便不能充分拓展其增长潜力。供货商、生产商和客户之

间的地域联系变得太死板、太排外,只关注当地少数从业者,就有可能产生"锁定"的问题,限制未来的增长(Granovetter,1973;Oinas,1997;Maillat,1998;Scott,1998)。这个问题也被称为过度的根植性(Uzzi,1997;Bathelt,2001;Sofer and Schnell,2002),它体现了社会组织对嵌入性和开放性的两难选择,即内向性和外向性这两个维度之间的取舍关系。一个产业集群的对外开放程度必须足够大,以便让外向型创新和发展驱动力达到最大化。但与此同时,它却又不得不充分地闭合,以便从当地的相互依存性和信息汇流中受益。

许多研究提供的证据表明,与来自其他地区和国家的企业进行合作,是开展创新活动的决定性的触发器(Bathelt,2002;Bathelt and Taylor,2002;Tracey and Clark,2003;Clark and Tracey,2004)。通过建立跨地域管道,企业可以开掘外部的知识库和市场(Owen-Smith and Powell,2002)。与本地信息沟通管道会自动形成不同的是,跨地域管道并不会自发生成。它需要有意识的努力、大量的投资,并具有较高的不确定性(Bathelt et al.,2002)。跨地域管道中的合作伙伴必须经过精心挑选,并予以信任(Lorenz,1999)。集群内企业与集群外企业进行合作时,必须彼此加深了解,学习如何互动调整和开发吸收能力,即吸收外部信息并在内部运用的能力(Cohen and Levinthal,1990;Malecki,2000)。

有证据表明,莱比锡媒体产业集群里的企业都不够开放,它们进入德国其他地区的市场也有难度,其吸收能力不尽如人意。这可能成为未来进一步发展的障碍,并可能威胁产业集群的长期繁荣,稍后我还将继续讨论这个问题。

凝聚力和集体适应性:集群的权力维度

任何一个产业集群,都不会自动地让其中的企业彼此协作,实现共同的目标。权力在集群中创建了层级制度,制定了主从规则(Allen,1997)。于是,出现了权力的不对称性,但经由权力圈的运作而暂时企稳(Clegg,1989;Taylor,1995,2000)。

为了提升产业集群的能见度,集群内企业和外部合作企业应将集群视为一个实体,该实体不同于其所处的环境,须据此采取行动。换言之,集群必须构建一种独特的内部网络关系(Latour,1986)。由于网络关系呈现显性效果,集群要具有因果力(Yeung,1994;Scott,2001)。

在一个产业集群中,通过持续的沟通、类似的解决问题方式和共同决定采用何种技术,社会关系得以不断地再现和复制。集群的权力正是合作企业各参与方潜力的一种表达方式。当然,仅仅通过社会关系是很难创建集群的凝聚力的。在企业间保持互动和日常同步运作方面,技术具有特殊的作用。在物质和非物质资源与人为因素的联合作用下,集群里的企业被卷入到社会关系中,并继续往前行进(Latour,1986;Murdoch,1995;Jöns,2001)。

当然,还存在另一种危险,即处于给定层级的企业盲目地给出了太多的信任,导致过于依赖占据主导地位的企业。这也表明,集群中存在着另一种取舍关系,即权力不对称与盲目信任之间的权衡和选择。过于信任发展下去,可能会导向轻信和盲目信任(Kern,1996),这可能会将企业"锁定"在一个基于低效率技术的运营轨道上。因此,对于集群中的传统技术和金字塔型决策结构,一定程度的不信任是必要的,这样才能减少集体失败的风险。

但在莱比锡的案例中,肯定不存在过多信任的问题。相反,似乎没有足够的信任,企业避免与他人过密互动。接受采访的大多数管理者甚至还不知道媒体产业集群业已存在,这表明该产业集群尚未完全成型。

至此,笔者已经构建了一种多维度的集群框架,现在,可以运用这个理论框架来分析莱比锡新媒体产业集群的发生和发展进程。下一节,我将阐述企业创建和德国其他地区企业的迁移过程如何促使该集群垂直维度的形成。

实证结果1:莱比锡媒体产业的创业动力

莱比锡媒体产业已经发展到相当大的规模,它拥有750~1 500家媒体公司,这取决于采用什么定义和数据来源[Bentele et al.,1998;萨克森自由州统计局(Bentele et al., Statistisches Landesamt des Freistaates Sachsen,2001)]。本特尔等人(2000)根据邮政调查进行估算,2000年当地媒体部门雇用了25 600名长期雇员和14 600名自由职业者,约占当地全部劳动力的16%(见表9.2)。这对于区域经济来说非常重要,传媒板块若能保持稳定,劳动力市场就不会收缩(Bathelt,2001,2002)。这种就业增长是本地开展创业活动和设立分公司的结果。

表9.2　1998年莱比锡媒体产业集群各传媒分支的就业人数

媒体分支	估计的就业人数	
	全职与兼职	自由职业
A. 电子和新媒体产业		
电视/电影/广播电台	3 800	5 000
公共关系/市场营销	1 500	3 700
硬件/软件	1 800	300
数据加工	700	200
互动式媒体	400	100
小计	8 200	9 300
B. 印刷与其他媒体产业		
小计	12 800	2 500
总计1998年	21 000	11 800
总计2000年	25 600	14 600

资料来源:本特尔等(Bentele et al.,1998,2000)。

在莱比锡,大多数传媒公司都相当年轻,且雇有少量员工(Bentele et al.,2000)。接受调查的公司中,几乎有一半是1998～2000年成立的(68家企业中的32家),大约80%的公司只有不到10名员工(67家企业中的53家)。3/4的传媒公司,其创始人一直住在莱比锡,或是曾在这里学习或工作过若干年。对这些公司来说,选择何处安营扎寨似乎不是一个最关切的问题。在何处设立公司,通常是创业公司需要做出的最初决策。一般来说,创业的决定往往受到公司创办人在特定技术领域工作或在特定工作地区培训时所积累的经验的影响(Hayter, 1997)。

据笔者采访所见,莱比锡媒体产业中至少有以下六种类型的初创公司,它们构成了媒体产业集群的发展源泉(Bathelt,2002;Bathelt and Jentsch,2002)。

类型1 本地的兴致型创业公司

在莱比锡的传媒业,最大的公司群体(受访公司中的1/3)可以划为本地的兴致型初创企业。其创始人往往出生在莱比锡,并在这里生活和工作了大半生。他们有一种强大的社区情怀,不会在其他地方开始新的冒险。这类公司是由那些乐观的企业家创办的,他们力图抓住本地市场上能够加以确认的机遇。

类型2 地方大学的衍生企业

这类初创企业是当地大学的衍生物,其创始人在新商业冒险活动中所应用的与产品相关的知识,是他们在接受大学或大专教育时获取的。许多第一种类型的初创公司也可以视为大学的衍生物,其创建者们曾在莱比锡学习过。

类型3 被动式创业企业

并非所有的莱比锡创业公司都是高瞻远瞩的企业家建立的。有些创始人被迫自雇是因为他们失去了当地的工作,或预感行将丢掉工作。在此之前,他们压根儿没打算自己单干。而且,高增长率也不是这些创业者的初衷。相反,他们只想为退休生活打下一个安全的经济基础(Hinz and Ziegler,2000)。这类公司的销售额在调查样本中是最低的。托马斯(Thomas,2001)调研的许多"新个体户"就属于这一类企业。

类型4 前东德国企的分拆公司

在电视和电影制作领域,一些新公司是由前东德的国营媒体公司分拆出来的。这些公司的创始人倾向于跟熟人一起建立自己的企业,而不是去西德媒体业寻找工作。他们之所以选择莱比锡这座城市,是因为有机会与位于该地的中德广播电视台(MDR)进行接触。

类型5 与MDR关联的西德分公司

为了便于获取中德广播电视台(MDR)的订单合同,一些西德的电视和电影制作公司前往莱比锡设立分公司,这些新公司约占受访公司的1/4。近来,也有从东德发源的公司前来设立分公司。在某些案例中,中德广播电视台(MDR)曾要求专业摄制组、技术员、剪裁师、记者和其他媒体专家直接在莱比锡建立分支机构,以此为条件向他们提供未来的合同。

类型6 来自西德的其他分支机构

还有一些不直接搞电视和电影制作的媒体公司也在莱比锡建立了分支机构,它们多涉足于电子服务、图形设计、公共关系或市场营销等新领域。选择莱比锡落户的原因是,该城市位于东德的中央位置,当地媒体部门发展潜力巨大,同时也有劳动力市场和文化设施项目。

欣茨(Hinz,1998)认为,莱比锡新组建的媒体公司有着相似的创办动机。他的研究表明，2/3 的初创企业受到积极因素的驱动，例如，相信自己有能力创业，努力争取自身经济独立，或希望利用现有的机会。类型 4 和类型 5 企业在媒体产业的发展中发挥了重要的作用，因为它们带来了该地区以前不存在的专业知识和特殊经验。在中德广播电视台(MDR)和电视/电影制片人的综合作用下，该区域的专业活动和技术网络开始发展，激发了类型 1、类型 2 企业的创建，这个特殊动力源推动了莱比锡媒体产业集群的发展。同时，该集群也受到体制建设进程的支持，下一节笔者就来讨论这个问题。

实证结果 2：莱比锡媒体产业体制建设的进程

莱比锡的新体制结构支持了媒体产业的增长(Bathelt, 2002; Bathelt and Jentsch, 2002)。特定的培训计划和高等教育机构，重塑了当地劳动力市场，传授了媒体专业技能。学成创业的毕业生可以得到创业咨询服务和财政资金支持，初创企业由此得到进一步巩固和发展。当地项目孵化中心支持他们的创业决策，为新传媒企业提供了空间、服务和组织方面的支持。在这个体制安排不同寻常的区域内，体制支持的网络仍在密集地发展(Amin and Thrift, 1995)，这必将有助于未来的公司形成。

劳动力市场、高等教育和培训计划

20 世纪 90 年代，针对当地劳动力市场的需求，莱比锡的大学和其他高等教育机构设立了各种新的教育和培训计划(Sagurna, 1999, 2000)。从这里毕业的学生们，打下了各种媒体相关领域的专业知识基础。通过学习和参与当地传媒公司的课题项目，学生得到了实践经验，尤其是电视/电影制作及多媒体和互联网应用领域的经验。许多学生还在媒体行业兼职，或在学校假期工作，以资助自己的学业。这对当地传媒公司也有好处，它们可以借此获取外部知识和新鲜理念。

创业咨询服务

为了打造创业激励机制，20世纪90年代末，莱比锡行政当局和经济组织联合制定了一个创业政策。莱比锡储蓄银行（一家本地银行）、莱比锡市、莱比锡县及某行业协会成立了一个联合办公室"UGB"（Unternehmensgründerbüro，创业局），专门提供创业咨询和金融服务。1998年UGB开始运作，至今已在莱比锡地区支持了300多家创业公司。据UGB主任称，2000年这些新公司创造了大约350个工作岗位，还从莱比锡储蓄银行获得了贷款。其中不乏艺术、图形/设计和营销/通信领域的媒体公司。

孵化中心

2000年，莱比锡媒体城被开辟为孵化器和科技中心，它提供办公室、车间和工作室，约有70家电视和电影相关企业进驻，500名员工来此上班（Schubert，1999；莱比锡媒体城，2000）。这个媒体城邻近中德广播电视台（MDR，下文简称MDR）。有几位受访者指出，MDR曾对一些分包商和供应商施压，让他们搬到莱比锡媒体城来，使用那里的新设施。在某些案例中，这几乎成了获得MDR合同的先决条件。一些公司对此持批评态度，他们不太高兴，因为媒体城办公场所的租金要高于莱比锡的其他地方。

另一个初创企业和新服务公司的孵化中心是莱比锡商业与创新中心，上面提到的UGB是其主办方。该中心成立于1999年，它以低成本将办公室和实验室出租给初创企业。2001年，该中心共有36家公司进驻，主要是通信、市场营销、设计和新型电子服务领域的企业（莱比锡商业与创新中心，2001）。该孵化中心的政策是，支持初创公司的时间最多长达五年，此后则须移往他处。

此外，支持当地媒体产业的还有其他的商业中心（Schubert，1999，2000）。比如，默丁瓦夫莱比锡—斯道特瑞兹媒体中心（The Medienhof Leipzig-Stötteritz）吸纳了20多家企业，其中大多数是传统媒体企业。

实证结果3：区域市场定位和MDR的枢纽作用

中德广播电视台（MDR）已经成为莱比锡传媒业发展的最重要的驱动力。这个广播电视网是当地电影和电视行业最大的客户，它吸引了众多的服务提供商和供应商（Sagurna，1999，2000）。在整个20世纪90年代，MDR的当地业务不断扩大。一位高管指出，MDR采用的策略是将其部分功能分拆成若干独立的子公司，而把其他功能转包给本地供应商。这种策略的目标是，为电视/电影制作建立一个本地的供应和支持系统，同时削减成本。那些外来的供应商和服务商要保持他们的合同，就必须在莱比锡设立分支机构。这一政策实施的结果是，MDR不再被迫依靠分散在其他不同地区的承包商。随着影视相关企业的不断集聚，MDR将70%左右的生产合同签给了邻近的供应商和服务提供商（Reiter，2000）。此举反过来又刺激了进一步的创业和迁移潮。

莱比锡传媒业的勃兴似乎是一个产业集聚的成功故事。然而，这个发展过程受到严重的制约。许多媒体公司业绩平平，销售总量和销售增长率都较低。超过1/4的受访企业（56家企业中的15家），年销售额皆不满15万欧元[见表9.3；另见贝谢尔特等（Bentele et al.，2000）]。这表明，相当大比例的莱比锡传媒公司未赚到合理的利润。究其原因，或过于面向本地客户，或过于聚焦本地小型的细分市场。不少受访公司几乎是全部在当地市场上销售产品和服务，而与其他外地市场没有任何联系。近60%的受访公司（62个受访者中的36个），在莱比锡地区出售其 2/3 以上的产品和服务（见表 9.4；另见欣茨，1998）。布莱尔和格特勒(Brail and Gertler,1999)认为，这种情形与加拿大多伦多的多媒体集群颇为相似。稍加分析便可知，这两者其实大不相同，因为多伦多经济承载着许多快速增长的行业客户，并与国内和国际市场保持接触。

表 9.3　　　　2000 年/2001 年莱比锡媒体企业的销售额

销售额	受访企业	
	企业数目	市场份额(%)
低于 5 万欧元	1	1.8
5 万~15 万欧元	14	25.0
15 万~40 万欧元	12	21.4
40 万~125 万欧元	22	39.3
125 万欧元以上	7	12.5
共计	56	100.0

资料来源：调研结果。

表 9.4　　　　2000 年/2001 年莱比锡媒体企业的区域销售份额

区域销售份额	受访企业	
	企业数目	市场份额(%)
低于 33.3%	18	29.0
33.3%~66.7%	8	12.9
66.7%~100.0%	36	58.1
总计	62	100.0

资料来源：调研结果。

　　莱比锡对区域市场的定位也存在着一定的问题，这是因为，该区域的增长潜力十分有限：(1)MDR 已经完成在本地区的投资活动，不会再以过去同样的速度增长。由于 2000 年 MDR 发生过财务违规的问题，它甚至可能会将某些分拆和外包出去的工作任务重新收回内部；(2)莱比锡的新会展中心不得不面对德国西部城市(特别是法兰克福和汉诺威)的强劲竞争,引进的公关/营销、展览及电视/电影相关服务领域的承包商数目低于预期；(3)莱比锡缺乏来自制造业的需求,制造业至今仍未从德国统一的风潮中恢复元气。

纵观全局,莱比锡媒体产业显然缺失了外部联系这一重要环节,这将严重制约该区域经济增长的前景(Scott,1998；Maillat,1998；Bathelt et al.,2002)。定位于区域市场的强烈倾向必然带来一定的风险,它使那种过度嵌入和停滞为特征的社会关系得到了发展(Uzzi,1997)。许多新成立的传媒公司,似乎也无力开辟通向外部市场的管道。

结论

莱比锡成为媒体产业的勃兴之地,似乎是一个经济转型的成功范例。这个产业的发展并不是战前该地区传统图书出版业的简单延续(Bathelt and Boggs,2003),曾称雄一时的那个核心产业早已随着第二次世界大战的硝烟发生而裂解,当德国重归统一时却又没有为市场主导的竞争做好准备。然而,围绕着中德广播电视台(MDR)的业务活动而进行的产业重组,催生了一个新媒体产业集群。该集群涉足于电视/电台/电影制作、图形/设计和数字新媒体及其相关领域,也不采用以前的产业结构和体制安排。

在这一章中,笔者分析了传媒企业的创业和定位过程,这一过程与媒体产业的集群化发展和体制建设进程有关。笔者运用的是多维度研究方法,分别考察了媒体产业集群的水平、垂直、体制、外向和权力这五个维度。从一开始这个集群就不存在最终的形式,它随着时间的推移而逐渐发展,因此,必须用进化的眼光来考察其潜在的社会和经济进程。在莱比锡的案例中,人们可以看到新媒体公司如何创建,它们如何重塑当地劳动力市场,这一过程如何为与媒体有关的特殊体制建设做出贡献并从中受益。运用集群多维度分析的理论框架,我们可以评估这种成长过程的方方面面。

时至今日,莱比锡的媒体部门依旧是一个未充分发育的产业集群,集群的某些维度还处于幼稚阶段。据我们的观察,创业过程有力地扩展该集群的垂直维度,催生了多种专业供应商和服务提供商,该区域生产者不再被迫从外地承包商那里获得大部分的供应。但该集群的水平维度仍欠发达,目前区域内只有少数大客户,电视和电影制作公司尤其缺乏。

将中德广播电视台(MDR)的总部和生产设施设在莱比锡是一个政治决定,这一决策是该区域媒体产业集群发展的最重要的触发器。MDR 刺激当地媒体产业的发展,具体表现在:(1)它是电视和电影业务领域里制定规则和布局设计的重要机构;(2)它作为大客户吸引其他媒体公司前来落户,推动了创业进程;(3)它对当地分包商和供应商实行倾斜政策。莱比锡当局的政策举措与此并行不悖,例如,提供创业咨询,为创业人士制订精细培训计划,为初创企业建立新的孵化中心。所有这一切,都有助于拓宽集群的体制维度,为该地区孕育未来发展的活力。不过,一味将莱比锡媒体产业集群的崛起贬低为只是政治影响力和 MDR 所为,显然是一种误导。值得注意的是,此地并非所有的媒体分支都与电视和电影业密切相关。

目前,莱比锡媒体界对当地劳动力市场的影响仍然有限,大多数公司都相当小,只有少数员工,销售量也不大,赚不到合理利润,反过来,这可能会进一步刺激投资。集群的外向维度不发达是造成这种现象的一个重要原因。当地企业一直未能建立起跨地区的管道,也无法进入外部新市场。如果这种情况得不到改变,那就会严重影响莱比锡媒体产业未来的发展潜力。有人预言,如果市场不能大幅增长,今后几年内此地可能会爆发一波破产潮(Thomas,2001)。但这里也有一些光明的前景。例如，保时捷和宝马公司最近决定在该地区设立新的汽车生产厂（Wüpper，2002），这将增强当地经济活力，刺激更多的经济增长，媒体产业的某些部门也有可能从中受益。

鸣谢

本章的写作，基于作者以前的研究工作以及与一些同事的学术合作（Bathelt，2001，2002，2003；Bathelt and Jentsch，2002；Bathelt and Taylor，2002；Bathelt et al.，2002；Bathelt and Boggs，2003）。在此，我要感谢本书的编辑们，还有一名匿名评审，以及帕特·麦柯里（Pat McCurry），他们的宝贵建议使本章的行文更简洁，结构更紧凑。

参考文献

Allen, J. (1997) "Economies of power and space," in Lee, R. and Wills, J. (eds) *Geographies of Economies*, pp. 59–70, London: Arnold.

Amin, A. and Thrift, N. (1995) "Living in the global," in Amin, A. and Thrift, N. (eds) *Globalization, Institutions, and Regional Development in Europe*, pp. 1–22, Oxford and New York: Oxford University Press.

Arthur, W. B. (1988) "Competing technologies: an overview," in Dosi, G., Freeman, C., Nelson, R. R., Silverberg, G. and Soete, L. L. G. (eds) *Technical Change and Economic Theory*, pp. 590–607, London and New York: Pinter.

Baier, H. (ed.) (1992) *Medienstadt Leipzig: Tradition and Perspektiven (Leipzig's Media Industry: Traditions and Perspectives)*, Berlin: Vistas.

Bathelt, H. (2001) *The Rise of a New Cultural Products Industry Cluster in Germany: The Case of the Leipzig Media Industry*, IWSG Working Papers 06–2001, Frankfurt am Main; available online: <http://www.rz.uni-frankfurt.de/FB/fb18/wigeo/iwsg.html> (accessed 11 October 2003).

—— (2002) "The re-emergence of a media industry cluster in Leipzig," *European Planning Studies*, 10: 583–611.

—— (2003) "Success in the local environment: local buzz, global pipelines and the importance of clusters," *think on*, no. 2: 28–33; available online: <http://www.altana.com/root/index.php?lang=en&page_id=893> (accessed 11 October 2003).

Bathelt, H. and Boggs, J. S. (2003) "Towards a re-conceptualization of regional development paths: is Leipzig's media cluster a continuation of or a rupture with the past?," *Economic Geography*, 79: 265–93.

Bathelt, H. and Jentsch, C. (2002) "Die Entstehung eines Medienclusters in Leipzig: Neue Netzwerke und alte Strukturen" [The genesis of a new media industry cluster in Leipzig: new networks and old structures], in Gräf, P. and Rauh, J. (eds) *Networks and*

Flows: Telekommunikation zwischen Raumstruktur, Verflechtung und Informationsgesellschaft, pp. 31–74, Hamburg and Münster: Lit.

Bathelt, H., Malmberg, A. and Maskell, P. (2002) "Clusters and knowledge: local buzz, global pipelines and the process of knowledge creation," DRUID Working Paper 2002–12, Copenhagen; available online: <http://www.druid.dk/wp/wp.html> (accessed 11 October 2003); and also in *Progress in Human Geography*, 28: 31–56, 2004.

Bathelt, H. and Taylor, M. (2002) "Clusters, power and place: inequality and local growth in time-space," *Geografiska Annaler*, 84 B: 93–109.

Bentele, G., Liebert, T. and Polifke, M. (2000) *Medienstandort Leipzig III: Eine Studie zur Leipziger Medienwirtschaft 2000 [Leipzig as a Location of the Media Industry III: A Study of Leipzig's Media Economy 2000]*, Leipzig: Medienstadt.

Bentele, G., Polifke, M. and Liebert, T. (1998) *Medienstandort Leipzig II: Eine Studie zur Leipziger Medienwirtschaft 1998 [Leipzig as a Location of the Media Industry II: A Study of Leipzig's Media Economy 1998]*, Leipzig: Medienstadt.

Boggs, J. S. (2001) "Path dependency and agglomeration in the German book publishing industry," paper presented at the Annual Meeting of the Association of American Geographers, New York.

Boyer, R. (1988) "Technical change and the theory of 'régulation'," in Dosi, G., Freeman, C., Nelson, R. R., Silverberg, G. and Soete, L. L. G. (eds) *Technical Change and Economic Theory*, pp. 67–94, London and New York: Pinter.

—— (1990) *The Regulation School: A Critical Introduction*, New York: Columbia University Press.

Brail, S. G. and Gertler, M. S. (1999) "The digital regional economy: emergence and evolution of Toronto's multimedia cluster," in Braczyk, H.-J., Fuchs, G. and Wolf, H.-G. (eds) *Multimedia and Regional Economic Restructuring*, pp. 97–130, London and New York: Routledge.

Bramanti, A. and Ratti, R. (1997) "The multi-faced dimensions of local development," in Ratti, R., Bramanti, A. and Gordon, R. (eds) *The Dynamics of Innovative Regions: The GREMI Approach*, pp. 3–44, Aldershot and Brookfield: Ashgate.

Business & Innovation Centre Leipzig (2001) "Präsentation des Business & Innovation Centre Leipzig" [Presentation of the Business & Innovation Centre Leipzig], unpublished paper presentation, Leipzig.

Clark, G. L. and Tracey, P. (2004) *Global Competitiveness and Innovation: An Agent-Centred Perspective*, Houndsmill, New York: Palgrave Macmillan.

Clegg, S. (1989) *Frameworks of Power*, London: Sage.

Cohen, W. M. and Levinthal, D. A. (1990) "Absorptive capacity: a new perspective on learning and innovation," *Administrative Science Quarterly*, 35: 128–52.

Cooke, P. and Morgan, K. (1998) *The Associational Economy*, Oxford: Oxford University Press.

Crevoisier, O. and Maillat, D. (1991) "Milieu, industrial organization and territorial production system: towards a new theory of spatial development," in Camagni, R. (ed.) *Innovation Networks: Spatial Perspectives*, pp. 13–34, London and New York: Belhaven Press.

Crewe, L. (1996) "Material culture: embedded firms, organizational networks and the local economic development in a fashion quarter," *Regional Studies*, 30: 257–72.

Denzer, V. and Grundmann, L. (1999) "Das Graphische Viertel – ein citynahes Mischgebiet der Stadt Leipzig im Transformationsprozeß: Vom Druckgewerbe- zum Bürostandort" [The transformation of Leipzig's Graphical Quarter: from printing and publishing to modern office functions], *Europa Regional*, 7 (3): 37–50.

Deutsches Institut für Wirtschaftsforschung (1999) *Perspektiven der Medienwirtschaft (Perspectives of the Media Economy)*, Berlin.

Egan, E. A. and Saxenian, A. (1999) "Becoming digital: sources of localization in the Bay area multimedia cluster," in Braczyk, H.-J., Fuchs, G. and Wolf, H.-G. (eds) *Multimedia and Regional Economic Restructuring*, pp. 11–29, London and New York: Routledge.

Fujita, M., Krugman, P. and Venables, A. J. (1999) *The Spatial Economy. Cities, Regions and International Trade*, Cambridge, MA: MIT Press.

Gertler, M. S. (1993) "Implementing advanced manufacturing technologies in mature industrial regions: towards a social model of technology production," *Regional Studies*, 27: 665–80.

—— (1995) "'Being there': proximity, organization, and culture in the development and adoption of advanced manufacturing technologies," *Economic Geography*, 71: 1–26.

—— (1997) "The invention of regional culture," in Lee, R. and Wills, J. (eds) *Geographies of Economies*, pp. 47–58, London and New York: Arnold.

Gordon, I. R. and McCann, P. (2000) "Industrial clusters: complexes, agglomeration and/or social networks," *Urban Studies*, 37: 513–32.

Gormsen, N. (1996) *Leipzig – Stadt, Handel, Messe: Die städtebauliche Entwicklung der Stadt Leipzig als Handels- und Messestadt (Leipzig's Development as a Trade and Exhibition Center)*, Leipzig: Institut für Länderkunde.

Grabher, G. (1993) "Rediscovering the social in the economics of interfirm relations," in Grabher, G. (ed.) *The Embedded Firm. On the Socioeconomics of Industrial Networks*, pp. 1–31, London and New York: Routledge.

—— (2001) "Ecologies of creativity: the village, the group, and the heterarchic organisation of the British advertising industry," *Environment and Planning A*, 33: 351–74.

—— (2002) "Cool projects, boring institutions: temporary collaboration in social context," *Regional Studies*, 36: 205–14.

Gräf, P. (2001) "Das Buchverlagswesen und seine Standorte" [The German book publishing industry and its locations], in Institut für Länderkunde (eds) *Nationalatlas Bundesrepublik Deutschland: Band 9. Verkehr und Kommunikation*, pp. 116–17, Heidelberg and Berlin: Spektrum.

Gräf, P. and Matuszis, T. (2001) "Medienstandorte: Schwerpunkte und Entwicklungen" [German media centers and their development], in Institut für Länderkunde (eds) *Nationalatlas Bundesrepublik Deutschland: Band 9. Verkehr und Kommunikation*, pp. 114–15, Heidelberg and Berlin: Spektrum.

Gräf, P., Hallati, H. and Seiwert, P. (2001) "Öffentlich–rechtliche und private Rundfunk- und Fernsehanbieter" [Public and private television and broadcasting services in Germany], in Institut für Länderkunde (eds) *Nationalatlas Bundesrepublik Deutschland: Band 9. Verkehr und Kommunikation*, pp. 118–21, Heidelberg and Berlin: Spektrum.

Granovetter, M. (1973) "The strength of weak ties," *American Journal of Sociology*, 78: 1360–80.

—— (1985) "Economic action and economic structure: the problem of embeddedness," *American Journal of Sociology*, 91: 481–510.

Grundmann, L. (1996) "Die Leipziger City im Wandel – zwischen der Tradition als Messe- und Handelsplatz und aktueller Innenstadtentwicklung" [Changes in Leipzig's city center: traditional functions and new developments], in Grundmann, L., Tzschaschel, S. and Wollkopf, M. (eds) *Leipzig: Ein geographischer Führer durch Stadt und Umland*, pp. 30–55, Leipzig: Thom.

Hayter, R. (1997) *The Dynamics of Industrial Location: The Factory, the Firm and the Production System*, Chichester and New York: Wiley.

Hinz, T. (1998) *Betriebsgründungen in Ostdeutschland [Firm Start-ups in East Germany]*, Berlin: Edition Sigma – Bohn.

Hinz, T. and Ziegler, R. (2000) "Ostdeutsche Gründerzentren revisited: Eine Bilanz 10 Jahre nach dem Fall der Mauer" [East German start-up centers revisited: a review 10 years after the fall of the Berlin Wall], in Esser, H. (ed.) *Der Wandel nach der Wende: Gesellschaft, Wirtschaft, Politik in Ostdeutschland*, pp. 237–50, Wiesbaden: Westdeutscher Verlag.

Hodgson, G. M. (1988) *Economics and Institutions: A Manifesto for a Modern Institutional Economics*, Cambridge: Polity Press.

Jöns, H. (2001) "Foreign banks are branching out: changing geographies of Hungarian banking, 1987–1999," in Meusburger, P. and Jöns, H. (eds) *Transformations in Hungary. Essays in Economy and Society*, pp. 65–124, Heidelberg and New York: Physica.

Kern, H. (1996) "Vertrauensverlust und blindes Vertrauen: Integrationsprobleme im ökonomischen Handeln" [Loss of trust and blind confidence in economic action], *SOFI-Mitteilungen*, 24: 7–14.

Kowalke, H. (1994) "Wirtschaftsraum Sachsen" [Economic structure of Saxony], *Geographische Rundschau*, 46: 484–90.

Krätke, S. (2002) *Medienstadt: Urbane Cluster und globale Zentren der Kulturproduktion [Media Cities: Urban Centers of Cultural Production]*, Opladen: Leske + Budrich.

Krätke, S. and Scheuplein, C. (2001) *Produktionscluster in Ostdeutschland: Methoden der Identifizierung und Analyse [Production Clusters in East Germany: Methods of Identification and Analysis]*, Hamburg: VSA.

Krugman, P. (1991) *Geography and Trade*, Leuven: Leuven University Press and Cambridge, MA/London: MIT Press.

—— (2000) "Where in the world is the 'new economic geography'?," in Clark, G. L., Feldman, M. P. and Gertler, M. S. (eds) *The Oxford Handbook of Economic Geography*, pp. 49–60, Oxford: Oxford University Press.

Lash, S. and Urry, J. (1994) *Economies of Signs and Spaces*, London: Sage.

Latour, B. (1986) "The powers of association," in Law, J. (ed.) *Power, Action and Belief: A New Sociology of Knowledge?*, pp. 264–80, London: Routledge & Kegan Paul.

Lawson, C. (1999) "Towards a competence theory of the region," *Cambridge Journal of Economics*, 23: 151–66.

Lawson, C. and Lorenz, E. (1999) "Collective learning, tacit knowledge and regional innovative capacity," *Regional Studies*, 33: 305–17.

Leyshon, A., Matless, D. and Revill, G. (1998) *The Place of Music*, New York: Guilford.

Lipietz, A. (1987) *Mirages and Miracles: The Crises of Global Fordism*, London: Verso.

Lorenz, E. (1999) "Trust, contract and economic cooperation," *Cambridge Journal of Economics*, 23: 301–15.

Lundvall, B.-Å. (1988) "Innovation as an interactive process: from user–producer interaction to the national system of innovation," in Dosi, G., Freeman, C., Nelson, R. R., Silverberg, G. and Soete, L. L. G. (eds) *Technical Change and Economic Theory*, pp. 349–69, London: Pinter.

Maillat, D. (1998) "Vom 'Industrial District' zum innovativen Milieu: Ein Beitrag zur Analyse der lokalen Produktionssysteme" (From industrial districts to innovative milieus: towards an analysis of territorial production systems), *Geographische Zeitschrift*, 86: 1–15.

Malecki, E. J. (2000) "Knowledge and regional competitiveness," *Erdkunde*, 54: 334–51.

Malmberg, A. and Maskell, P. (2002) "The elusive concept of localization economies: towards a knowledge-based theory of spatial clustering," *Environment and Planning A*, 34: 429–49.

Marshall, A. (1920) *Principles of Economics*, 8th edn, Philadelphia: Porcupine Press.

—— (1927) *Industry and Trade. A Study of Industrial Technique and Business Organization; and Their Influences on the Conditions of Various Classes and Nations*, 3rd edn, London: Macmillan.

Maskell, P. (2001) "Towards a knowledge-based theory of the geographical cluster," *Industrial and Corporate Change*, 10: 921–43.

Maskell, P. and Malmberg, A. (1999a) "The competitiveness of firms and regions: 'ubiquitification' and the importance of localized learning," *European Urban and Regional Studies*, 6: 9–25.

—— (1999b) "Localised learning and industrial competitiveness," *Cambridge Journal of Economics*, 23: 167–85.

Media City Leipzig (2000) *Media City Leipzig: Zentrum für elektronische Medien [Media City Leipzig: Center of New Electronic Media Branches]*, Leipzig.

Murdoch, J. (1995) "Actor–networks and the evolution of economic forms: combining description and explanation in theories of regulation, flexible specialization, and networks," *Environment and Planning A*, 27: 731–57.

North, D. C. (1990) *Institutions, Institutional Change and Economic Performance*, Cambridge: Cambridge University Press.

Oelke, E. (1997) *Sachsen-Anhalt [Saxony-Anhalt]*, Gotha: Perthes.

Oinas, P. (1997) "On the socio-spatial embeddedness of business firms," *Erdkunde*, 51: 23–32.

Owen-Smith, J. and Powell, W. W. (2002) "Knowledge networks in the Boston biotechnology community," paper presented at the conference on "Science as an Institution and the Institutions of Science," Siena.

Porter, M. E. (1990) *The Competitive Advantage of Nations*, New York: Free Press.

—— (1998) "Clusters and the new economics of competition," *Harvard Business Review*, 76 (November-December): 77–90.

—— (2000) "Locations, clusters, and company strategy," in Clark, G. L., Feldman, M. P. and Gertler, M. S. (eds) *The Oxford Handbook of Economic Geography*, pp. 253–74, Oxford: Oxford University Press.

Power, D. (2002) "'Cultural industries' in Sweden: an assessment of their place in the Swedish economy," *Economic Geography*, 78: 103–27.

Pratt, A. (1997) "Cultural industries: guest editorial," *Environment and Planning A*, 29: 1911–17.

Reiter, U. (2000) "Der MDR in der Medienstadt Leipzig" [The role of the MDR in Leipzig], in Grunau, H., Kleinwächter, W. and Stiehler, H.-J. (eds) *Medienstadt Leipzig: Vom Anspruch zur Wirklichkeit*, pp. 37–40, Leipzig: Monade.

Sagurna, M. (1999) "Medienstandort Sachsen – Bestandsaufnahme und Perspektiven" [Saxony's media industry – present state and future perspectives], in Altendorfer, O. and Mayer, K.-U. (eds) *Sächsisches Medienjahrbuch 1998/1999*, pp. 12–19, Leipzig: Verlag für Medien & Kommunikation.

—— (2000) "Der Medienstandort Leipzig im Freistaat Sachsen" [Leipzig's role as a media location in Saxony], in Grunau, H., Kleinwächter, W. and Stiehler, H.-J. (eds) *Medienstadt Leipzig: Vom Anspruch zur Wirklichkeit*, pp. 22–30, Leipzig: Monade.

Schmidt, H. (1994) "Leipzig zwischen Tradition und Neuorientierung" [The city of Leipzig: traditional structures and re-orientation], *Geographische Rundschau*, 46: 500-7.

Schubert, D. (1999) "Media City – Leipzig: Bestandsaufnahme und Ausblick" [Media City Leipzig: present state and future perspectives], in Altendorfer, O. and Mayer, K.-U. (eds) *Sächsisches Medienjahrbuch 1998/1999*, pp. 20-3, Leipzig: Verlag für Medien & Kommunikation.

—— (2000) "Die Stadt Leipzig und die Medien als Wirtschaftsfaktor" [The city of Leipzig and the economic importance of media], in Grunau, H., Kleinwächter, W. and Stiehler, H.-J. (eds) *Medienstadt Leipzig: Vom Anspruch zur Wirklichkeit*, pp. 33-6, Leipzig: Monade.

Schulz, G. (1989) *Buchhandels-Ploetz [Ploetz Book Trade Directory]*, 4th edn, Freiburg: Ploetz.

Scott, A. J. (1996) "The craft, fashion, and cultural-products industries of Los Angeles: competitive dynamics and policy dilemmas in a multisectoral image-producing complex," *Annals of the Association of American Geographers*, 86: 306-23.

—— (1988) *New Industrial Spaces. Flexible Production Organization and Regional Development in North America and Western Europe*, London: Pion.

—— (1998) *Regions and the World Economy: The Coming Shape of Global Production, Competition, and Political Order*, Oxford and New York: Oxford University Press.

—— (2000) *The Cultural Economy of Cities: Essays on the Geography of Image-Producing Industries*, London, Thousand Oaks, New Delhi: Sage.

Scott, J. (2001) *Power*, Cambridge and Oxford: Polity Press.

Sofer, M. and Schnell, I. (2002) "Over- and under-embeddedness: failures in developing mixed embeddedness among Israeli Arab entrepreneurs," in Taylor, M. and Leonard, S. (eds) *Embedded Enterprise and Social Capital: International Perspectives*, pp. 207-24. Aldershot: Ashgate.

Statistisches Landesamt des Freistaates Sachsen (2001) *Umsätze und ihre Besteuerung im Freistaat Sachsen: Ergebnisse der Umsatzsteuerstatistik 1999 [Tax Revenue Statistics 1999]*, project-specific analysis, Kamenz.

Storper, M. (1995) "The resurgence of regional economics, ten years later," *European Urban and Regional Studies*, 2: 191-221.

—— (1997) *The Regional World. Territorial Development in a Global Economy*, New York and London: Guilford.

Storper, M. and Christopherson, S. (1987) "Flexible specialization and regional industrial agglomerations: the case of the U.S. motion-picture industry," *Annals of the Association of American Geographers*, 77: 260-82.

Storper, M. and Venables, A. J. (2002) "Buzz: the economic force of the city," paper presented at the DRUID summer conference on "Industrial Dynamics of the New and Old Economy – Who is Embracing Whom?," Copenhagen, Elsinore.

Storper, M. and Walker, R. (1989) *The Capitalist Imperative. Territory, Technology, and Industrial Growth*, New York and Oxford: Basil Blackwell.

Sydow, J. and Staber, U. (2002) "The institutional embeddedness of project networks: the case of content production in German television," *Regional Studies*, 36: 215-27.

Taylor, M. (1995) "The business enterprise, power and patterns of geographical industrialisation," in Conti, S., Malecki, E. J. and Oinas, P. (eds) *The Industrial Enterprise and its Environment: Spatial Perspectives*, pp. 99-122, Aldershot: Ashgate.

—— (2000) "Enterprise, power and embeddedness: an empirical exploration," in Vatne, E. and Taylor, M. (eds) *The Networked Firm in a Global World: Small Firms in New*

Environments, pp. 199–233, Aldershot, Burlington: Ashgate.

Thomas, M. (2001) *Ein Blick zurück und voraus: Ostdeutsche Neue Selbständige – aufgeschobenes Scheitern oder Potenziale zur Erneuerung? [Looking Back and Forth: New Self-Employment in East Germany – Postponed Failure or Potential for Renewal?]*; available online: <http://www.biss-online.de/index_html.htm> (accessed October 11, 2003).

Tracey, P. and Clark, G. L. (2003) "Alliances, networks and competitive strategy: rethinking clusters of innovation," *Growth and Change*, 34: 1–16.

Uzzi, B. (1997) "Social structure and competition in interfirm networks: the paradox of embeddedness," *Administrative Science Quarterly*, 42: 35–67.

Wittmann, R. (1999) *Geschichte des deutschen Buchhandels [History of the German Book Trade]*, 2nd edn, München: Beck.

Wüpper, T. (2002) "Porsche und BMW sollen erst der Anfang sein" [Porsche and BMW are just the beginning], *Frankfurter Rundschau*, August 17, p. 9.

Yeung, H. W.-c. (1994) "Critical reviews of geographical perspectives on business organizations and the organization of production: towards a network approach," *Progress in Human Geography*, 18: 460–90.

第十章 英国伯明翰珠宝街的制作文化

简·波拉德(Jane Pollard)

导论

20世纪80年代以来,一场"文化转型"悄然改变了一些社会科学的规律,无论是后结构主义、女权主义、文学和生态学的探讨,抑或诠释经济行为的社会和文化概念,都可以追循到这种转变(Thrift and Olds, 1996; Crang, 1997; Peet, 1997)。在当代资本主义社会,文化领域中产出和就业不断增长,为这场"文化转型"提供了动力。与"文化产业"的最新研究集中于服务、媒体、时尚、娱乐和音乐领域有所不同,本章聚焦于近年来英国第二大城市伯明翰珠宝产业的发展。

2002年,英国珠宝产业的销售额达到52亿美元(约33亿英镑),虽然远不能与美国比肩(该年美国的珠宝销售额为530亿美元),但还是可以跟欧洲最大的意大利珠宝业一争高下的。作为伯明翰和西米德兰地区最古老的制造业之一,珠宝产业提供了一个如何吸引文化生产者和消费者的最佳视角,同时也是一个研究如何制定都市改造规划的最好地点。伯明翰珠宝业的重建工作有两大战略意图,一是使之成为设计先导型的现代产业,二是开掘著名的珠宝街的旅游潜力。本章将分别予以检视。

对伯明翰珠宝产业再造的案例进行研究,遵循以下三个要点:首先,不但要了解有关政策的战略意图,还要考察该行业的业主和员工对政策实施过程的亲身体验和感受(Kong,2000)。

其次,了解珠宝这类文化商品生产的物质和地理条件,对考察文化生产者的象征意义、审美标准、符号性质和定位功能都是十分重要的。伯明翰珠宝街的近期发展,不但有助于揭示创意生发的物质条件,而且否定了那些赞美或贬低创意产业的简单说法(Crewe et al.,2003)。

最后,当代社会科学的一大特点是,必须坚持考察经济体的社会和文化结构(Barnes,1996;Thrift and Olds,1996;Lee and Wills,1997;Sayer,2001)。对主流经济理论关于人类社会结构的观点,经济地理学家、社会学家、制度经济学家和发展经济学家无不明确秉持批判的态度。许多地区的政策制定者也在探索和理解生产活动有哪些社会性、文化性和物质性的资产,试图在不同地点和不同部门仿造业已取得"成功的"生产体系。不过,伯明翰珠宝街的案例研究表明,权力、地位和身份这类社会关系网络其实具有相互矛盾的性质,这与根深蒂固的思想意识和制作文化密切相关。这种社会关系网络既吸引又排斥进入该行业的新来者,有时也会屈从竞争的无情压力而成为变革的阻力,有碍于协作和互信关系的建立。笔者认为,重振珠宝街,不但要超越所有产业都具有"文化"性质的认识,也不仅是改善街道环境和培育大批设计人才,还要做更多的工作。鼓励珠宝商改变工作方式,让他们更加注重设计环节,并转向价值增值的高端市场,也必须一并纳入现行价值观的内涵和珠宝加工的增值过程。

本章先回顾伯明翰的发展近况,接着考察这座城市珠宝街的开发状况和重振该产业、该街区的两大政策举措。我们将利用一系列公开和未公开发表的统计资料,利用与 30 余名来自当地公共部门、私营企业和义工机构的珠宝制造商、设计制作者和信息提供人的访谈资料,来检视这些政策措施实施过程中带来的紧张关系和冲突效应。最后,检查这些政策措施的缺失,指出目前珠宝街依旧存在的问题,很显然,这些问题对当下通行的制作文化和商业模式提出了挑战。

伯明翰：文化转型经济学

城市，是社会互动的平台，劳动分工密集的场所，知识流动、反刍和创意频发之地（Storper，1997；Scott，2001；Florida，2002）。城市历来就是文化生产和消费的重镇。当前，城市又被赋予新的功能，在那些制造业受挫衰退的地区，城市在经济上、政治上和文化象征意义上都要发挥浴火重生的重要作用（Bianchini，1993；Gdaniec，2000）。现在的"文化"，似乎是"失去的工厂车间的神奇替代物，塑造都市新形象的有力工具，令城市对资本流和专业人士流更富吸引力"（Hall，2000：640）。在英国，文化部门被视为一个大产业，它不仅因美学或社会学的缘由而备受重视，更被当作"创意产业"而具有经济上的重要性。1998年，文化传媒体育部（DCMS）对"创意产业"范畴和统计口径制定了规范：

> 创意产业是指那些从业者个人极具原创性、技能和才干的产业，这些产业会产生、开发和利用知识产权，从而具有创造财富和工作机会的潜力。创意产业包括：广告、建筑、艺术品和古董市场、手工艺品、设计、时装设计、电影和视频、互动游戏软件、音乐、表演艺术、出版、软件和计算机服务、电视和广播。
> （http://www.culture.gov.uk/creative_industries/default.htm, accessed 10 November 2003）

尽管目前英国的产业分类法有碍于进行精确的统计，但不难看出，形形色色的创意产业部门已在英国迅速成长起来。1997～2000年，该国创意产业每年的出口额增长13%，就业量增长5%，而英国全国年经济增长率仅为1.5%（http://www.culture.gov.uk/creative_industries/default.htm, accessed 23 April 2003）。根据文化传媒体育部

(DCMS)的估算,英国创意产业约占国内生产总值(GDP)的 4%,出口额约为 75 亿英镑(http://www.arts.org.uk/directory/regions/west_mid/ar99/p7.htm,accessed 23 April 2003)。

伯明翰曾经是战后汽车、工程和金属制品产业就业的中心,20 世纪 70 年代以来又相继开发了一系列服务业、娱乐休闲业和零售业项目,力图阻止经济下滑的趋势。纵观整个 20 世纪 70 年代和 80 年代,伯明翰与英国其他主要城市一样,制造业的就业岗位严重流失,中心城区人口减少,产业结构发生退化(Loftman and Nevin,1996;Henry et al.,2002;Pollard,2004)。该城市的市议会大力吸引博彩基金、区域开发基金和其他公共或私人资金,用于修缮城市的运河系统、市中心的人行道和一系列文化类旗舰项目的建设(Hubbard,1996;Loftman and Nevin,1996;Ward,2001;Webster,2001;Henry et al.,2002),包括国家展览中心(NEC)、国家室内体育馆(NIA)、国际会议中心(ICC)、伯明翰交响音乐厅和乐队、伯明翰皇家芭蕾舞和话剧团、千年点(Millennium Point)大厦,还有众多的零售休闲综合体和文化教育中心。

修建这些休闲、零售、教育和文化之类的辅助设施,不仅反映了市议会吸引国内投资的强烈愿望,也展示了其提升城市中心生活品质的勃勃雄心。根据市议会的"城市生活计划",伯明翰在 1998～2003 年已开发了 2 000 多个住宅单位,而市议会更大的目标是 1991～2011 年在伯明翰修建约 44 500 个新住宅单位(EDAW,1998)。迄今为止,按照城市中心重建规划,投资者为高收入专业人士和投资者建造的新公寓已落成了一半(Norwood,2002)。

在诸多制造业部门纷纷陷入衰退困境之时,伯明翰是如何实现消费导向性的重建目标的呢?如果说伯明翰的老产业欲重整旗鼓并凸显其文化内涵,那么,珠宝业就是不二的选择。珠宝产业既有产出量,又有手工艺,这门手艺高度依赖熟练技工和高超的设计理念。在探究这个问题之前,我们先来看看今日珠宝街的业务状况。

伯明翰在英国珠宝业中的地位

18 世纪以来,伯明翰一直是享誉世界的珠宝设计和制作中心(Roche,1927;Wise,1949;Mason,1998)。在市中心西北方向一英里不到的霍克利(Hockley),聚集着许多金匠、银匠、宝石和金块贸易商以及各种与珠宝相关的商人(参见图 10.1)。英国珠宝产业雇用的生产人员超过 9 000 人,而伯明翰就占了其中的一半。除了伯明翰,主要的珠宝生产中心还有伦敦和谢菲尔德[英国贸工部(DTI,2001);国际化质量审核流程(JQRP,2002)]。

在英国,珠宝产业是地理集中度最高的产业之一(Devereaux et al.,1999),该产业绝大多数是小企业,雇佣员工少于 10 人。纯度标记数据[1]为珠宝产出量提供了一个大致的数字,这些数字揭示了基于个人可支配开支的交易额的高峰值和低谷值。20 世纪大部分时间里,伯明翰化验所做的纯度标记约占英国所有纯度标记物件的 40%~50%(参见图 10.2[2])。

如今,位于霍克利的珠宝街占地 265 英亩以上,有 500 余家珠宝行业的企业坐落在这里(Pollard,2004)。在珠宝街之外还有一些其他的珠宝商,例如,帕克希尔(Parkhill)地区就有一个以亚洲珠宝零售商为主体的社区,但该社区的规模、生产网络的范围和性质以及他们与珠宝街的关联程度,只有一些传闻,还有待于进一步调查。

---

[1] 解释纯度标记数据有一定的难度。这是因为,并非所有的纯度标记材料都必须在伯明翰当地做。而且,从珠宝产品生产出来到做纯度标记之间有较长的迟延。再者,非贵金属制成的珠宝是不需要做纯度标记的(Mason,1998)。

[2] 制作这张地图时所使用的与珠宝有关的企业信息,取自于未公开发表的 2001 年"商业联系"资料库,作者也根据自己的调研做了补充。另外,作者使用的产业分类法也比怀斯(Wise,1949)采用的分类法更为严谨,像光学器材制造商、珠子、螺栓和纽扣制造商以及批发商均不包括在内。

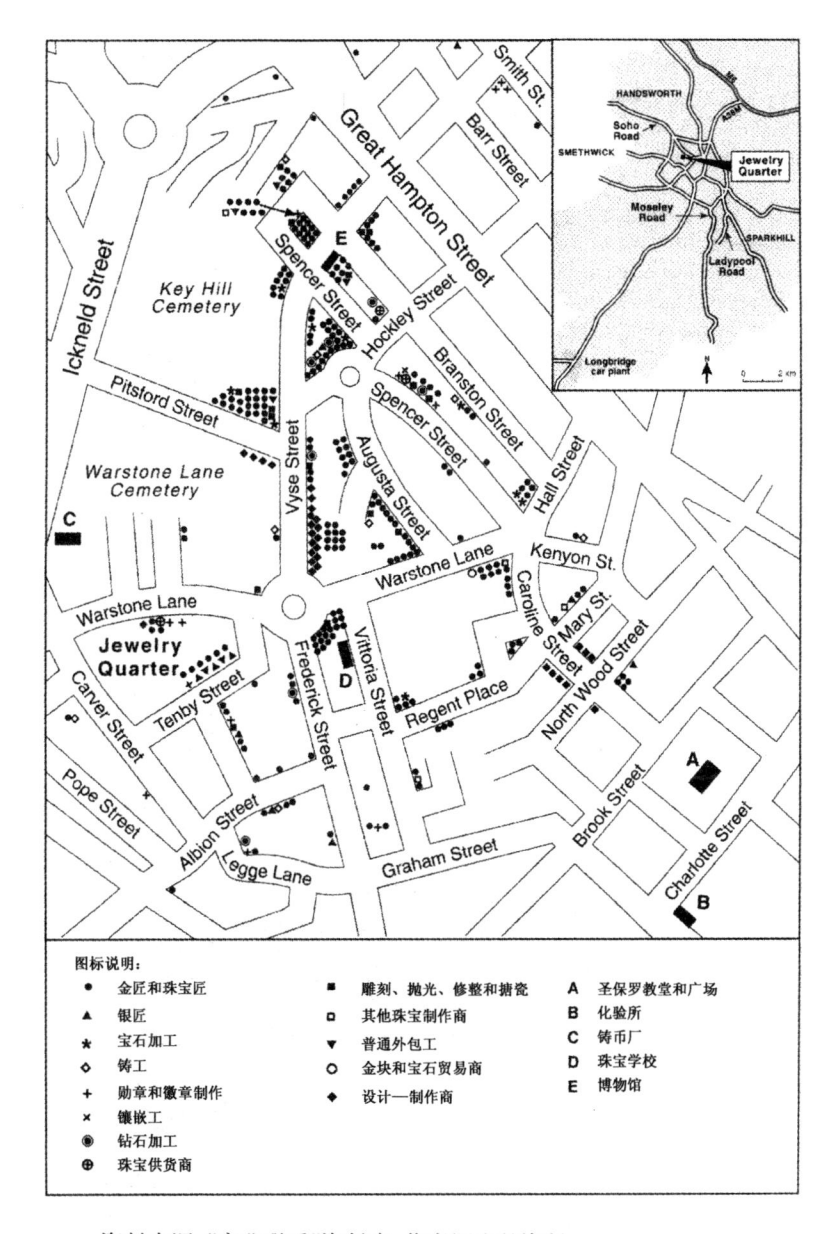

第十章 英国伯明翰珠宝街的制作文化 207

图标说明：
- ● 金匠和珠宝匠
- ▲ 银匠
- ★ 宝石加工
- ◇ 铸工
- ＋ 勋章和徽章制作
- × 镶嵌工
- ⬤ 钻石加工
- ⊕ 珠宝供货商
- ■ 雕刻、抛光、修整和搪瓷
- □ 其他珠宝制作商
- ▽ 普通外包工
- ○ 金块和宝石贸易商
- ◆ 设计—制作商
- A 圣保罗教堂和广场
- B 化验所
- C 铸币厂
- D 珠宝学校
- E 博物馆

资料来源："商业联系"资料库，作者调查的资料。

图 10.1　2001 年伯明翰珠宝街企业的分布

208 文化产业与文化生产

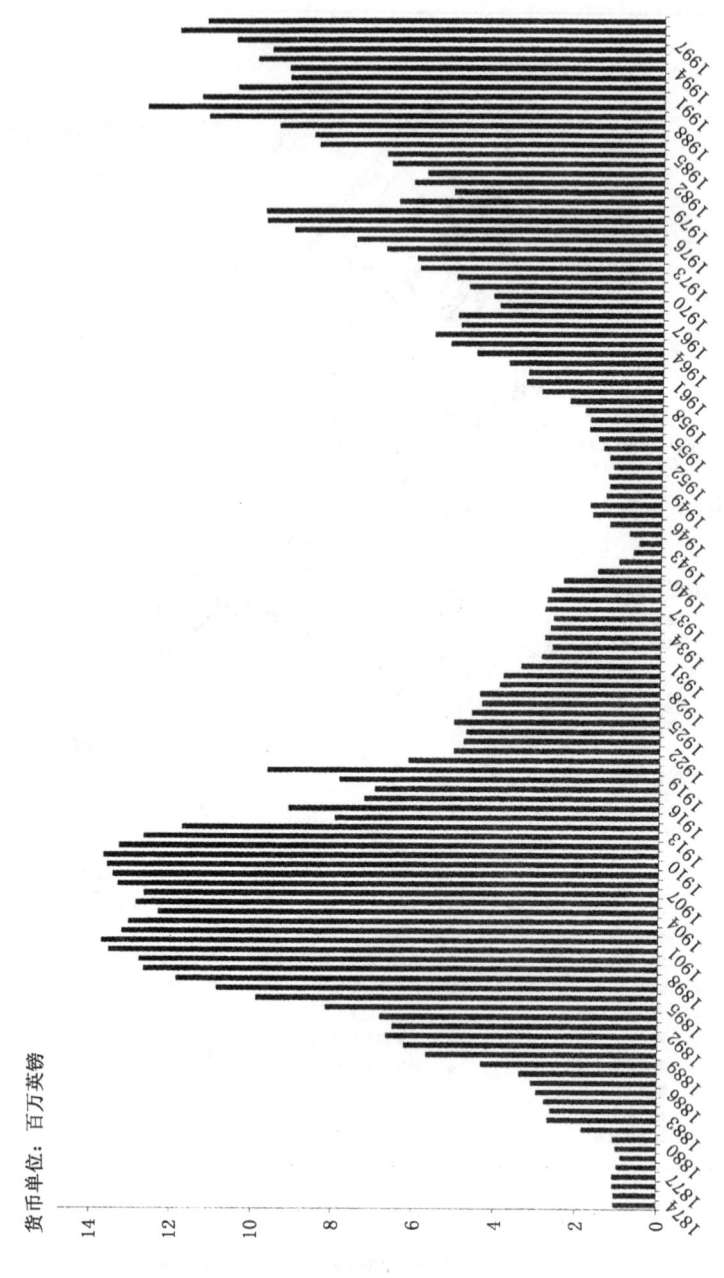

货币单位：百万英镑

资料来源：伯明翰化验所，未公开发布的统计数据。

图 10.2　1874～1999 年伯明翰化验的珠宝产品的价值

虽然珠宝街依旧是欧洲主要的珠宝设计和制作中心,但按照就业和企业数量来讲,它并未达到自己曾经有过的辉煌。早在1913年,珠宝街的就业就达到峰值,那时的珠宝制作工人约有5万(Roche,1927)至7万(Smirke,1913,Mason,1998),仅次于伯明翰从事有色金属冶炼的工人数量。到20世纪50年代,珠宝街还有1 500多家企业、3万多名从业者(Mason,1998)。

19世纪珠宝街的迅速成长,得益于当时金矿的发现、商用的电镀技术、维多利亚时代中产阶级可支配收入的提高及其对珠宝的需求,以及1854年低标准法案,即引入9克拉、12克拉和15克拉廉价珠宝的黄金标准立法,一些与珠宝相关的著名机构也纷纷入驻珠宝街,如化验所(1773年)、伯明翰珠宝商和银匠协会(1887年,后为英国珠宝协会)[①]和珠宝学校(1890年)。

伯明翰制造商具有设计和制作优质珠宝的传统,但战后当地众多厂商均转向批量化珠宝生产,主要生产普通民众也能负担的9克拉金首饰,从而开启了英国珠宝产业面向大众市场的新时代。战后初期的商业环境,对珠宝商来说并不有利:高购置税,贵金属的短缺,西米德兰的汽车、工程业不断增长,其较高的薪酬导致珠宝街的工人流失,这一切都有碍于珠宝产业的发展。更严重的问题是,20世纪80年代、90年代强大的海外竞争对手从两条战线发起了挑战:在高附加值的高端珠宝市场上,有来自瑞士、德国和意大利的竞争对手,特别是意大利,1998年该国输出了75%生产的珠宝,几乎占全球珠宝出口总额的25%(DTI,2001);在低端市场上,来自泰国、印度尼西亚、中国和印度的低薪生产者大举入侵9克拉金首饰市场,英国生产者的市场份额受到了严重的侵蚀,从20世纪80年代的68%下降到1999年的56%(DTI,2001)。为了扭转80年代以来的竞争颓势,一些"设计—制作"

---

① 伯明翰珠宝商和银匠协会于1946年改名为英国金匠、银匠和钟表匠联合协会,简称英国珠宝协会,即BIA(Mason,1998)。

相结合的企业,特别是小批量的设计密集型珠宝生产,在90年代逐步地发展起来。最新调查结果显示,伯明翰珠宝街现有100多家这样的设计—制作型企业(JQRP,2002,参见图10.1)。

重塑珠宝街

关于再造伯明翰珠宝产业,现有两种不同的政策思路:一是提升现有珠宝企业的设计水准,二是改变珠宝街的产业结构,重振伯明翰。

设计让珠宝业成为"创意产业"

英国贸易和工业部(下称英国贸工部)的最新评估报告显示,英国生产者仍在继续丢失市场份额,缺少龙头企业,忽视消费者的需求和偏好,这跟笔者对伯明翰珠宝产业现状的分析是一致的。英国贸工部的这份报告认为,设计应当在未来的珠宝产业中发挥更加重要的作用:

> 设计者和制作者都是珠宝业至关重要的核心创意人士,他们的创意和设计理念应直接或间接地投入到主流制造部门。若无这种联系,若缺失此类蓬勃发展的设计—制作相结合的部门,英国珠宝产业维持长期生存和再次振兴是不可能的。
>
> (DTI,2001:72)

在伯明翰,传统珠宝制造业持续下滑的态势催逼着对设计—制作者的扶持,将他们看成是产业面向市场、采用新材料和新技术的中坚分子(伯明翰市议会,2001)。而西米德兰地区则一直将珠宝视为"手工艺品",纳入创意产业的范畴,将之塑造成特殊的产业集群。除了对该地区现存的企业和机构施以政策驱动力外,珠宝街的国际知名的珠宝学校和中央英格兰大学伯明翰艺术与设计学院(BIAD)在培养设计—制作混成型人才并鼓励其投身于商务实践方面,也一直扮演着关键性的角色。

"都市村庄"珠宝街

另一个振兴珠宝街的政策举措是,通过立项来改善该街区的商业环境和产业结构(Pollard,2004)。1998 年提出的"都市村庄"项目,就是伯明翰市议会、英国合作伙伴组织(包括地区发展协会、先进米德兰协会)、"都市村庄"论坛(现加入王子基金会)和英国水道组织共同商讨的产物。这个 5 年计划耗资 2.5 亿英镑,其主旨是"将珠宝街转变成英国最令人振奋的多方位就业的社区之一,传统的珠宝制造业、住宅、社会机构和休闲娱乐设施都将汇聚一处"[珠宝街都市村庄合作委员会(JQUVPB,1998:3)]。该项目最重要的目标之一是使珠宝街的居住人口增加 10 倍,达到 4 000~5 000 人,并将珠宝街整体纳入市议会的城市生活规划。这项计划得到了伯明翰统一发展计划的补充规划指南的认可,为了鼓励投资、促进开发,该指南还放宽了珠宝街周边规划的限制。除了新增 2 000 个住宅单位外,珠宝街还修建了一个新画廊和若干新咖啡馆、商铺和酒店,修缮了人行道、学校道路和移动式闭路电视摄像系统(JQRP,2002)。

这份"都市村庄"规划,旨在强化珠宝街与市中心的联系、修建新住宅、社区和旅游设施以促进珠宝业的繁荣,而不是仅仅关注珠宝业的特定网络、机构或创新体系(EDAW,1998;Pollard,2004)。但不可否认,这项规划推出的多个项目也造成了不少紧张关系,其中有的项目打着支持珠宝街创意产业的旗号,其实与该产业振兴并无多大关系。接下来,笔者将考量这些政策的某些缺失,如果珠宝产业欲更上一层楼,走向高附加值和设计密集型产品市场,就必须公开剖析之,而在这之前,还要谈谈一些珠宝商对这些政策方案的意见。

制作文化？珠宝生产的物资条件

为便于理解珠宝商对创意产业和"都市村庄"规划提出的各类问题,有必要先了解一些有关珠宝制作的物质条件,例如,使用的原材料、生产的过程以及协作网络。珠宝街企业的劳动分工大致可划分为三个阶段(Scott,2000):第一阶段,对粗宝石进行切割和初加工;第二阶段,对贵金属、半贵金属物件进行设计和生产(浇铸、冲压或切割);第三阶段,对宝石进行金属包皮和最终定型。伯明翰的独特性就起源于劳动的社会分工,这种分工围绕着上述三阶段有序地展开。以制造商和金银首饰的设计—制作者为核心,周围环绕着一大群小企业和外包工,后者专门从事宝石和金块的处理、精制、宝石镶嵌、制模、浇铸、精加工、冲压、金属冲孔和拉制以及供应特制的工具。大型制造商可能会雇用50~60名工人,但也会把浇铸和搪瓷之类的活计外包出去。而小企业更是依赖外包,不仅外包浇铸,还有宝石镶嵌、润色抛光等其他的活计。珠宝街也是诸多辅助性企业和服务机构所在地,如进口商、仓储商、机械和工具制造商、珠宝学校和当地商会。

到目前为止,我们只谈到珠宝街制造商和设计—制作企业,而"都市村庄"规划的核心问题在于,它试图将珠宝街开发成一个旅游观光景点,这个变迁必将威胁到以开发文化遗产为己任的珠宝产业的经济活力。

安全性是珠宝街的制造商和设计专业人士关注的首要问题。金银、白金和宝石等原材料的交易,珠宝成品和半成品的存储,都必须确保安全。对外包工、制造商和其他有信誉的"经营者"来说,错综复杂的社会分工和商业交易使他们需要在街区里安全地转运这些半成品。出于这些理由,人们对越来越多的"外来者"和非珠宝类生意进入珠宝街不免有些担忧:

> 我们这儿的安全问题已经够多的了。我宁愿满大街都是珠宝制造商,再也别来其他的生意人。我可不想一出门就碰到那些人,连你在干啥他们都一清二楚。
>
> （某制造商,资料来源A）

珠宝商关心的第二个问题是,珠宝街的住宅区快速扩张,现已建成1 000多个住宅,居住人口超过1 200人(JQRP,2002)。根据"都市村庄"规划的设想,未来入住人口将达到4 000~5 000人。住宅区附近的珠宝制造商担心的是,他们经常需要工作到深夜,一年中有些季节的周末还要加班,这可能会遭到附近居民的抱怨和投诉。珠宝制造商使用不少重型的冲压、碾磨设备,这些机器会带来噪音和振动。此外,还有用于淬火、清洗以及最终定型珠宝时的有毒物质,如氰化物和氨。在营运中,泄漏和其他事故如影相随,时有发生：

> 噪音、振动、氰化物和氨,他们对此毫无所知。由于氨气泄漏,这条街还不时要封路
>
> （某贸易代表,资料来源F）

除了担心新公寓受到珠宝生产噪声、振动和排放物的影响,珠宝商第三个也是最大的忧虑是当地房地产价格在开发压力下飙升。由于邻近市中心,那些热衷于建造豪华公寓的开发商纷纷看中了珠宝街：

> 我担心房价特别是工作室的租金会受到冲击。对大多数人来说,原来的房价非常便宜,也可以分担租金。这真是一个令人担忧的问题。坦率地讲,这里的房价已经在一个劲儿猛涨,开发商涌进来了,我很怀疑这是明智的做法。
>
> （某教育工作者,资料来源J）

许多建在珠宝街的新公寓,就像那些市中心附近修建的公寓房,2002年的房价在30万~40万英镑,售房的对象主要是投资者和外来的专业人士[Gray,引自阿诺特(Arnot,2002)]。

面对迅猛上涨的房地产价格,那些占地面积较大的珠宝制造商开始想象他们可能的未来:

> 我想,如果四周的房价像他们所说的那样疯涨,我们是绝不会挪窝搬走的,就跟工厂一起扎在这儿啦。也许,我们会把工厂变成公寓楼,这事儿太令人震惊了! 附近也有许多这样的工厂,人们都盼望有那么一天,这些工厂的资产会比他们的珠宝制作生意更值钱。
>
> (某制造商,资料来源 A)

对这些珠宝制造商来说,他们通常已达到中等富裕程度,支撑其坚守珠宝街的是从事珠宝制作行业的承诺,或者是准备将其事业传承给下一代。

另一位制造商说道:

> 对现在的情况,我可烦透了。虽然我已经老了,但还记得伯明翰有过一个枪街(Gun Quarter)。那里造枪械,跟做珠宝一样,都是高级手艺活儿,也都是低工资、低开销……当年也有一些家伙对枪街的人说:"让我们来收拾这儿吧。我们会扫平一切,为你们建一座新的工厂,顺便说,租金要多付 10 倍。"于是,所有的伙计都喊道:"不! 我宁可去长桥(Longbridge)汽车厂干活,我在那儿挣的钱更多,压力也没这么大。"
>
> (某制造商,资料来源 B)

2001 年春天,一份对 118 家珠宝街企业的调研报告(佚名,2001)出炉,报告显示,珠宝制造商忧虑的问题包括过度的住宅建设、上涨的房地产价格、民居与商铺之间的冲突以及辅助性商务机构的迁移。伯明翰市议会也认识到,"珠宝街工业心脏地带住宅开发失当的压力,威胁着该街区内部的相互依存关系,使珠宝产业结构的脆弱性有增无减"(佚名,2001:29)。2001 年,伯明翰市议会、英国文化遗产委员会和先进米德兰协会专门为珠宝街保护区制定了一份"保护区特质及其管理计划",该计划确认了上述压力的存在。2002年1月,市议会采纳了新的"补充规划指南"(佚名,2002),该指南明确指定珠宝街为保护区,其要点正是限制在工业和零售的核心区域内扩大建造居民住宅。

制作文化？珠宝街的物质、文化和社会资产

在伯明翰,汽车和工程产业的名声更大,而珠宝产业受到的重视程度相对不足,这已成为当地决策圈的一个共识(某政策制定者,资料来源C)。如果一味宣扬"都市村庄"和创意产业规划是重振珠宝业的起点,而不管实施这些政策会带来何种意外的后果,对此,笔者是抱有怀疑态度的。对于其他一些制约珠宝街发展的障碍,那些力主打造珠宝街及其产品的文化品牌的政策也未直接指明。

在珠宝街,一些制作优质珠宝的制造商谈到了他们面临的一个严峻困境:

> 与30年前相比,现在的珠宝质量太差劲了,简直差到了极点。这太让人郁闷了。大约25年前,伦敦一家领头的珠宝零售店开始扩张,它在许多郡县培养珠宝制造商,这些企业后来成了珠宝行业的支柱,这可是英国发生的最大的变化……可现在,全国还有哪个县城听不到优秀的家族珠宝商消亡的故事……如今在英国总能听到这样的故事,你只要扳着两只手的手指,就能数过来伦敦西区外还有哪些优质珠宝制造商活着。
>
> (某珠宝制造商,资料来源A)

随着大批量珠宝生产技术的发展,英国珠宝零售连锁店也开始了行业整合。另一位珠宝制造商认为,零售商们鼓动珠宝街的制造商开展价格竞争,他们对这种杀价文化的形成是负有责任的(某珠宝制造商,资料来源W)。最近的新动向是,连非专业的零售商(如服装店、化学品店)也开始涉足廉价时尚珠宝的销售,这些珠宝通常是银质的,或

是用9K金制成的(Key Note,1998)。

珠宝街的厂商虽有能力生产优质的珠宝产品,但他们痛感缺乏良好的分销渠道。20世纪70年代以来,珠宝街发生了一个重大的变迁——零售商开始入驻该街区。从20世纪70年代末期第一家珠宝零售店踏进珠宝街起,到20世纪80年代初经济不景气时,零售店的数目急剧上升①,迄今为止,这里已有150余家零售店(JQRP,2002),但只有寥寥三家零售店出售本地设计和制作的珠宝(某珠宝设计—制作商,资料来源G)。这种情况的形成,其实跟当地的珠宝制造商和设计—制作企业的态度不无关系,他们对零售店出售低品质珠宝(大部分是进口货)颇有微辞,甚至不屑一顾。零售商看中的是珠宝街的历史名声和客流量,而本地珠宝制造商和设计—制作企业却很少与公众直接接触或交易,如果他们的产品无法在当地展示,那么,他们就会同与日俱增的客流量失之交臂,赚不到任何的利益。

珠宝街的第二个日趋严重的问题是技能的再生产。众所周知,珠宝制作是一个工资相对较低的产业,它一直依靠传统的学徒制来培训专门的手工艺工人,以完成市场上一部分必须用手工来制作的活计。无奈当今年轻人自愿学习珠宝手艺的很少,这使珠宝街后继无人的问题凸显出来:

> 英国的珠宝产业要想薪火相传的话,就必需有一批熟练技工。但你会发现,孩子们不像从前那样愿意来干我们这个行当,据我所知,如今入行的最年轻的孩子都是20多岁的了。
>
> (某珠宝设计、制作者,资料来源O)

自20世纪90年代初,珠宝商面对的市场困境愈发严峻,学徒制度也受到冲击,这使当地决策者备感困扰。正如一位制造商所言:"没那么多学徒来了,你得记住,像开车载客那样带一大串徒弟的日子不

---

① 这种扩张是否因其他零售商迁移到珠宝街,还是珠宝制造商或冗余员工开店谋取更多的现金流造成的,这一点尚不清楚(Smith,1987)。

会再来了"(某珠宝制造商,资料来源 B)。他继续说道:

> 我的雕刻工专门在结婚戒指上刻字,就是那种私人定制的印戒,哎哟,他已经 60 多岁了。那个为我们雕刻宝石和金子的老伙计,都 70 了。我的助手也 50 开外了。我的搪瓷工干的是我能给他的最好的活计,他 70 了……还有一个老伙计,他帮我做私人定制的印戒……我都不知道他几岁,看起来好像有 150 岁啰(笑声)。他就在家里干活,也没徒弟跟他……干咱们这一行的,再也找不出指尖上有这般绝活的人了。假如时光能倒流的话,那该有多么美妙啊!

政策制定者已经注意到,传统技能的弱化,熟练技工的缺失,不仅影响高端的珠宝制造商,设计—制作企业也备受掣肘。那些典型的设计—制作者只接受过生产技术方面的培训,并不知晓如何开展特殊的商务活动,如何依托现有物质条件打开局面,如何利用珠宝街上的专业人士和外包工。有些设计—制作者亲力亲为,独自承揽大部分工作,只将浇铸外包出去;其他的设计—制作者则是单纯地画图设计,而将所有的生产环节悉数外包,外包的范围涵盖着制模、浇铸、宝石切割、搪瓷、抛光和其他各式工作。1999 年,珠宝街 48 家设计—制作企业中便有 40 家使用分包商来分担他们的部分工作[泰勒·伯吉斯咨询有限公司(Taylor Burgess Consulting Limited,1999)]。从一位设计—制作者的视角看到的是:

> 光靠设计—制作者自己是干不了所有工作的。他们全得靠那些小作坊,让它们去浇铸、去蚀刻,无论干什么,彼此共享技能……这的确帮了设计—制作企业大忙。如果没有这个共同的技术基础来作支撑,那么,设计—制作企业必垮无疑。
>
> (某珠宝设计、制作者,资料来源 Q)

珠宝学校也是有关珠宝街的政策争议的一个重要议题,制造商们批评这个学校只注重培养设计能力强的毕业生,而忽视培养懂制造、会制造的人：

> 这个珠宝学校并不是在培养合格的学员，他们只培养珠宝设计员，这种做法明智吗？学生嘛，应该学习怎样当雕刻工，怎样做钻石安装员，而不是像玩游戏那样，搞搞雕刻、摸摸搪瓷而已。我觉得，他们并不是真的想让学生成为熟练的高级技工。

（某珠宝制造商,资料来源 B）

对珠宝学校的教学工作突出设计重点的争议，反映了珠宝街的人们对"技能"概念有着不同的理解，人们对制造导向的传统珠宝生产模式在未来是否具有可行性也有不同的认知，要知道，这种最早于 18 世纪形成的传统生产模式在某些家族企业中一直流传至今。

珠宝街第三个令人关注的问题是，这里的社会关系层级森严，传统的意识和制作文化根深蒂固，这显然无助于吸收新鲜血液或重建产业形象，决策者、制造商和设计—制作商都已意识到了这一点。珠宝街存在着大量的小企业，通常是家庭经营式企业，其分散化程度之高，封闭性、保守性和被动性之烈，无不给人留下深刻的印象(资料来源：珠宝制造商 A、E、F;政策制定者 P)。众多的家族经营企业和珠宝生产的安全性要求，营造出了一种诡谲神秘的氛围。持续下滑的生意不断冲击现行的协作文化，珠宝街的制造商们已然觉悟："这就是狗咬狗啊，十年来就是如此。我想，这全是进口惹的祸"(某珠宝制造商,资料来源 W)。

除了难以找到合适的产品销路，设计—制作商与珠宝制造商之间的协作关系也存在不少问题：

> 我们不会像大公司那样欺骗别人，很不幸，他们就是这么干的。他们成天围着我们的展品转悠，派人来搜罗新点子，回去就大批量生产，定价又很便宜，这确实令人担忧。

（某珠宝设计、制作商,资料来源 X）

另一位设计—制作商说道：

每次去伯明翰出差,我就忍不住发牢骚,那儿的老珠宝商什么都不告诉你。他们究竟害怕失去什么呢？我们又不会偷走他们的顾客,我们的产品也跟他们完全不同,但他们就是不告诉你任何事,像到去哪儿买东西、学技术啦,等等。

(某珠宝设计、制作商,资料来源 P)

年龄、性别的差异,也是珠宝制造商和设计—制作商之间存在的一个问题。珠宝街正在经历人口结构的重大变迁,搞设计的新人陆续到来,触动了这里人的敏感神经,也对文化和工作的传统认知提出了挑战:

我想,那些珠宝制造商对设计—制作者很有成见。他们总以为设计—制作者是暴发户,因为这些人不参与买卖,也不做外包工,甚至什么零工也不打,光是四处溜达,干他们自己的事。瞧,那个过马路的人就像设计—制作人。珠宝是贵金属,是宝石,只有亲自动手的制造商才受人尊重,才是OK的。那些连手都不碰贵金属的人,甭管多么优雅,多么时髦,都是冒牌货。就对他们这么讲吧:"嗨,这不是珠宝"。

(某珠宝设计、制作商,资料来源 O)

另一位设计—制作者认为,珠宝街人的分歧日渐扩大,人们的差异不仅在于对技能和就业概念的不同理解,还牵涉性别和受教育的背景。他说:"他们(珠宝制造商)对这些人(设计—制造商)是女的很不高兴,他们对我们上过大学、学院或其他学校也不以为然"(某设计—制作者,资料来源 P)。关于珠宝街的设计—制作者,目前尚无详细的人口统计资料,虽有不少传闻轶事,但各种资料来源均表明,大约75%的设计—制作者是女性(Taylor Burgess Consulting Limited,1999;某些设计—制作者,资料来源 G、O、P)。当珠宝学校的白人和亚裔女学生学成毕业并打算从事设计—制作工作时,政策制定者也曾试图鼓励珠宝制造商从附近失业率高的地区招聘新员工,但他们发现:

当地人都不愿去珠宝行业工作,因为整个珠宝行业就是白人和男人的世界,而他们(珠宝制造商)也不愿从失业率高的地区招人,认为那边的人不可信,那边是一个可疑的地方。我们早就探讨过让珠宝街尽量使用本地的技工,但这样的好事从未发生过。

(某政策制定者,资料来源S)

综上所述,不仅珠宝商对振兴珠宝业和珠宝街的特殊政策措施颇有微辞,而且,珠宝制造商和设计—制作者对攻占高价值市场也有不少忧虑:战后珠宝街转向大批量生产,但这种转型遗留下来一个问题,即设计密集型的优质珠宝产品缺乏合适的销售网络;再者,珠宝产业的技能再生产问题重重,难以为继;最后,当较多的设计意识应用到珠宝产业时,人们又对"技能"的价值含义争论不休。在这种疑虑、保守、恐惧和衰颓的氛围中,伯明翰珠宝街的经营方式和传统制作文化正经历着一系列经济、社会、文化和人口结构上的"冲击",它们唯有不断强化自身的生存能力,继续向高附加价值和设计密集型的产品市场挺进。

结论

在伯明翰重新构建文化生产和消费中心之际,本章检视了这座城市最古老的制造业基地之一——珠宝街。这里推行两个政策举措,一个是推进设计导向的现代产业(或曰"创意"产业)的建立;另一个是扩建住宅和休闲娱乐设施,开掘旅游的潜力。这些政策举措的实施,确实改善了珠宝街的某些基础设施,也提升了当地设计团体的能见度。与此同时,当这些政策措施以推进城市"创意产业"的名义在珠宝街付诸实施时,也暴露出了某些分歧或矛盾。我们的这个案例研究,除了追问伯明翰的政策制定者究竟想要达成何种政策目标,还阐明了"创意"产业构想的多样性和复杂性。

这个案例研究,给我们带来了以下若干重要的启示。

第一,对业主和员工这些政策效应亲历者的经验进行总结,是富有指导意义的,也可以理解前面笔者讲过的多样性和复杂性。伯明翰的"都市村庄"计划将其他振兴计划的经济逻辑植入了珠宝街,即优先考虑文化的生产和消费,以便吸引投资者和富裕的消费者。但这种高端化做法导致了地价和厂房上涨,并将一些珠宝商从珠宝街驱离出去。为了保护珠宝街的珠宝产业集群,有关当局近来修改了"都市村庄"规划的条例,这使许多珠宝商的近期和中期利益得到了保障,不然,他们将会被预期有误的房地产市场拖下水去。但接踵而来的问题是:究竟哪些人应当被诸如此类的振兴计划所吸纳或排斥,在伯明翰自我定位于"文化首都"的战略构想中,到底有没有那些工资较低、现金寥寥、靠手工艺为生的产业的生存空间?

第二,旨在促进伯明翰的珠宝商发展文化和创意的政策,不应当忽视珠宝生产的物质条件。珠宝街的设计师们能够利用该地区错综复杂、日益扩展的社会分工,将他们的设计最终转化珠宝成品,而"都市村庄"之类的振兴计划却对日常的珠宝生产情况所知甚少,尤其是疏于了解珠宝产品的制作人员、机器设备和物质材料的流动情况。

第三,从"文化"兴趣出发制定的政策,却对珠宝街各种制作文化兴趣索然,这一点颇为有趣。伯明翰珠宝街之所以受到人们的好评,并不是因为有那么一群相同的制造商和设计者分享同一项目或理念。相反,我们只要检视其中的一部分制造商和设计—制作者,就能看到诸如年龄、阶层、种族和性别之类的差别,而这些差别的背后更隐藏着"技能"定义的变化、不同的培训和招聘方式以及对不同质量档次的珠宝的价值观。珠宝产业面临着技能再生产难以为继、合作和互信程度降低、某些市场价格竞争格外惨烈的局面,这使珠宝街的老人与新人的关系更加撕裂,两者之间的差别进一步拉大。

伯明翰珠宝生产的未来,取决于珠宝的创新设计和优质制作。在这方面，目前已有一些励精图治、奋发向上的作为。毕竟，这座城市是英国的一个老工业基地，拥有高超的金属加工技术，对年轻的设计师也有巨大的吸引力。然而，珠宝产业若要朝更有竞争力的设计密集型的方向发展，就需要将制造商和设计师的关系整合得更加紧密。同时，还需要重新构建在高附加价值市场生存发展所必备的互信、协作关系和竞争谋略。制定公共政策时应当清晰地表述这些要求，如鼓励开拓本地设计和制作的珠宝的零售渠道，加强珠宝设计师与伯明翰纺织、家具及其他工艺品设计师之间的业务联系。

不过，其他方面的变革就十分艰巨，也难以把握了。珠宝商要确保其经济前景，唯一可行的路径只有转向高附加价值市场，维持并提升技术水准，强化与其他设计密集型产业的业务联系。对许多珠宝商来说，这又意味着必须挑战"物质和社会资产的价值观、身份、承诺和社会权力……而这一切已被特定的物质条件、社会关系和思维方式所绑定"(Schoenberger, 1997: 227)。可以这样说，能否充分发挥伯明翰珠宝制造的雄厚实力，重新确立其历史上、经济上和符号象征意义上的重要地位，正是该地区珠宝商、商业机构和政策制定者共同面临的最重大的文化挑战。

鸣谢

这份报告是笔者承担的纳菲尔德(Nuffield)基金会的研究项目的一部分，顺致谢意。

参考文献

Anonymous (2001) "Jewelry Quarter business survey," *Hockley Flyer*, 192: 35.
Anonymous (2002) "Planning matters," *Hockley Flyer*, 200: 50.
Arnot, C. (2002) "Gem snatch," *Guardian*, 20 February 2002.
Barnes, T. (1996) "Logics of dislocation: models, metaphors and meaning in economic geography," New York: Guilford Press.

Bianchini, F (1993) "Remaking European cities: the role of cultural politics," in F. Bianchini and M. Parkinson (eds) *Cultural Policy and Urban Regeneration: The West European Experience*, Manchester: Manchester University Press.

Birmingham City Council (2001) *The Jewelry Quarter Conservation Area Character Appraisal and Management Plan*, Birmingham: Birmingham City Council.

Crang, P. (1997) "Cultural turns and the (re)constitution of economic geography," in R. Lee and J. Wills (eds) *Geographies of Economies*, London: Arnold.

Crewe, L., Gregson, N. and Brooks, K. (2003) "Alternative retail spaces," in A. Leyshon, R. Lee and C. Williams (eds) *Alternative Economic Spaces*, London: Sage.

Department of Culture Media and Sport (1998) *The Creative Industries Mapping Document*, London: DCMS.

Department of Trade and Industry (2001) *The Competitiveness Analysis of the U.K. Jewelry Sector*, London: DTI.

Devereaux, M. P., Griffith, R. and Simpson, H. (1999) *The Geographic Distribution of Production Activity in the U.K.*, London: Institute for Fiscal Studies.

EDAW (1998) "The Jewelry Quarter Urban Village, Birmingham," Birmingham: EDAW.

Florida, R. (2002) "Bohemia and economic geography," *Journal of Economic Geography* 2: 55–69.

Gdaniec, C. (2000) "Cultural industries, information technology and the regeneration of post-industrial urban landscapes: Poblenou in Barcelona – a virtual city?," *Geojournal*, 50: 379–87.

Hall, P. (2000) "Creative cities and economic development," *Urban Studies*, 37: 639–50.

Henry, N., McEwan, C. and Pollard, J. S. (2002) "Globalization from below: Birmingham – postcolonial workshop of the world?," *Area*, 34: 118–27.

Hubbard, P. (1996) "Urban design and city regeneration: social representations of entrepreneurial landscapes," *Urban Studies*, 33: 1141–461.

Jewelry Quarter Regeneration Partnership (2002) *The Business Plan 2002–3*, Birmingham: Jewelry Quarter Regeneration Partnership.

Jewelry Quarter Urban Village Partnership Board (1998) *Jewelry Quarter Urban Village Prospectus*, Birmingham: JQUVPB.

Key Note (1998) *Jewelry, Watches and Fashion Accessories*, London: Key Note Ltd.

Kong, L. (2000) "Cultural policy in Singapore: negotiating economic and socio-cultural agendas," *Geoforum*, 31: 409–24.

Lee, R. and Wills, J. (eds) (1997) *Geographies of Economies*, London: Arnold.

Loftman, P. and Nevin, B. (1996) "Prestige urban regeneration projects: socio-economic impacts," in A. Gerrard, T. Slater and R. Studley (eds) *Managing a Conurbation: Birmingham and its Region*, Studley: Brewin Books.

Mason, S. (1998) *Jewelry Making in Birmingham 1750–1995*, Chichester: Phillimore and Co. Ltd.

Norwood, G. (2002) "Safe houses? Not any more. With many homes empty, buy-to-let can be tricky," *Observer*, 10 March 2002.

Peet, R. (1997) "The cultural production of economic forms," in R. Lee and J. Wills (eds) *Geographies of Economies*, London: Arnold.

Pollard, J. S. (2004) "From industrial district to urban village? Manufacturing, money and consumption in Birmingham's Jewelry Quarter," *Urban Studies*, 41: 173–93.

Roche, J. (1927) *The History, Development and Organisation of the Birmingham Jewelry and Allied Trades*, Birmingham: Dennison Watch Case Company Ltd.

第十一章 超越制片集群
——影视产业网络的批判性政治经济学

尼尔科（Neil Coe）
詹妮弗·约翰斯（Jennifer Johns）

导论

  大凡论及影视产业的管理和地区分布，人们就会提到诸如"产业区"和"集群"的概念，不可否认，这是一个长期存在的理论和政策问题。[①] 我们认为，这种分析过分强调了当地机构和组织的网络关系，却有贬低本地之外网络的重要性之嫌，因为这些网络联系的性质及其存在皆依赖于当地之外的网络。大多数产业集群或产业区包容着复杂的、多层次的网络联系，这一点已经被概念化了。然而，有效的分析及应对之策必须辨识超越当地之外的重要网络关系，即扩展到更大的区域内、国内或国际网络关系，只有这样，才能准确地分析和预测产业集群。简言之，我们需要有一种非决定论的"批判性政治经济学"，以便准确地剖析当地网络背后的那些权力——它们的来源和发展、运作方式及政策含义。"批判性政治经济学"必须具有更广阔的视野，能够超越影片制作的实际过程，揭示出其背后的主导因素——融资、发行和放映，这些因素对影视产业的组织结构和地理分布影响巨大。
  在这一章里，我们将利用加拿大和英国电影产业集群（特别是温

[①] 为简洁起见，本章采用"电影产业"一词，实际上，它不仅是指电影故事片的制作，也包括为电视（网络电视、付费电视和有线电视等）、录像片或影院放映而进行的视频制作。

哥华和曼彻斯特)的实证资料来分析上述概念化问题的局限性。我们将检视电影产业的组织结构和地理分布方面的研究文献,进而提出自己的电影制作体系概念,凸显受到权力制约的关键性网络联系。据估计,每年全球电影产业的市场规模高达600亿美元(U. K. Council, 2003),该产业的所有权和控制权正日益向好莱坞集中。我们的案例研究还将阐明,本土电影制作中心是如何纳入全球金融和发行网络的。

超越制作集群:电影制作体系管理和版图的再评价

这一节将以批判的态度重新检视关于电影产业的既有研究。笔者有两条底线:其一,透过电影制作方面的文献找出要点,因为有关文献忽视了金融、发行和放映网络的重要作用,也掩盖了决定电影产业性质的权力或管理结构。其二,只注重制作过程会导致视野过窄。因为一味贬低本地之外的金融家和发行商的重要联系,过度强调本土制作中心的重要性,有碍于正确理解电影产业的地理版图。

首先,我们来看看那些研究电影产业的组织结构和管理模式的文献。令人惊奇的是,电影产业在全球经济活动中如此重要,却鲜有社会科学家对此进行跟踪研究。从已有的研究来看,迈克尔·斯特和苏珊·克里斯托弗森(Michael Storper and Susan Christopherson)的著述有比较持久的影响,有的文章发表已有15年之久,他们记述了战后美国电影产业的重建过程,最具特色的是有关新兴的"灵活专业化"的著述(Christopherson and Storper, 1986, 1989; Storper, 1989; Storper and Christopherson, 1987)。他们认为,到20世纪70年代,好莱坞垂直一体化制片体系已经被非垂直一体化体系所替代,前者拥有大部分制片功能,后者则以大批小型灵活的制作和服务实体为特征。其结果,"电影制作过程不再是在企业内部实现,而是转移到了外部市场,即通过一系列联结企业和个人的交易活动来完成项目制作"(Storper and Christopherson, 1987:107)。

也许,应当在一定程度上肯定斯特和克里斯托弗森(Storper and Christopherson)对电影产业实行灵活专业化分工的论述。他们描述了这样一个情景:大企业直接从事电影制作渐趋减少,取而代之的是一大批业务多样化的企业。然而,电影产业的层级式控制犹存,大型制片公司依然是融资和发行的主宰,这恰是引发争议的主要歧见之一。阿克索伊和罗宾斯(Aksoy and Robins, 1992)在强调发行网络的重要性时就指出,好莱坞从来没有放弃过其垄断控制权。从20世纪50年代起,独立制片人更多地从事制作活动,但他们越来越多地接受大制片厂的金融资助和发行渠道:

> 凭借对一国和国际发行网络的控制权,大制片厂可以利用其金融机器来主宰整个电影产业,挤压或利用独立的制作公司。独立制片人正被用以喂养大制片厂把持的全球发行网络。
>
> 阿克索伊和罗宾斯(Aksoy and Robins, 1992:9)

阿克索伊和罗宾斯批评了斯特和克里斯托弗森的观点,认为其过度强调电影制作阶段,却忽视了电影制作体系的全部关键领域——融资、发行和放映。

尽管有此欠缺,灵活专业化观点仍被用来诠释英国的电视产业。巴尼特和斯塔基(Barnatt and Starkey, 1994)描述了大型电视公司的非一体化进程,其结果是,小型专业化的特色服务提供商增多,刚性的垂直一体化关系被柔性的外包合同所取代。他们考察了英国电视产业的"动态网络"形式,这个网络"既是灵活的,又是专业化的"(Barnatt and Starkey, 1994:252)。这种灵活专业化网络有赖于以下四种灵活的人群或机构:自由职业作家、表演艺术家、特色外景地和合同服务提供商。它们构成了环伺制作核心的节点,节点的性质可以是内部的,也可以是外部的。每个节点从事专门的业务,由于有众多的企业卷入网络,各企业之间的界限日趋模糊。

巴尼特和斯塔基试图理解电视制作过程所需投入的复杂性，他们提出的"灵活性网络"概念也不乏精彩之处："网络"之说有助于加深人们对电视产业的理解，该产业大体上是通过网络化组织方式运转的，个人和企业必要时也可经由合同安排结合在一起。但斯特和克里斯托弗森对此并不认同，认为这种观点不免有些夸张，尤其是，它只关注电视的制作，不考虑那种驱动着网络构筑和维持的内在权力关系。坦皮斯特(Tempest,1997)主编的文集指出，研究一种主导性的制作模式，其本身就是反生产性的。拿英国来说，电视产业其实就有不同的、多样化的制作过程。重要的是，当"动态网络"组建制作队伍时，这些网络置身其中的组织结构就已经决定了整个制作体系的性质。媒体行业日益为全国性和国际性的大公司主宰之际，倘若只关注小企业的互动，断不能纵揽全局。

因此，只看单一的制作环节而非全部的制作体系，这种狭隘的视角是不可取的。"灵活专业化"理论试图处理金融、制作、发行和放映诸环节及其运作公司之间相互关系的复杂问题(Blair and Rainnie, 2000)。试问，究竟是谁掌控着制作体系中的诸多重要功能呢？一言以蔽之，一小撮全球性大公司越来越多地控制了电影制作的市场份额，同时对许多其他媒体形式也拥有国际权益。20世纪90年代，全球媒体巨头展开了一轮空前未有的并购活动，造就了一个"梯级式的全球媒体市场"(Herman and McChesney,1997)。十大集团巨头或"大型公司"组成了第一梯级。在2000年，它们是美国在线—时代华纳、威望迪环球、迪士尼、贝塔斯曼、维亚康姆、美国新闻集团、美国有线电视公司、索尼、飞利浦/宝丽金以及通用电气/NBC(Louw,2001)。其中，美国新闻集团、美国在线—时代华纳、迪士尼、贝塔斯曼、维亚康姆和美国有线电视公司是典型的垂直一体化媒体集团，它们既是娱乐和媒体软件的主要制作商，又拥有全球发行网络。全球媒体组织结构的第二梯级大约有30余家大公司，它们在全球体系中各自占据着区域性的利基市场(Mermigas,1996)。这些公司并非独立运作,而往往与某一家巨型集团合资经营,或缔结战略联盟。第三梯级则由许多较小的全国性公司或本地公司所构成,它们各自占据特定的利基市场,并向更大的公司提供服务(Herman and McChesney,1997)。

随着时间的推移,大公司的地位日趋巩固,运作日益一体化,规模也在不断增长。透过对发行网络的控制,大公司已成为电影产业的主角或"守门人",对影片的融资和制作也有了更多的灵活性。媒体集团已获得多种形式媒体的资产,还拓展了自己在发行领域的权力。本地制作中心仍将继续存在,它们一旦与巨头集团操控的发行网络割断联系,便很难存活下来:

> 构建电影产业的力量远胜于当地艺术家的控制力和影响力。日常工作事项均须顺从大型媒体公司的安排,本土或区域性的电影制作行业只能苦苦挣扎,以适应这种严酷的环境。
>
> (Robins and Cornford,1994:235)

这些学术讨论引导人们去思考电影制作体系内在的空间关系。按照斯特和克里斯托弗森的说法,新的灵活专业化体系就是他们所谓的"缝隙型的本土化模式"。一方面,紧密型交易网络形成的强大集群将大批摄影棚、制作公司和转包商吸引到洛杉矶;另一方面,新的灵活体系又打击了洛杉矶乃至美国以外的制作场所。但他们的分析大多聚焦于洛杉矶的集群和劳工市场动向,而不是通过打击其他地区得以壮大的电影制作中心。同样地,斯特(2000a,2000b)关于电影产业的新著也是更多地关注如何维系特定集团的领导地位,而不是如何创建新的制作和创新中心。目前,电影产业的发展使这种研究缺失愈加不合时宜,因为电影制作的地域早已扩展到全球,许多分布遥远的制作中心被囊括进来。

当代电影产业或文化产业的研究偏重分析当地的网络,过分夸大了产业集群增长的当地动力,而相对忽视一国和全球范围的"更长的"

网络联系。这种偏于制作的倾向引导人们关注地理位置相接近的网络关系。但近年来,有一些学者开始考虑如何在全国和全球网络中为本地的制作集群定位的问题(Coe,2000a,2000b,2001;Bathelt,2002;Kratke,2002)。罗宾斯和科恩福德(Robins and Cornford)认为,超越本地之外的网络联系有助于打开融资和发行之门,此乃本地制作集群赖以生存之道。巴西特(Basset,2000)主编的文集中收有一篇研究英国布里斯托尔电影摄制史的论文,该文揭示出布里斯托尔在学习和创新方面的种种活力。更重要的是,学者们强调美国卫星频道为影片提供发行和放映途径的关键作用。现在,我们需要有更多的研究来揭示本地之外的网络的性质、范围和重要作用,因为所有的制片集群已经或多或少地被卷进了这张大网。

电影制作体系:网络的批判性政治经济学

我们将通过剖析电影产业的制作体系来进一步阐述自己的观点。一连串组织网络的内部关系和相互关系构成了电影的制作体系(详见图 11.1)。斯特和哈利森(Storper and Harrison,1991)认为,制片体系是以其结构、管理和领域为特征的。电影制作体系大致可以分为六个阶段。在第一阶段,需要先获得一个设想或故事的版权,为项目筹措资金,并与某些关键人物(导演、主角)签约。图 11.1 的反馈箭头显示,预先获得发行合同是融资的常规模式。接下来的三个阶段分别是准备期、制作期和后期制作,由此构成影片的实际"制作"过程。在准备期,需要做好亮"绿灯"开拍前的一切准备工作,包括财务预算、脚本撰写、拍摄计划和活动日程安排等。制作期是最密集使用资本和劳动的阶段,拍片所需的全部要素必须一起带到某个摄影棚或外景地,图中的线上部分是创意部分,其成本有影星和制片人费用,线下部分是技术部分,其成本有摄影棚租金、技术工人和各种辅助性服务的费用。

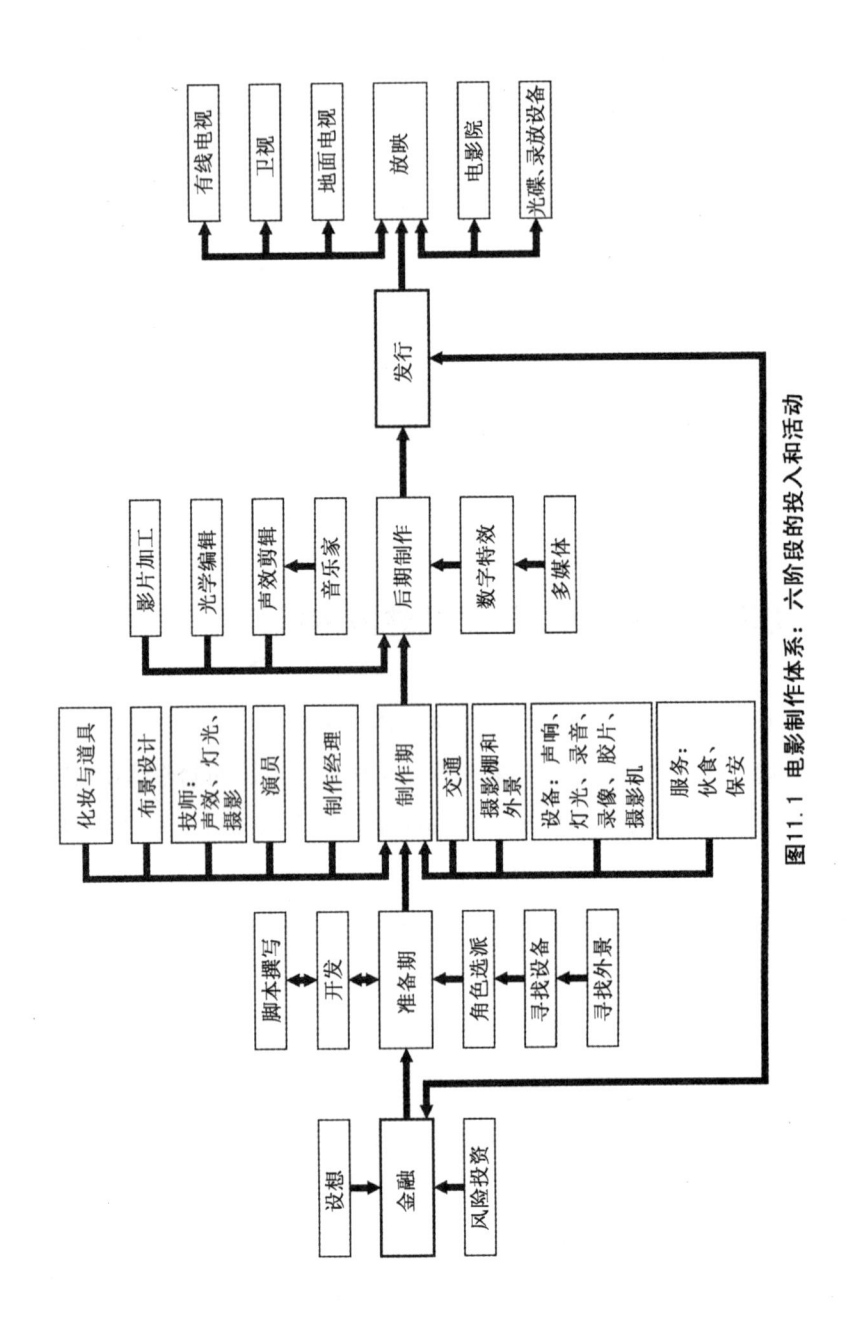

图11.1 电影制作体系：六阶段的投入和活动

在后期制作阶段,需要将平日拍摄的片段转换成可以在影院公映或电视播放的最终成品,如剪辑加工和配音配乐等。在第五阶段,通过各种广告媒介促销影片,并向国内外发行。最后一个阶段,通过各种适当的途径(如电影院、卫视、网络电视、有线电视和影碟等)放映影片。

就其本质而言,电影制作体系具有高度的灵活性。电影和电视制作的主体是一个短期的高效运作的团队,由导演、演员、技术工人和各种服务转包商所组成,每一个参与要素都须分别与项目签约(Grabher,2000)。合同的时间长度不等,一部电视、电影约为4周,公开播放周期为2~4个月,20集的电视连续剧可能要播放10个月。每一要素通常需签一份合同,个人、团体或公司、制作实体之间围绕合同进行谈判。一些中介作为协调人参与这一过程,他们通常是组建项目团队的制片人,将各种所需的制作要素集合在一起。

在这种灵活的制作体系中,各种准备期、制作期和后期制作所需的要素通过与制作项目签约的小公司和工会员工组成了一个团队,但其实"大公司"才是最大的签约者。斯特和克里斯托弗森认为,洛杉矶是这些公司和员工的最大集群,虽说此言不谬,但不可否认,灵活制作体系也将机遇给了那些能吸引大量制片活动的其他地方。结果,电影制作体系的空间分布呈现分散化,出现了所谓的逃逸现象——那些开销较大的制作阶段从洛杉矶(或伦敦和纽约)等控制中心转移到了成本较低的其他地区。传统模式在原先的集群所在地仍保留了准备期的各项任务、部分或全部的制作过程,以及大部分后期制作活动,如将平日拍摄的片段转化成电影胶卷。尽管这些活动也可以迁往他处,但洛杉矶中心始终保持对故事版权、制作融资、后期制作、影片发行和放映网络的严格控制,少数几个城市仍旧管理着整个电影制作体系。

我们关于影视产业网络的"批判性政治经济学"认为,各种网络绝不是等量齐观的,图11.1展示的网络联系也不那么简单。尤其是金融和发行这两个重要阶段,它们是环环相扣的,因为在制片之前往往先要售出发行权,才能争取到融投资。这两个关键性网络的联系不到位,制作体系的其余部分也将不复存在,换言之,整个制作体系的权力端赖于能否获得影片融资和发行方面的资源。更进一步,我们还需要弄清图 11.1 中的网络联系的空间性质。下面的两个案例研究表明,在大多数制片中心,电影制作通过当地小企业的灵活网络进行,而金融和发行网络的关键联系却是当地以外的,这些制片中心均须仰仗外部的金融和创意决策,以及短期的资本流入。我们之所以使用"批判性"这样的字眼,意在引起人们重视在这种条件制约下发展当地经济可能潜伏的问题。

案例研究(一):逃逸好莱坞的制作和温哥华电影产业的兴起

在温哥华,电影制作中心的发展与战后好莱坞制片体系的重构以及当地大规模拍片的兴起是密不可分的[参见克里斯托弗森和斯特对这一过程的回顾(1986)]。温哥华是"逃逸"型电影制作现象的一个最大的受惠者,好莱坞借由洛杉矶之外的拍摄活动节省了大量经费,现有 80% 以上的拍片属于这类异地拍摄项目[科(Coe,2000a,2000b,2001)对温哥华案例的再思考]。

卑诗省的电影制作始于 19 世纪末(Browne,1979),但该省的电影产业直到 20 世纪 60 年代末才形成规模,其最重要的成长阶段当属 80 年代早期(见图 11.2 和 11.3)。整个 80 年代,该省电影制作稳步增长,到 1992 年,已做了 61 个项目,总预算达到 3.68 亿加元,创收 2.11 亿加元。到了 90 年代,美国有线电视公司和新的独立电视广播台对低成本制作的需求大增,好莱坞的逃逸型制作随之增加,促使卑诗省的电影制作加速增长。表 11.1 勾勒了当代温哥华电影产业的基本轮廓。2001 年,影视产业为卑诗省经济增加了 11 亿加元产值,花费开支近

18亿加元,创造了大约5万个工作机会。数据显示,2001年温哥华在电视片制作上花费的支出占总支出的65%,这也是温哥华在电视片制作领域独占鳌头的缘由。美国投资的19个电视连续剧就占了总投资的29%,在故事片和为电视制作影片方面也吸引到大批的外国投资。随着时间的推移,温哥华陆续出品了不少知名的、成功的电影故事片,如《致命交叉点》《巨蟒记》《极度深寒》和《落在香杉树的雪花》,以及《千禧年》《警察学校》《星际之门》《X档案》和《超人前传》等电视连续剧。

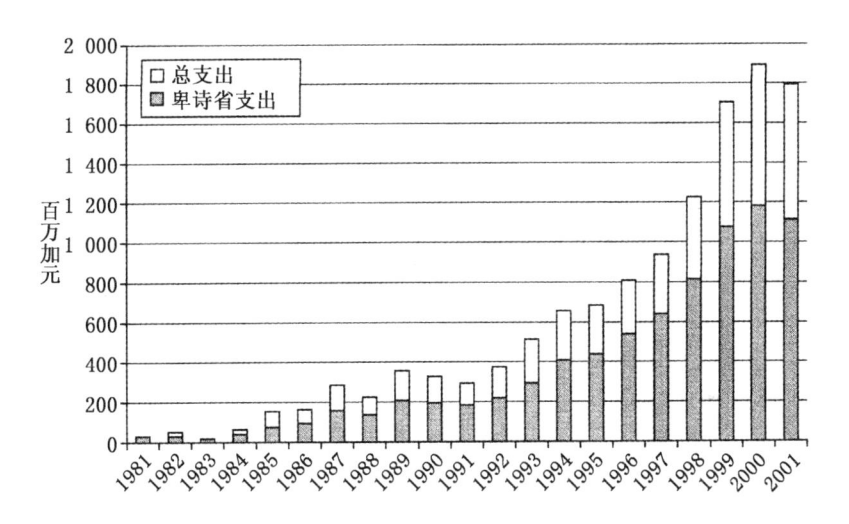

资料来源:http://www.bcfilmcommission.com。

图11.2 温哥华电影产业:1981～2001年开支

表11.1　　　　2001年卑诗省电影产业支出的统计分析

类　型	加拿大(百万加元)	项目个数	外国(百万加元)	项目个数	总金额(百万加元)	项目个数
故事片	60.4	18	324.1	22	384.5	40
电视影片/试播节目	25.0	12	188.3	37	213.3	49
电视连续剧/微型连续剧	127.9	19	320.3	19	448.1	38
动画片	23.8	7	23.8	3	47.6	10
纪录片/单片播放	14.5	57	0.4	3	14.9	60
总计	251.6	113	856.8	84	1 108.5	197

资料来源:http://www.bcfilmcommission.com。

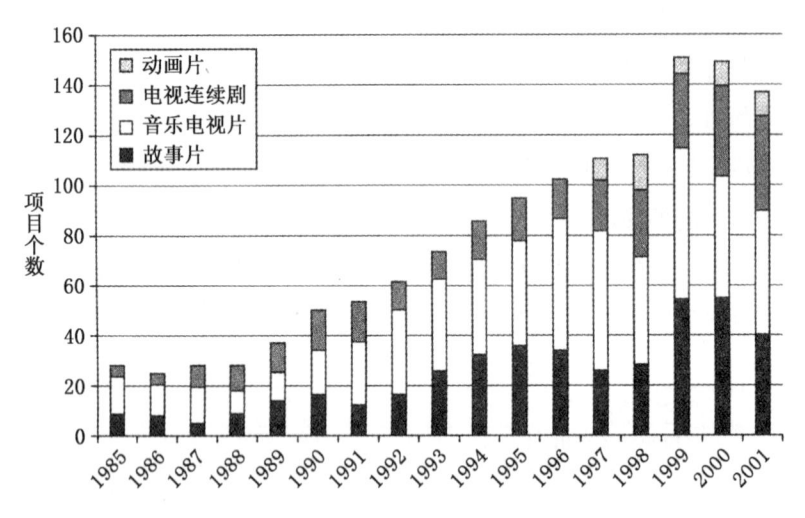

资料来源：http://www.bcfilmcommission.com。

图11.3　温哥华电影产业：1985～2001年项目数目

作为影视制作地点，温哥华确实是一个极佳去处，它从不断增加的逃逸型制作中获益匪浅。从位置的角度看，这座城市离洛杉矶不远，其文化和语言也与美国相同，又在同一时区，便于这两个电影中心协调拍摄活动，加之气候温暖，可以全年拍摄，在距离温哥华市中心1～2小时车程范围内便有各种不同的自然景色及景点可供拍摄。温哥华电影制作增长自有其强有力的经济逻辑。尤其是，美元兑换加元十分有利，成为推进增长的核心动力。由于劳动力成本在电影制作总成本中占有较大的比重，而加拿大平均的绝对工资率比美国低20%～30%，加上汇率差价，便有了可观的成本节约。综合地看，在加拿大拍电影可以节省17%～20%的费用。其中，图11.1线下部分支付给技术工人的薪酬费用可以省下60%，其余则是节约的场地租金、交通运输费和设备使用费。

据估计，在加拿大拍电影实际上可比美国节约26%的费用，因为加拿大联邦和省政府制定的各种优惠政策相当于额外的补助（《基督教科学箴言报》,Monitor,1999)。1997年以来,联邦政府对参与电影制作的加拿大员工的薪酬支出给予11%的税收减免,到2003年,税收减免更升至16%。省级政府也不吝珠玉。在卑诗省,现行政策对加拿大员工的薪酬支出给予11%的税收减免,还对聘用数字技术工人和温哥华地区之外的拍摄活动另行优惠。加总起来,外国电影制作公司在加拿大劳动成本方面获得的节约应在20%以上。

温哥华的电影工业区是由一大批小企业和个人组成的,外加参加各种工会组织的工人,彼此的关系均建立在项目对项目的基础之上。这些小企业网络不断地发生变化。浏览一下权威的温哥华电影产业指南,便可对其经营规模有所了解。1999年卷的《西部文摘》(Reelwest Digest)披露了刊登分类广告的个人和公司数量,计有:22家设计和建筑公司,13家批发和销售公司,40家以上图形和摄影公司,6家移动摄影控制公司,29家音乐企业,45家以上后期制作公司,70家以上制作企业,50家以上制作设备公司,26家特效公司,12家特技表演公司和17家电影摄影棚(1999年卷西部文摘,制作篇)。此外,还有数百家服务性企业从电影产业分得一杯之羹,包括旅馆、伙食包办商、会计师事务所、律师事务所和保险公司等。

事实上,这些公司绝大多数都是小企业。1997年末,当地名列前茅的制作企业雇用了12名员工,最大的视频后期制作工作室雇用了150名员工(远多于其他竞争者),最大的音频后期制作工作室雇用了50名员工,领先的设备供应商雇用了33名员工,两家领先的摄影设备租赁企业各雇用15名员工,最大的摄影棚有9名全职雇员,目前最大的、领先的本土动画公司有250名雇员。但有些大公司是外来投资者拥有的,例如,两家领先的摄影设备租赁企业均来自好莱坞,两家最大的电子设备公司的总部分别位于多伦多和好莱坞。到目前为止,大多数公司是本地人拥有的小企业,它们伴随着不断增长的外景拍摄需求而成长起来。由于温哥华与最近的大规模影视制作中心(多伦多和洛杉矶)相距甚远,因此大多数企业的商务关系都植根于本地,许多企业的所有经营活动甚至不出温哥华市中心。

然而,温哥华电影产业的创建和形成主要取决于远在美国的大制片厂和媒体集团的支出决策(见图11.4)。美国大制片厂通常对拍摄项目的财务和创意完全实行控制,并通过转包合同网络间接实施,而无须直接拥有温哥华制片实体或设施的所有权。在某些场合,主创人员会被派往温哥华的子公司,对项目实施进行监督或管理。在其他场合,制作过程则全部转包给温哥华的制片公司。无论美国公司选择何种使用资金的策略,它们的资本支撑了温哥华大约80%的电影制作。

由此可见,温哥华电影产业的小企业网络基本上依赖于美国制片厂和电视网络的资金。通过超越本地之外的网络,洛杉矶的财务决策者变身为温哥华基地的制片人。在过去的20年里,许多温哥华制片人与好莱坞制片厂的管理者建立了良好的个人关系。温哥华的工会和卑诗省电影委员会(BCFC)也联手与洛杉矶签约,建立新的合作关系。温哥华影视界的一些关键人物——制片人、制片厂经理和卑诗省电影委员会的官员致力于建立跨越本地的私人关系,这有助于洛杉矶的资本源源不断地流向温哥华(Coe,2000b)。

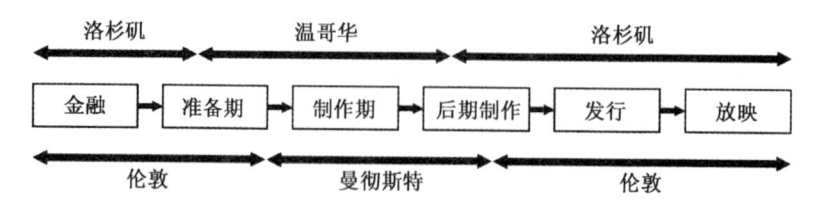

图11.4　温哥华和曼彻斯特的影视制作体系

除了上述静态特征外,温哥华电影产业还有两个值得关注的发展趋势,它已开始进军美国制片厂和媒体公司把持的部分制片领域(见图11.4)。首先,在后期制作诸部门,虽然好莱坞主持着75%以上的业务,但20世纪90年代一些温哥华企业已经进入了同一经营领域竞争。到1999年，卑诗省已有48家这样的企业。其次，近年来本地控制的或"本土化"制作日益增多，许多一向为美方提供服务的温哥华制片人尝试着为自己的制作项目持续地融投资。通过拥有故事版权和就地筹措部分资金，温哥华公司也获得了一些最终产品（影片）的发行权，从而可以获取更多的利润。但人们必须牢记，继续寻求进入美国大市场的路径，与美国制片厂和网络的融资渠道保持畅通，依然是至关重要的。

案例研究（二）：联系伦敦——曼彻斯特电影产业的动力

曼彻斯特的媒体制作和发行有着悠久的历史，1821年创立的全国性报纸——《卫报》——是"第一个吃螃蟹的人"，如今这座城市拥有英国伦敦之外最大的电影产业集群。1998年，英国电影产业的从业人员有55.5%集中在伦敦，而西北区（主要是利物浦和曼彻斯特）只有5.9%（官方劳工市场统计，NOMIS，2000）。

伦敦被公认为电影制作中心，但曼彻斯特在英国的电影制作网络里仍占有重要地位。北方英国广播公司（BBC）和英国最大的商业性节目制作公司格拉纳达电视台（Granada）就坐落在这座城市里。曼彻斯特出品的影片在独立网络电视台（ITV）播放的英国节目时数中占30%，还有为英国广播公司（BBC）的4频道、5频道和英国天空广播公司（Sky）制作的形形色色的节目。20世纪90年代，政府对媒体的所有权实行限制，此举促使大量的独立网络电视公司诞生。到了1993年，由于英国天空广播公司等卫星频道积极参与竞争，政府遂放松了限制。这旋即引发一波收购兼并狂潮，伦敦的卡尔顿电视台（Carlton）和曼彻斯特的格拉纳达电视台在并购重组中变成了两个大玩家。如今，独立网络电视台的分散股权已趋于集中，地区性公司也变成了跨国媒体集团的一部分(Franklin,1997)。

  监管规章制度的变动对电影产业产生了巨大的影响,甚至出现了"过度垂直一体化"的现象。为此,政府再次推出1990年《广播法》,该法规定地面广播必须为独立制作保留25%的配额。这些配额旨在开创一个灵活制作体系的新时代,激励独立制片人拓展自己的事业,特别是鼓励人们到伦敦以外的地方去创业。

  在新的规则下,曼彻斯特的电影产业界大力发掘英国广播公司和格拉纳达电视台在该市存在的价值,同时,充分利用了给独立制作预留的配额。20世纪90年代,曼彻斯特见证了一连串独立的制片公司、后期制作和设备公司的诞生,尤其是英国广播公司和格拉纳达电视台对其职工队伍实行合理化裁编之后。曼彻斯特目前已拥有400余家这类公司,从业人员达9 259名(CIDS,2001)。这个估计基于宽泛的电影产业的分类就业定义,包括电影设备公司,故就业人数略高于前述估算。曼彻斯特的电影制作中心是成熟的、高度专业化的,现已拥有130余家制作公司、30家后期制作公司,以及一大批提供基础设施和服务的企业。

  关于工业区或产业集群的传统观点认为,区内企业之间的经营业务和社交网络会有高度的互动性。的确,许多独立制片公司和后期制作设施在地理空间和社区上都是围绕英国广播公司和格拉纳达电视台(尤其是后者)形成"集群"的。由于许多公司的创建者以前都在这两家公司工作过,他们与业内人士有一定程度的互动也是再自然不过的。粗略一瞥的话,制作领域确实存在一大批专业化的小公司,并被英国广播公司、格拉纳达电视台或独立制片公司的制片人灵活而有效地组合起来,共同去完成某一个项目。仅仅曼彻斯特市中心就在影视制作上花费了2 540万英镑(CIDS,2002),但这种电影产业"集群"及其合作和互动网络并不意味着它本身就是一个自给自足的中心。至于如何选择特定的企业、个人和制片人,这方面的决策业已趋于集中化,即重返先前的工作关系和选择供应商的社会网络,以取代公开的投标模式。格拉纳达电视台制作的项目也好,红色制片公司(Red Productions)等独立制片人也好,都倾向于圈内自定合作企业和自由职业作家。最近成立的一家所谓"独立"企业——360媒体(3SixtyMedia),更是将英国广播公司和格拉纳达电视台的后期制作及设施集于一身,令网络格局陡生变数。格拉纳达电视台占有这家企业80%的股权,360媒体囊括了格拉纳达电视台的全部技术设施,如摄影棚、图像、后期制作以及工作团队。这个垂直一体化的企业旨在提供"一站式"制作服务,它将严重挤压曼彻斯特专业化小企业的生存空间,尤其是那些向格拉纳达电视台提供节目并希望使用这些技术设施的制片人。

英国政府大力倡导发展文化产业集群(贸易和工业部,2001),曼彻斯特的一些地区性机构纷纷响应,为发展媒体集群制定相关政策。特别是,西北区的影视委员会已将开发特定部门的"网络"纳入工作范围,以期提高人们对电影业务的认知,促进相互合作与沟通。所有这些"网络"都是曼彻斯特电影运营的重要组成部分,但企业合作的对象变动很大。2001年,曼彻斯特的后期制作"网络"由10家主要企业组成,雇员超过560人,年营收达3 850万英镑。这个网络的最大担忧是后期制作的工作机会不断流失到伦敦,甚至拍片已在大曼彻斯特地区铺开时亦是如此。工作机会的流失现象与伦敦(特别是该市苏荷区)公司具有优越性的观念有直接的关系,尽管许多曼彻斯特的公司雇用了高级编剧,也赢得了全国乃至全球的认可。实际上,卷入"网络"的企业并不特别关心在当地产业集群内外扩展网络,它们在曼彻斯特的现有网络已足以满足其经营需要,人为扩展无异于浪费时间和精力。这些企业当前关注的焦点是建立和巩固超越曼彻斯特本地的网络。以后期制作集群为例,它们瞄准伦敦的电影制片人,联手发起推销曼彻斯特后期制作企业的反攻,强调自己比伦敦的竞争对手更有财务方面的价值优势。

对曼彻斯特电影产业来说,超越本地之外的网络是十分重要的,这座城市电影产业的发展必须与超越本地之外的网络联系起来考虑。我们应当整体地看待产业集群的运作,忽视曼彻斯特和伦敦的网络形式之间的差异性,便不能很好地理解曼彻斯特企业在整个电影制作体系中的作用。首先,出身于曼彻斯特的格拉纳达电视台公司正逐渐将组稿和制作控制活动转移到其位于伦敦的办公场所,如今只剩下少数节目制作直接由曼彻斯特来操控。其次,英国广播公司在曼彻斯特不再增加制作项目,北方英国广播公司只延续一些适合当地拍摄的业务,如宗教节目和地区新闻。这两个发展趋势使节目制作的决策越来越多地集中到了伦敦。许多曼彻斯特的企业不得不花费大量的时间和金钱到伦敦出差,以便与那里的制片人和责任编辑维持工作联系。

我们不妨再回顾一下图11.1,该图清晰地显示了项目启动阶段金融与制作之间的网络以及项目最后阶段制作与发行之间的网络的重要性,这种重要性对整个电影产业中的任何企业和个人都是不言而喻的。伦敦无疑是英国电影产业的权力中心,许多曼彻斯特企业的生命线维系于与伦敦的网络。对地区性的电视制作,伦敦便可以做出金融决策,而对卫视和电影的决策,则由远在洛杉矶的媒体集团做出,再通过其苏荷区办事处的代表传达出来。

与温哥华不同的是,曼彻斯特与其他媒体制作中心(利物浦、布里斯托尔或伦敦)相距都不远,这使其电影产业让外界使用当地设施来摄制的能力大受影响。许多在曼彻斯特的影视节目制作都是由伦敦制片人直接进行管理的,而这些制片人往往倾向于同伦敦的企业一起工作。他们使用的设备也通常是从伦敦带过来,或从国内和国际租赁公司租用,尽管当地租赁公司也有同类设备。2002年,曼彻斯特举办了英联邦运动会,该运动会专题节目的播放颇能说明问题:举办这届运动会本欲彰显曼彻斯特作为英国第二大城市的重要地位,但管理摄制活动的英国广播电台总部大量启用了来自伦敦的企业和工作团队，却很少使用曼彻斯特本地公司的资源。

人们原本期待看到小企业更大程度地配合和融入电视内容的制作网络，但实际情况却恰恰相反，曼彻斯特电影产业立足于超越自身的其他重要网络，因为这些网络能将它的企业与金融和发行这样的核心节点相连接（见图11.4）。虽然有些企业与当地电视台和成功的独立制片人关系密切而生意兴隆，但其余企业无不上下求索，以创建或维持至关重要的当地之外的网络。

结论

对温哥华和曼彻斯特电影产业的考察表明，必须具备超越制作的视野，唯如此，才能理解整个影视制作体系内在的权力关系。虽然在某个特定地点进行的实际制作过程卷入了众多企业和个人互动的复杂关系，但它们最终不得不依赖金融和发行的重要网络。温哥华和曼彻斯特这两座城市的电影产业均凸显了制作企业之间的网络以及金融与发行通道的极其重要性。

上述分析具有两方面的政策含义。第一，虽然本章对文化政策的讨论着墨不多，但其重要性是不言而喻的。全球性媒体集团在规模和地理分布上不断扩张，它们的金融和发行权力也与日俱增，这对全球电影产业产生了严重的影响。在美国控股的媒体集团占主导地位的格局下，如何保持文化多样性是民族电影工业面临的一大挑战。国家和超国家的决策者必须平衡文化和经济这两个发展目标。例如，在欧盟倡导的"电视无国界"下，出台了一系列的监管政策，这些政策设计意在强化本地的媒体制作，同时，又以本土"内容配额"的形式遏制美国的文化"侵略"。

第二，上述互相冲突的超国家政策涉及的是通信和文化领域，而越来越多的次国家议程却聚焦于如何在本地区范围内发挥文化产业驱动经济发展的潜力的问题。电影产业通常被视为新的经济增长领域，人们对它的兴趣由来已久，国家政策也予以支持和鼓励。最近英国出台的政策过分强调制作过程的重要性，鼓励在城市中建立小企业网络。但是，这项政策既看不到金融和发行的重要性，也跟英国允许媒体行业兼并的监管政策变化相抵触。

温哥华电影产业的成功故事促使电影管理当局更有远见地进行政策干预，以鼓励温哥华制片人与好莱坞的关键决策者建立网络联系。这说明，将本土制作中心与全球媒体集团相连接的既有网络和潜在网络有多么重要。此外，有必要深入认识电影产业蕴含的高风险性，以降低对该产业增长及其促进经济发展的潜力的过高期望值。就整体而言，洛杉矶在文化和经济领域的主导权以及伦敦等其他全球权力中心似乎都还处在上升期，它们必将给地区性的电影制作中心带来巨大的挑战。

参考文献

Aksoy, A. and Robins, K. (1992) "Hollywood for the 21st century: global competition for critical mass in image markets," *Cambridge Journal of Economics*, 16: 1–22.

Barnatt, C. and Starkey, K. (1994) "The emergence of flexible networks in the U.K. television industry," *British Journal of Management*, 5: 251–60.

Basset, K., Griffiths, R. and Smith, I. (2002) "Cultural industries, cultural clusters and the city: the example of natural history film-making in Bristol," *Geoforum*, 33: 165–77.

Bathelt, H. (2002) "The re-emergence of a media industry cluster in Leipzig," *European Planning Studies*, 10: 583–611.

Blair, H. and Rainnie, A. (2000) "Flexible films?," *Media, Culture & Society*, 22: 187–204.

Browne, C. (1979) *Motion Picture Production in British Columbia, 1898–1940*. Victoria: British Columbia Provincial Museum, Heritage Record No. 6.

Christopherson, S. and Storper, M. (1986) "The city as studio; the world as back lot: the impact of vertical disintegration on the location of the motion picture industry," *Environment and Planning D: Society and Space*, 4: 305–20.

—— (1989) "The effects of flexible specialization on industrial politics and the labor market: the motion picture industry," *Industrial and Labor Relations Review*, 42: 331–347.

Coe, N. M. (2000a) "On location: American capital and the local labour market in the

Vancouver film industry," *International Journal of Urban and Regional Research*, 24: 79–94.
—— (2000b) "The view from out West: embeddedness, inter-personal relations and the development of an indigenous film industry in Vancouver," *Geoforum*, 31: 391–407.
—— (2001) "A hybrid agglomeration? The development of a satellite-Marshallian industrial district in Vancouver's film industry," *Urban Studies*, 38: 1753–75.
Cultural Industries Development Service (CIDS) (2001) "Manchester's creative industries are shaping the city's future as a European regional capital," promotional document. Manchester: Manchester City Council.
—— (2002) "Introduction to Manchester"; available online: <www.cids.co.uk/mcr> (accessed 01/05/03).
Department of Trade and Industry (DTI) (2001) *Business clusters in the U.K. – A First Assessment*. London: HMSO.
Franklin, B. (1997) *Newszak and New Media*. London: Edward Arnold.
Grabher, G. (ed.) (2002) "Production in projects: economic geographies of temporary collaboration," *Regional Studies*, 36 (3), Special Issue.
Herman, E. and McChesney, R. (1997) *The Global Media: the New Missionaries of Corporate Capitalism*. London: Cassell.
Krätke, S. (2002) "Network Analysis of Production Clusters: The Potsdam/Babelsberg Film Industry as an Example," *European Planning Studies*, 10: 27–54.
Louw, E. P. (2001) *The Media and Cultural Production*. London: Sage.
Mermigas, D. (1996) "Still to come: smaller media alliances," *Electronic Media*, 11: 18.
Monitor (1999) *U.S. Runaway Film and Television Production Study Report*, commissioned by the Directors Guild of America (DGA) and Screen Actors Guild (SAG). Monitor Company, Santa Monica, California.
NOMIS (2000) "SIC coded data"; available online: <www.nomis.co.uk> (accessed 12/05/00).
Robins, K. and Cornford, J. (1994) "Local and regional broadcasting in the new media order," in Amin, A. and Thrift, N. (eds) *Globalization, Institutions and Regional Development in Europe*. Oxford: Oxford University Press.
Scott, A. J. (2000a) "French cinema: economy, policy and place in the making of a cultural-products industry," *Theory, Culture and Society*, 17: 1–37.
—— (2000b) *The Cultural Economy of Cities*. London: Sage.
Storper, M. (1989) "The transition to flexible specialization in the U.S. film industry: external economies, the division of labor and the crossing of industrial divides," *Cambridge Journal of Economics*, 13: 273–305.
Storper, M. and Christopherson, S. (1987) "Flexible specialization and regional industrial agglomerations," *Annals of the Association of American Geographers*, 77: 104–17.
Storper, M. and Harrison, B. (1991) "Flexibility, hierarchy and regional development: the changing structure of industrial production systems and their forms of governance in the 1990s," *Research Policy*, 20: 407–422.
Tempest, A., Starkey, K. and Barnatt, C. (1997) "Diversity or Divide? In Search of Flexible Specialization in the U.K. Television Industry," *Industrielle Beziehungen* 4: 38–57.
U.K. Film Council (2003) *Film in the U.K. 2002 Statistical Yearbook*; available online: <www.filmcouncil.org.uk/usr/downloads/statisticYearbook2002.pdf> (accessed 17/07/03).

第五篇

外围地区与全球市场

第十二章　印度拉贾斯坦的微型画、文化经济和地区活力

尼古拉斯·贝茨（Nicolas Bautes）
埃劳迪·瓦利特（Elodie Valette）

一个像印度这样的国家，它的文化经济与发达资本主义国家所谓"后福特"时代的文化经济是不可同日而语的（Amin，1994；Crane，1992）。拉贾斯坦邦（Rajasthan）是印度工业化最落后的穷邦之一，该邦城市经济的发展主要基于旅游业，而文化产品对发展旅游经济贡献良多。乌代布尔（Udaipur）等城市的文化产品不仅仅是经济资产，而且在地区形象树立与重塑中发挥了巨大的作用。不过，当旅游业成为经济发展的主要引擎以及创造收入与塑造形象的双重源泉时，旅游市场及其消费需求的不稳定性与不可预测性也会带来别的问题，任何微小的波动都将严重危及这种脆弱的经济发展。

本章通过分析乌代布尔的微型画生产活动，探讨一个城市文化经济的发展道路。笔者将研究旅游和文化生产的互动关系及其引导经济发展的路径，考察这种经济发展对当地社会能否都带来好处（Urry，2002），通过对不同动因及其相互关系的分析，透视这种生产体系的特质和所在地区的特征。由于当地劳动力市场具有的高度灵活性已成为旅游业面对艺术生产的不确定需求的对策，因此，当地艺术生产体系中相当数量的画家难以纳入我们的分析框架，这些人很难单靠绘画谋生，还须按外来旅游者的口味和需求随时改变画风。倘若这些画家作为"创新和自我成就的独立人士"（Menger，1999）行事，或者，他们从

事的艺术生产只是经济体系的一部分且仅仅依赖于其销售能力,那么,人们还是有兴趣来了解发展中国家艺术家是如何应对不确定性、灵活性和承担风险的。

印度北方和拉贾斯坦邦微型画的兴起与发展

微型画是印度绘画艺术的一种主要形式,如同其他形式的印度绘画艺术,微型画基本上都带有宗教传统色彩,用于描绘印度万神殿诸神。大约在9世纪,这种精细刻画的小幅绘画开始在印度、孟加拉国和尼泊尔出现,那时的微型画主要是描绘佛教圣典和佛教徒生活场景。到了11世纪,这种绘画形式和传统壁画在印度西部和北部逐渐流行起来。它的出现是多元文化的产物,受到了印度圣像、伊斯兰象征性符号和波斯微型画传统的综合影响,因此,它成为拉贾斯坦不同文化特征交汇融合过程的典范,不仅绘画如此,而且也体现在建筑、音乐和文学领域。

当微型画在古代拉贾斯坦各王国城市出现时,拉其普特人(Rajput)占据着微型画的生产中心。拉其普特人属于印度的刹帝利种姓,主要由印度的武士阶层组成,公元6世纪,他们开始在印度北方诸省开疆拓土,建立权力中心。拉其普特人独特的微型画发展可以追溯到1600年,那时,莫卧儿的画风和技巧已经被拉其普特人悄然地全盘吸收消化了。

微型画:王室庇护下的宗教艺术

印度1947年摆脱英国殖民统治独立之前,绘画一直被印度人视为一门描绘宗教形象的手艺。艺术生产本身就是宗教活动,在王室扶助下由工匠们操持打理。绘制微型画有着十分严格的规矩,必须遵循宗教和王室的管制。实际上,宗教和王权统辖着微型画的方方面面,从绘制方式到主题和图像样式。这种宗教关系阻隔了绘画的艺术形式与商业形式之间的任何联系。

在种姓等级制度下,画家受雇于王室和寺庙,其艺术生产活动全部依赖于国王和祭司的庇护。17~19世纪,在拉其普特王国庇护下,拉贾斯坦产生了形形色色的艺术风格。绝大多数微型画描绘各种宗教主题,诸如印度神像、国王和王室成员肖像以及宫廷活动场景等。

艺术家是天上派驻人间的使者,在传统社会里扮演着不可或缺的角色。他们并不认为自己的艺术是知识的持续积累或个人拥有的天赋,而是将艺术创造和才能归因于艺术家和诸神的关系。这些艺术家甘愿做无名氏,从不在作品上署名。他们认为,艺术表达的是宗教版的生活,这一观念至今仍在印度城市和乡村流行。艺术家的作品是献给诸神的,敬神是人类必须履行的职责。

因此,传统的艺术家都不会为本地、地区或全国的商业艺术市场绘制微型画。艺术产出不为出售,但会用于王室和教庭的礼品交换,一些婆罗门、拉其普特人和富裕的商家也会收藏有价值的微型画。

从宗教艺术到商业艺术:印度独立和画家自主性

微型画领域的文化经济发展是殖民统治时期和后殖民国家形成时期出现的。在英国的统治下,印度制定了新的国家文化政策,创建了公立艺术学校,从而推动了印度的艺术生产,提高了该国艺术的世界认知度。1947年,印度宣布独立,其社会、政治和经济体系发生了巨变,新的经济部门逐步发展起来。文化领域直接受到这些变动的影响,印度的艺术越来越多地与国际商业网络连接起来。拉贾斯坦的变化尤具戏剧性。这个邦是由22个公国于1948年组建的。每个从前的独立王国都被废除了自治权,引发了势不可挡的社会经济转型。新的体制对艺术生产产生了直接的影响,经济因素刺激着艺术生产,也改变了艺术和艺术家的社会地位。王权的缺失对庇护人制度影响深远。即使印度中央政府对丧失管辖权和军事力量的拉其普特贵族阶层给予财务补偿，但补偿总额不足以维持大君妃及其家属往昔的开销水平。其结果，王室庇护人对艺术生产的资助日渐式微。

王室和贵族家庭与依附他们的画匠之间的关系受社会体制剧变的影响而被彻底颠覆了。这些画匠破天荒地开始尝试经由艺术生产活动来挣钱度日。艺术，这门曾被当地精英人物掌控的秘传手艺，变成了一种必须遵循西方艺术准则的活动，艺术家的个人才能跃居核心地位。从那时起，艺术演变为一种经济活动，其发展在国家层面上由文化政策所引导。

这种艺术性质的转换是印度创建新生的民族国家进程的一部分。20世纪50年代，拉贾斯坦开始发展现代旅游业，艺术生产的发育正是其组成部分之一。到了后独立时期，印度现代旅游业逐渐改换了先前迎合英国殖民者精英的方式，当地的艺术生产迅速融入了更大的经济网络。

乌代布尔旅游业和文化经济的兴起

20世纪80年代起，寻访昔日拉贾斯坦王国旧城的国际旅游者与日俱增，这有力地刺激了乌代布尔的微型画行业和当地经济。拉贾斯坦逐渐成为国际旅游者前往印度的主要目的地，这一国际化发展进程的背后蕴含着国家层面的一些动因：克什米尔爆发的政治和宗教冲突导致去该地的访问者人数锐减，而旅游贸易曾是当地经济的主要支柱。此外，20世纪90年代印度政府在一些重要领域实行经济改革，1991年推行的经济自由化举措创造了大量的新机会和可能性。新的经济氛围有助于贸易网络的国际化，尽管阴晴不定，但它培育了微型画的市场，使之能更有效地迎合西方旅游者对"外来"文化产品的口味（Said，1978）。对民族性文化的喜好现已成为许多西方国际化大都市日益萌发的文化特征。

乌代布尔旅游业和印度象征

旅游业为乌代布尔提供了就业的机会和经济发展的引擎。实际上,旅游和绘画这两者是密不可分的:绘画经济的发展依赖于访问古城的众多旅游者能否提供重要而又稳定的消费需求,而旅游经济的勃兴也取决于能否刺激旅游者对印度、拉贾斯坦和乌代布尔的特色象征的观赏愿望。正如斯科特(A. J. Scott)所指出的那样:

> 当今世界不仅有许多不同的文化生产中心,而且,每个这样的中心都力图成为该地区最富特质的去处。这种特质部分存在于特定地点具有的历史独特性之中,部分则表现为文化经济的诸多活跃机能,借由一轮又一轮的文化生产活动,形成浓郁的地方特色。

(Scott, 2000:7)

印度旅游经济的发展依存于象征经济的发展,后者始建于殖民地时代,后独立时期则为国际旅游公司薪火相传并重新配置。

乌代布尔最初的城市形象是由拉其普特人曾经的王权统治铸就的,这座城市建于1559年,旋即成为一个强大王国的首都。乌代布尔存留下来的历史遗产皆与其曾为古都有关,遗风一直延续渗透到当代建筑物之中。然而,这一遗产今日俨然成了整个拉贾斯坦邦的象征。反抗入侵者的拉其普特武士和堂皇壮观的拉普其特王宫在印度首先成为旧时英式建筑的素材,尔后伴随着国际旅游变为风靡全球的想象物。访问乌代布尔的人们络绎不绝,从莫卧儿、英国人侵者到后来的旅游者,从印度本地人、外国旅游者到旅游公司,对这座城市形象的树立和传播都有贡献。

拉贾斯坦邦和拉其普特部族令世人浮想联翩。在当今社会里,可辨识的城市特征对其形象塑造极为重要,而特色城市本身就代表着一种可供市场营销和出售的文化资本(Kearns and Philo, 1993)。在各种文化传播形式中,微型画居于核心。作为一种易于认知的符号,微型画代表了乌代布尔市和拉贾斯坦邦的王朝文化。这种绘画对这座城市以及著名景点的形象塑造贡献良多,通过凸显城市本身及其建筑和周边自然环境的美学特征,增强了对旅游者的吸引力。

旅游活动对微型画生产的影响

旅游活动极大地刺激了绘画生产,尤其是微型画行业,微型画将旅游者到访之处形象化了,从而赋予旅游者一种铭记在心的城市形象。绘画是一种强有力的象征性符号的生产活动,而这种符号正是吸引旅游者成行的依据。根据鲍觉拉德(Baudrillard)的消费逻辑学,象征意义和符号价值都有约束条件,同时,也是有理有据的。象征意义和符号生产构成了艺术消费的双重约束条件:艺术既是经济体系的一部分,也是意义世界的一部分(Baudrillard, 1970)。正如鲍觉拉德所指出的那样:"文化处于对符号的竞争性需求的影响之下,这跟其他事物毫无二致;而且,文化也是按照对它的需求来生产的"。因此:

> 与信息、客观事物和其他日常生活景象一样,文化的发生也采取同样的挪用方式;这意味着时尚更新的持续性、循环性和张力性,不再混用文化的符号系统,转而采用将文化视为意义的符号系统的唯一做法。
>
> (Baudrillard, 1970:163)

所谓的后现代主义文化并非"通过美学材料的属性"(Urry, 2002),而是将其作为一种文化参照物来影响受众。后现代主义的文化形式不为人们的期待而出售,而是作为一座城市、一种文化或一个地区的符号或象征。微型画的功用正是当地城市与文化的佐证。

其结果,艺术绘画根据旅游者的消费需求和印度文化的典型象征而发生变化。画家们纷纷改动文化遗产的传统形式,转而生产能产生附加价值的文化产品,从而成为旅游业发展的一个组成部分。反过来,需求结构的变动又促使供给面进行调节和重组。不过,绘画的内容没有变化,画的还是王室和宗教人物,即旅游者想象中的印度和拉贾斯坦的象征符号,这使乌代布尔出品的微型画遗留着米瓦(Mewar)画院的浓郁风格。

已出售的微型画主要以西方旅游者期盼看到的内容为主题,拉贾斯坦的画家们已或多或少领悟到了西方人的口味。一些关于印度印象的全球性象征增补了拉贾斯坦的当地符号,也丰富了米瓦画院的传统主题。这些主题本身一再被重复诠释,以符合西方人想象中的印度形象。当地历史人物被牵扯进来,著名的艺术和智慧之神——湿婆——频频出现。一些画家甚至将新嬉皮符号加入到传统主题的画作之中,如画中出现了大麻叶子或湿婆用烟管吸食大麻。

需求的增多要求供给随之增加,供给的扩大改变了出售的画作品种。如今,不同尺寸、不同价格的微型画都能在市场上买到,以吸引和招揽尽可能多的顾客,包括富裕的外国旅游者和年轻的背包客。印度文化遗产的典型表征(诸神、国王、乌代布尔的城市宫殿或湖中宫殿等)也从绘画衍生出了版画、二次复制品和磁画。与此同时,一些画家用现代美学观点重新诠释宗教和王室的传统主题,赋予其当代艺术的鲜明特色。

大力拓展旅游市场规模和培育商业性需求,促使绘画生产体系的专业化分工程度不断提高。随着某些活动和产品趋向专业化,该生产体系变得越来越错综复杂,以便使本土的绘画供给能力与外来的旅游需求保持平衡。为了抗衡内外因素的夹击,文化经济必须立足于双重经济模式之上:旅游是借助全球动力的本土化经济活动,发展旅游业为当地微型画生产活动提供了销路;反过来,微型画激发了外国旅游者前来体验"真实"印度的意愿,成为吸引国际旅游者的一大诱因。

当然,这两者均可独自存在:绘画终究是独立于旅游的文化生活,而旅游也无须靠绘画存活于世。但两者的重要联系表明，它们其实是可以共生共荣的。正如上述讨论所指出的，文化内涵是旅游活动的重要目的，也是绘画生产体系的坚实基础。此外，微型画可以充当最佳旅游目的地的名片，作为象征性符号消费者，旅游者心目中自然会产生特定地区的联想。简言之，微型画具有一种文化参照价值，从而超越了其固有的内在艺术价值。

除了将地区开发作为旅游业的发展目标外，区位的作用也十分重要（Urry，2002；Bautes，2003a，2003b）。城市中心的关键旅游点构成了经济活动的核心区域。人们可以据此勾画一幅充满活力的城市地图，它包括一组街道、建筑物和创新活动的拓荒之地（Micoud，1991）。微型画生产体系无一例外都位于这样的地方。所有的代理商在同一处工作和互动，在那里进行交换、收集、模仿和仿制，彼此展开竞争，这一切有力地促进了当地财富的增长，扩大了经济活动的复杂性。

然而，旅游点并不完全等同于绘画发生地。况且，绘画行业也只是更大的生产体系的一部分，这个生产体系涵盖了其他众多的经济活动，靠着每年10万以上旅游者前来观光而生存。在乌代布尔，旅馆酒店业的规模并不亚于微型画行业，它们也参与了文化象征物的生产和传播，这些活动同样刺激并分享了地区、文化和旅游的发展。但这种文化经济是有其特殊性的，因为它发生在具有独特发展进程的发展中国家。接下来，我们研究微型画生产和销售过程中的各种代理商时，务必牢记这一点。

乌代布尔的微型画生产体系

整个绘画行业仿佛就是一个各种代理商（经纪人）或代理机构组成的大杂烩，每个代理商或代理机构均按其特定的角色和目标行事。乌代布尔这座城市目前至少有200名画家，而卷入该行业的其他各色人员几乎是这些画家人数的 2 倍。这些代理商或代理机构可以划分为 9 种不同的类型。通过分析这些不同类型的代理商或机构及其相互关系，微型画生产体系的关键特征便一目了然，而画家在这个灵活的劳动力市场上的作用也将重新受到审视。

绘画经济是建立在不稳定的代理商（经纪人）网络的基础上的。我们下面将详述这 9 类代理商或代理机构，坦率地说，区分它们的界限有些模糊、交叉，且不时变化，它们仅仅是当地复杂而又灵活的关系网模式而已。在研究这 9 类代理商或代理机构的互动作用之前，我们必须先弄清它们在整个生产体系中所扮演的特殊角色及其重要性，这就需要分析它们的工作方式和立足之地。

(1) 当地王朝后裔的法定代表：微型画行业的中心人物

米瓦的阿尔温德·辛格（Sri Arvind Singh）是一家微型画研究院的院长，该研究院由信托基金建立，慈善和经营兼而有之。作为当地王朝后裔的法定代表，他是米瓦风格的微型画的总管。这位王族后代从未正式执掌过权力，但他却是该地区物质和符号遗产通向古代传统的一座桥梁。

米瓦王公遗产信托基金（Maharana Mewar Heritage Trust）下辖商店和工场，主要展示传统的米瓦绘画，但它的产品日趋多样化。那里有各色各样的画作，从极其昂贵的古代米瓦绘画到拉贾斯坦其他画院的微型画，甚至还有来自波斯的作品。商店雇用很多人，一些人负责销售，其余人就在顾客面前当场作画。销售人员均接受过语言训导，能与世界各地来客洽谈沟通。富裕的西方旅游者是其目标客户，因为它们准备掏钱购买优质画品，即使他们对印度绘画所知甚少。这家机构及其绘制的画作均在强化人们的印象——将乌代布尔与它的远古年代紧密相连。其实，这里出售的画品相当于城市王宫博物馆展品的翻版。

(2) 商业中心业主

商业中心都是大商场,雇有众多画家,经常当着顾客的面展示画技。这种地方不妨称作"文化超市",导游通常都会带领旅游团前来购物。展品室的业主通常不是画家,或者至少不再作画。在这里运营的代理商主要是拉其普特人、耆那教教徒或其他商人,他们一直在利用乌代布尔旅游业的稳步增长和消费品需求增加的商机。他们起初开个小店铺,专营微型画。20世纪90年代开始,有的商店变身为大型商场,出售拉贾斯坦的各种礼品,如衣服、雕像和古董,但仍以绘画作品居多。

这类商铺位于城墙之内,云集在湖中宫殿路,但现已逐步扩散到城市的其他地方。如今的大商场能够接待大型旅游团,商场附近都有停放旅游大巴士的停车场。有些商家将这类商铺开到了拉贾斯坦邦的其他旅游点,如斋浦尔(Jaipur)、焦特布尔(Jodhpur)和贾沙梅尔(Jaisalmer)。拉其普特或拉贾斯坦的家族网络是按照种姓和家庭的利益共同体构建的,他们对连锁店的设立提供金融资助,此举对小业主十分不利。在拉贾斯坦的许多旅游城市,大型商业网络正大举吸纳小商铺,从而有能力确定微型画的价格和风格。

(3) 当地销售商和国内供应商

在最受旅游者青睐的老城街道上,有些商铺的业主从过往的画商和个体画家那里购买画品,从事艺术品的批发业务。他们在社区间的联系固然有助于开展国内交易,毕竟同属一个种姓,彼此容易建立互信和共同的利益纽带,但这并非微型画这样的全球市场上通行的运作方式。

(4) 资深师傅——传统型画家和卖家

这类代理人是传承微型画的中坚力量。他们大多信奉印度教,但彼此的社会异质性很高。他们住在老城区的自家居所里,许多人出来到内城居民区或城市外墙附近的"艺术村"去工作。他们为人谦和,却是审核学生和徒弟画技和知识的资深师傅。他们向画廊出售自己和徒弟的画作,间或也直接卖给旅游者。收入时有时无,完全取决于变化无常的旅游需求。

(5)街头商贩

这些商贩聚集在古城中心的城市宫殿路一带,或出没于旅游者时常到访之处。由于携带物品极少,其流动性极高,可以在任何时点出现在最有商机的任何地点。他们大多属于低种姓的人群。缺乏财务安全感驱使其出售各种产品以减少风险,最常见的便是那些闻名遐迩的现代画作(如 B. G.夏尔马的绘画作品)的仿制品。供货渠道来自乌代布尔和印度北方的其他城市,出售对象则瞄准印度国内的旅游人士。这些人绝大多数都是小商贩,只有少数人仍在坚持作画。荒谬的是,由于专业店的存在,他们经常被迫停止出售微型画,故在卖画之外也时常卖些其他的手工艺品。然而,商业竞争并不是他们面临的主要问题,实际上,遭受警察驱赶的压力才是这类街头叫卖兜售商贩的主要威胁。

(6)中介人:导游、出租车司机、人力车夫

这些中介人实为乌代布尔微型画行业的关键要素。无论其服务地点固定或流动,实际上都在为生产者和消费者牵线搭桥。在拉贾斯坦城市和德里这样的旅游城市,佣金制度是其旅游经济的支柱。这些中间人都与认识的画家(朋友或亲戚)签有合同,双方的关系基于付费交易或物物交换,且不拘形式。画家只须给那些将旅游者直接带到他的画室的中间人支付费用,中间人自然也就被整合进了生产和销售体系。这些中介人通常有职业,或是拉贾斯坦其他城市和德里的出租车司机,或是本地的人力车夫和出租车司机,佣金对其微薄的收入来说不无小补。

对整个微型画行业来说,中介制度十分重要。微型画的生产体系在相当大程度上取决于这些中间人直接将旅游者带到微型画店铺或

摊位来的能力。佣金制度是乌代布尔经济的内核,若无这些经纪人,微型画生产的发展是无法想象的。

在这组人群中,最引人注目的是那些年轻的经纪人,其中只有少数人有固定活计和收入。他们有自己的朋友圈子,频频出没于乌代布尔的任何地点,尤其是主要的旅游景点,也包括任何邂逅旅游者的地方。大多数年轻人受教育程度低,出身卑微,但凭借着年轻、英语好,容易与旅游者沟通,能当中介赚钱存活下来,为日后自行创业打基础。这些年轻的中介也有风险,不仅要与其他中介人竞争,还要与业已开张的商铺业主抗衡。近来有些人面临警方调查,被控为骚扰旅游者,企图敲诈他人钱财。

(7)与画坊合作的青年企业家

这类经纪人时常直接与上述青年中介人联系,通过控制旅游活动和与其他旅游经纪人的联系,试图建立一种"直通车"式的商业运作模式。尽管这些青年企业家在绘画行业历练不多,但他们善于学习,向富有经验的画家或企业家请教。这种与画坊合作的模式与种姓等级结构无关。他们既做销售宣传,也搞画坊展示,合作伙伴也会带领旅游者前来参观工场。由于微型画的生产过程对来访者完全开放,因此,这些工场给人们留下了深刻的印象:这里不仅是购买画品和亲眼目睹画家工作的地方,而且也是真正与画家互动和学习绘画技巧的场所。

这些合作者的目标客户是那些访问乌代布尔的富豪旅游团,也包括背包客,这些访客通常会在当地待上一段时光,可能会花一些时间向画家学画,最终也会购买他们的一些画作。这种商业运作模式不仅仅是单纯的、简单的卖画,还可以借此拓宽多种形式的收入来源,从收费课程到体验异国情调的"度假"费用。为了吸引消费者流量,这类商业模式设置的地理位置必须到位,几乎全都在历史名城安营扎寨。

(8)独立企业家兼画家

这些独立画家通常在市中心附近的街道上租赁一间画室,靠近其合作者、画院和其他有关的商铺。他们在社会上和种姓等级体制内居于中层,通常是单打独斗,仅依靠某些关系网络(如家族网络)。大多数人拒绝采用佣金制,认为这样做有损于自己的工作。然而,他们的策略和做法在逻辑上却自相矛盾:一方面,他们的身份地位赋予其传承本土绘画传统的使命感和艺术抱负;另一方面,为了挣钱养家,他们的作品又不得不顺应旅游消费者的需求。

这些艺术家以中年人居多,依其所属的当代艺术流派绘制各种风格的画品。这些绘画大多基于旅游者的口味,如想象的宫殿建筑和印度的主要象征。他们虽然出售达利(Dali)和蒙克(Munch)等现代艺术家的名画复制品,但原创画作仍是其主要产品。其他画家的作品不时也有少量出售,以增加供出售的画品种类。

(9)现代艺术家

现代艺术家自诩其从事艺术活动多于商务活动,不过,他们早已卷入了旅游文化经济的代理商体系。有些人在乌代布尔的学校或大学任教,有固定职业,拿薪金,同时卖画补贴家用。

他们住在市中心或附近,通常在画廊里出售画作,向旅游者展示印度的新形象。他们大多以现代方式表现印度传统艺术的经典主题,其作品在旅游供应链中被视为另类文化产品。乌代布尔旅游业的发展和现代化程度的提高这两股动力共同驱动着当代印度艺术发生重要的变迁。

现代艺术家的作品有时也带有某种社会色彩或政治倾向。一些艺术家将 Bhils 或 Meenas 部落的传统形象元素融入作品,这些部落的文化和艺术形式是一直受到保护的。近来,他们与非政府组织携手合作,致力于保护农村的弱势群体,这些乡下人很难适应快速变化的经济,被印度官方公然视为落后的人群。这种合作方式对拉其普特统治阶层的垄断权力不啻是一大挑战,使乌代布尔的形象更加多元化。

绘画借此推动新权力形式、地方象征和文化惯例的自我表达，在地方和国家层面上发挥更大的影响力。

当地的微型画生产体系

各种微型画代理商是如何互动的呢？在考察社会经济关系运动过程的基础上，笔者提出以下模型，旨在厘清纷乱的现状，使之易于理解。

社会经济关系的灵活性和短暂性

通过对不同代理商（经纪人）及其相互关系的分析，我们可以辨识生产体系的某些特征，揭示以微型画生产为中心的文化经济的内幕和复杂性。

我们的分析聚焦于旅游业和微型画生产的相互关系。旅游需求和文化生产市场具有不确定性和不可预测性（Urry, 2002; Menger, 1994），相应要求劳动力市场具有高度的灵活性。阿特金森（T. Atkinson, 1984）发现，乌代布尔的微型画生产体系既有形式的灵活性，也有功能的灵活性。在前一种情况下，企业家"改变劳动力投入的水平，以应对产出水平的变动"（Urry, 2002）。但劳动力投入的变化并不是像工业化国家那样使用兼职工、临时工或短期合同工，制度化和规范化的经济关系在当地毕竟还是十分罕见的。当地的交易活动和社会经济关系大多建立在口头协议的基础上，而这种口头协议通常是不合法的和暂时性的。不过，生产体系的特殊灵活性带有一定的强制性，这种经济关系虽然不能给予明确的定义，但它很可能是根据家族间、宗教间或种姓间的关系网络建立起来的。在后一种情况下，功能方面的灵活性表现在多种经营策略上，如前所述，大多数代理商对生产、交易和"旅游"这三种主要业务不做细分，时常兼做其中两种，甚或全做。

这些社会经济关系复杂且多样化，生产体系远非那种层级分明的垂直一体化，不但生产与销售之间没有明显的结构性区别，生产结构内部也没有明确的垂直分工。所有的代理商无不采取综合经营策略，以适应市场的供求规律以及与其他代理商的既存关系。然而，门格尔（P. M. Menger, 1994）指出："对灵活性的要求意味着保有一支庞大的艺术工作者队伍，做到召之即来，并能承受劳动力过度供给之苦和职业生涯的停顿中断"。实际上，画家们常常受制于文化生产的管理者（如商场业主、当地销售人员等），其地位是高度不稳定和不确定的。生产体系的灵活性和暂时性，反映了当地社会权力结构的平衡关系以及不同人群和种姓之间的主从关系。此外，还可能遭遇代理商、零售商、生产者和旅游者相互冲突的偶发事件。

等级制度

当地生产体系着眼于全国乃至全球市场，但依旧保持着地方的特征。这一体系在实现多元化和融入世界经济舞台的同时，仍大量利用本地的社会关系网络，秉持着古代社会的等级意识。在长期积淀的各种历史、社会和文化因素的交互作用下，形成了一种"基于当地宗教和/或文化观念的艺术作品精神"(Nadvi and Schmitz, 1998)。正是这种社会—文化的地位身份，给企业间建立关系提供了一种互信和互惠的基础(Granovetter, 1985)。并在当地社会氛围的影响下，产生了"一套行为准则、合并规则和制裁方式的隐码，规范着行业集群内部的社会和生产关系"(Nadvi and Schmitz, 1998)。

在乌代布尔，微型画的生产体系始终保持着基于种姓制度的社会等级体制。图12.1显示了三种不同性质的代理商（经纪人）群体：高种姓、低种姓和无差别种姓。在这一生产体系中，高种姓的代理商处于行业龙头的位置，他们向一大批代理商购买画品，占有绝大部分的销售份额。许多代理商直接仰仗他们，与其结成非正式的同盟。低种姓主要在生产性机构,他们直接向市场出售画品,但质量远不及高种姓的对手。

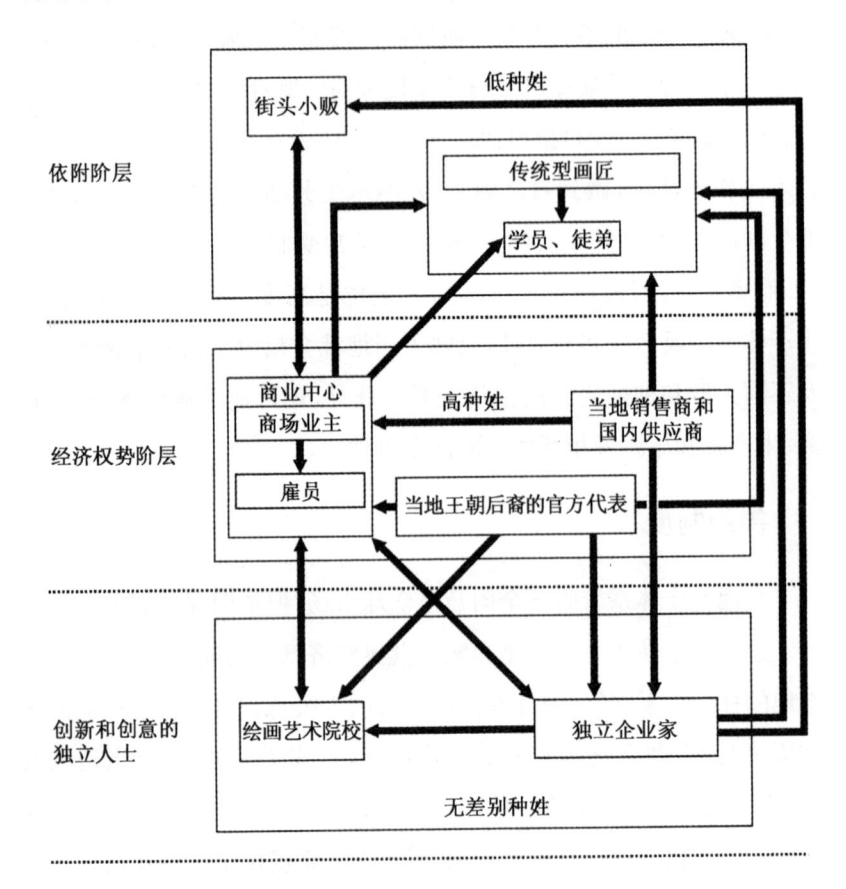

图 12.1 绘画生产体系中的代理商(经纪人)及其相互关系(暂略)

在乌代布尔,经济权力以种姓等级制度结成的紧密关系为特征,经济运行根本谈不上合理性。属于较高种姓的拉其普特人在微型画行业享有最多的财富和权力,主宰和指导着绘画生产,而手艺人和画匠则是灵活的劳动力提供者。

艺术家：不确定性和创新

越来越多的画家被高度发展的旅游经济和一派兴旺的绘画行业吸引到城市里来。画家之间的竞争日趋激烈，加剧了前述的不平等程度和权力倾斜失衡现象。在乌代布尔工作的画家与日俱增，许多人已被逐出这一高盈利的行业。

然而，经济发展不会惠及乌代布尔的全体市民，尤其是那些从事文化生产的画家们。有人提出，"不确定性可以为创新和自我实现提供实质性条件"（Menger，1999），对此，笔者实在不敢苟同。乌代布尔市的画家们鲜有自我实现或个人才干为社会认可的抱负，只有极少数画家能够依靠自己的能力和天资来规划艺术生涯。面对生活条件的极端不确定性，大多数画家都试图降低经济依赖性，其方法是：(1)生产多样化，迎合旅游者的需求；(2)业务多元化，兼职从事多种工作；(3)采用中介策略，扩大客源。总之，灵活性、风险和不确定性不能成为促进创新的条件，因为艺术形式的创新在旅游需求导向型经济中没什么价值可言，倒是乌代布尔艺术家的过度供给能够促使创新和创意的产生。

值得关注的是，有一些画家，如现代艺术家和青年企业家，他们摆脱了种姓等级制度的束缚，愿意投身于业务和艺术创新的实践活动。这些人独立经营，自担风险，以提升业务和艺术价值为目标，开创性地推行综合经营策略。他们有时也通过大型销售机构（大型商场、地区经销商）销售画品，倘若据此说他们没有摆脱对大型销售机构的依赖，倒不如说这是一种营销策略。他们尝试多样化的生产活动，利用直销方式出售自己的画作或低价购入的他人作品，也将画品卖给中介商，以获取一定的基本收入。最后，他们利用自己长期建立的网络联系，降低自身地位的不稳定性。

也许，这些人能真正推动当地旅游和艺术生产体系的转型，他们既可以创新绘画的风格，也可以改进生产体系自身的组织形式。创意和创新是不会在规范有序的工作环境中产生的,因此,"具有特殊技能、天赋和丰富想象力"(Scott,2000)的个人的作用显得十分重要。实际上,在公共文化政策不到位的情况下,当地代理商之间的竞争对生产体系的变迁起了重要的推动作用。

结论:绘画产业集群

乍一看,乌代布尔的绘画产业与"第三意大利"的灵活生产模式颇有几分相似。不过,位于发展中国家的乌代布尔,其生产体系自有特殊性,它的微型画生产并非基于"公司员工的内部分工",而是建立在"开放社区的人群"基础之上(Becattini,1990)。在这种条件下,蜕变的垂直一体化和灵活的专业化分工只是作为非正式经济结构的一部分在起作用。文化生产主要立足于个体或集体代理商的不稳定网络,他们的相互关系是灵活的,也是不规范的和暂时性的。

这种生产体系被称为集群,它是迈克尔·波特(Michael Porter,1990)最早提出来的一个概念,指的是发展中国家特定的小规模的产业组织形式。集群的含义有三:(1)经济机构之间灵活的、非正式的关系;(2)生产体系以垂直分工联系为特征;(3)彼此展开激烈的经济竞争。这种集群依托当地社会文化和制度结构,采取紧密而又重叠的方式来运作。"社会—文化的地位身份是集体的处世规则和信任关系的基础,所有这些因素引发生产体系的调整及其信息"(Schmitz,1990)。在这样的环境里,集群的存在是十分重要的。

其实,用集群这个概念来刻画乌代布尔当地的生产体系并不完全适合,但其主要因素已尽收其中。笔者需要强调的是,"社会—文化的地位身份"在当地生产体系中具有重要作用,而且,绘画和旅游行业及其互动关系正在不断增强和扩展该地区的社会、文化和建筑等领域的资源。

鸣谢

奥利维尔·罗曼(Olivier Romain)对本文的翻译工作给予了大力协助,在此谨表谢意。

参考文献

Amin, A. (1994) *Post-Fordism: A Reader*, Oxford: Basil Blackwell.
Atkinson, J. (1984) "Manpower strategies for flexible organizations," *Personnel Management*, August: 28–31.
Baudrillard, J. (1970) *La société de consommation*, Paris: Denoël.
—— (1968) *Le système des objets. La consommation des signes*, Paris: Gallimard.
Bautès, N. (2003) "Forms and expressions of a local heritage in a changing socio-economic context: the case of the ancient royal capital of Rajasthan with a special reference to Udaipur City," in S. Singh and V. Joshi (eds) *Institutions and Social Change in Contemporary Rajasthan*, New Delhi-Jaipur: Rawat Publications: 106–26.
—— (2004) "A city within the city. Spatial trends of tourism development in an urban context: Udaipur," in C. Henderson and M. Weisgrau (eds) *Tourism and Cultural Politics in India: The Case of Rajasthan, India's "Heritage" State*, in press.
Beach, M. (1992) *Mughal and Rajput Painting. The New Cambridge History of India; I, 3*, Cambridge, Cambridge University Press.
Becattini, G. (1990) "The Marshallian industrial district as a socio-economic notion," in F. Pyke *et al.* (eds) *Industrial Districts and Inter-Firm Cooperation in Italy*, Geneva: International Institute for Labour Studies, pp. 37–51.
Cadène, Ph. and Holmstrom, M. (eds) (1998) *Decentralized Production in India. Industrial Districts, Flexible Specialization, and Employment*, New Delhi: SAGE – French Institute of Pondichéry.
Crane, D. (1992) *The Production of Culture: Media and the Urban Arts*, Newbury Park, CA: Sage.
Granovetter, M. (1985) "Economic action and social structure: the problem of embeddedness," in *American Journal of Sociology*, 91: 481–510.
Kearns, G. and Philo, C. (eds) (1993) *Selling Places: The City as Cultural Capital, Past and Present*, Oxford: Pergamon Press.
Menger, P.-M. (1994) "Artistic concentration in Paris and its dilemmas," *Villes en Parallèles*: 20–1.
—— (1999) "Artistic labor markets and careers," *Annual Review of Sociology*, 25: 541–74.
Micoud, A. (1991) *Des Hauts-Lieux: la construction sociale de l'exemplarité*, Paris: Ed. du CNRS.
Murty, S. (ed.), (1995) *The Divine Peacock. Understanding Contemporary India*, 2nd edn, New Delhi: Indian Council for Cultural Relations.
Nadvi, K. and Schmitz, H. (1988) "Industrial clusters in less developed countries: Review of experiences and research agenda," in P. Cadène and M. Holmström (eds),

Decentralized Production in India, New Delhi: Sage, pp. 60–138.

Piore, M. and Sabel, C. (1984) *The Second Industrial Divide: Possibilities for Prosperity*, New York: Basic Books.

Porter, M. (1990) *The Competitive Advantage of Nations*, New York: The Free Press.

Radhakrishna, V. K. (1995) *Art and Artists of Rajasthan: A Study on the Art and Artists of Mewar with Reference to Western Indian School of Painting*, New Delhi: Abhinav.

Saïd, E. (1978) *L'Orientalisme. L'Orient crée par l'Occident*, Paris: Ed. Seuil.

Schmitz, H. (1990) "Small firms and flexible specialization in developing countries," *Labour and Society*, 15, 3: 257–85.

Scott, A.J. (2000) *The Cultural Economy of Cities: Essays on the Geography of Image-Producing Industries*, London: Sage.

Urry, J. (2002) *The Tourist Gaze*, 2nd edn, London: Sage.

第十三章　从创意中获利？
——瑞典斯德哥尔摩和牙买加金斯顿的音乐产业

多米尼克·鲍尔(Dominic Power)
丹尼尔·哈伦克留兹(Daniel Hallencreutz)

导　论

　　半个世纪以来，流行音乐产业在不断地发展壮大，现已成为一个主要的经济活动领域，一个重要的全球性产业，即在地理布局上大跨度交互运作的产业。音乐产业的文化产品具有鲜明的当地特征，该产业从当地的创意环境和文化形式中吸取养分，通常在城市里形成产业集群(Hesmondhalgh, 2002; Scott, 1999a, 1999b, 2000)。环顾全球，人们发现音乐的制作、销售和消费等经营活动被日趋集权的制作和分销体系所把持，而这个体系又为少数全球媒体"大公司"所主导(Alexander, 1996; Burnett, 1996; Choi and Hilton, 1995; Malm and Wallis, 1992; Sadler, 1997; Shapiro et al., 1992; Wallis and Malm, 1984)。从流行音乐发展史来看，世界上有不少地方是创意文化和音乐的发源地，若以获利程度或文化影响力来衡量，则鲜有在国际或全球范围内获得成功的流行乐歌手和乐队，而本章的重点就是考察其财务成功与否及其获利程度。我们认为，音乐产业要走向商业性的成功，不仅取决于创意环境的特质，还须依靠当地制作体系与国际资本和发行渠道的联系以及有效的知识产权保护。

这一章将运用两个城市音乐产业的案例研究来检验我们的观点,一个是瑞典的斯德哥尔摩,另一个是牙买加的金斯顿,这两座城市都有着世界上最活跃、最富创意的音乐产业集群。斯德哥尔摩是瑞典音乐制作体系高度集中化或集群化的中心(Forss,1999;Hallencreutz,2002;Power,2002),也是世界上仅次于美国和英国的流行音乐净出口国(Burnett,1997)。斯德哥尔摩涌现出许多国际知名的音乐乐队和音乐艺术家,诸如阿巴乐队(Abba)、爱司基地乐队(Ace of Base)、羊毛衫乐队(the Cardigans)、女歌星妮娜·切瑞(Neneh Cherry)、欧洲合唱团(Europe)、女歌星思迪娜·诺登斯坦姆(Stina Nordenstam)和罗克塞特二重唱(Roxette)等。与瑞典一样,牙买加的音乐制作体系也完全由首都主导。风靡全球的斯卡和雷鬼音乐使金斯顿自20世纪70年代起就成为创意中心,诞生了一批世界闻名的流行音乐艺术家,包括鲍勃·马利(Bob Marley)及其"哭泣者"乐队(the Wailers)、李·佩里(Lee Scratch Perry)、德斯蒙德·德克尔(Desmond Dekker)和"王牌"后援团(the Aces)、吉米·克利夫(Jimmy Cliff)、格雷戈里·伊萨克斯(Gregory Issacs)、彼得·托什(Peter Tosh)、萨巴·兰克斯(Shabba Ranks)和沙吉(Shaggy),他们的音乐作品热卖于市,在商业运作上颇为成功。从社会、经济和气候的角度来讲,这两个城市自然无法类比,但作为世界级的流行音乐制作中心却是可以做一番比较的。这种比较研究基于其制作音乐作品的全球领先地位,评判的标准就是其作品的国际化程度和各自的出口竞争力。简言之,它们都是同一世界市场的强有力的竞争者。这两座城市的经济规模都不算太大,经济结构迥然而异,对小型经济体的音乐制作来说,赢得国际竞争及出口能力比大型经济体更为重要。大型经济体的国内需求之大足以支撑一个财务丰盈、功能齐全的音乐制作产业,不必像小型经济体那样为了生存空间而不得不去开拓海外市场。在巴西、印度和中国,其音乐产业蔚为壮观,音乐产品输出却平淡无奇,基本上不用依赖国际市场。由此可见,笔者将上述两座城市的音乐制作产业放在一起比较不是生拉硬拽,而是经得起检验,也是饶有趣味的。

令人瞩目的是,尽管金斯顿的音乐产品从全球赚取的商业价值远高于斯德哥尔摩,但实际上后者的本土音乐制作和城市经济体系令其赚到了更多的利润。据联合国贸易与发展委员会统计,1994年,牙买加音乐制作(主要是雷鬼音乐,不含现场演出及相关商品)的全球批发价值至少在12亿美元左右[不含牙买加国内市场,该市场1994年零售总额仅为200万美元,2000年为220万美元。国际唱片业协会(IF-PI,2001a)](Kozul-Wright and Stanbury,1998;Watson,1995;Bourne and Allgrove,1995;PIOJ,1997),而牙买加自行出口的音乐录制产品只有极少的29.1万美元(Bourne and Allgrove,1995)。全球批发总额不能算作牙买加的出口,因为许多成功的牙买加艺术家的音乐作品是在北美和欧洲录制的。很显然,正在发生的和有可能发生的事情之间是严重失衡的,直到1995年,牙买加的音乐出口总额也只有140万美元,这种出口即使稍有增加,也会极大地促进其经济增长。与此形成鲜明对照的是,瑞典在出口和国内市场上均取得成功,对该国本土的音乐产业和斯德哥尔摩的中心区域贡献不菲。1997年,瑞典录制音乐的净出口约为4.11亿美元(折合33.68亿瑞典克朗),这个年份是唯一能够找到可与牙买加出口数据进行比较的年份(也可参见Forss,1999,2001)。这种相当粗略的估算表明,虽然"牙买加"音乐的海外市场至少达到12亿美元,但按"原产地"计算的话则少得可怜。

在对上述两个城市音乐产业大致了解的基础上,我们将探讨每个城市的音乐中心保持其强力竞争地位的独特基础,以及这种竞争力转化为反差极大的回报率的驱动力,弄清这些问题对当地的音乐体系和各自的经济发展无疑具有重要的意义。笔者所持的基本观点是,在分析音乐产业集群的好处及其本土化条件的同时,还必须考虑个人和企业从其创意中赢利的一般机制。目前,学术界对创意成因的研究远多于价值链动因的研究,而关于全球竞争性文化生产中心的创意和创新带来的经济回报的研究就更少了。学者们关于产业集群竞争力的研究一般都集中在创意和创新的动力和开发机制,鲜少追究同样的竞争力之下为何有巨大反差的回报率的原因。针对这一课题进行比较研究本来就十分罕见,更何况,这些音乐中心分别属于不同的"发达"和"发展中"经济体。

本章特别关注的是知识产权的重要作用和"营利性"音乐产业和企业的结构问题,以深入认识音乐产业结构赖以建立的版权和知识产权制度(参见 Dolfsma,2000)。

近年来,一系列技术创新横空出世,如基于互联网的文件共享、压缩的文件格式(MP3 等)和光碟刻录机,这对音乐版权收益的有效保护和收款构成了威胁(Dolfsma,2000;IFPI,2001b;Kasaras,2002;Leyshon,2001;Pfahl,2001)。这种威胁的严重程度从金斯顿的案例中可见一斑,那里出现了一种所谓的"后 MP3 音乐经济"模式,它对音乐产业的基石——知识产权——缺乏强制性的、行之有效的保护,也与世界上大多数国家普遍存在的大公司主导模式大相径庭。读者在下面的案例研究中将会看到,保护版权和收取版税的体制性缺失意味着牙买加的"投资"和"制作开发"活动长期得不到保护,迫使艺术家和企业尽快转移其文化和金融资本,进而造成投资不足和恶性竞争为特征的碎片式产业结构。与此相反,斯德哥尔摩的音乐经济被视为一个基于资本主义现行知识产权制度的样板,在那里,音乐出品受到当地知识产权制度的强力保护,在创意艺术上的长期投资也可望得到回馈。这两个案例体现了一种当下通行的地缘政治经济学:在全球经济中所处地位的不同,回报率会有云泥之别;而知识产权制度的差异必然对文化产品产业的产业结构和利润结构产生重大影响。

因此,笔者再次肯定产业集群与经济和创意创新之间存在着正相关关系,但须加上一点:在一系列因素的影响下,产业集群的经营和创新会有相差甚远的回报率。上述两个城市音乐产业的利润返还水平差异可以用两个因素来诠释,一个是版权和管理体制,另一个则是产业和企业结构。

斯德哥尔摩

许多音乐杂志的编辑都在谈论一种独特的斯堪的纳维亚声音,如羊毛衫乐队(Cardigans)和女歌星思迪娜·诺登斯坦姆(Stina Nordennstam),但瑞典音乐界似乎还是擅长创作盎格鲁血统的美国人的音乐。借由英语演唱,并与流行摇滚和舞蹈融为一体,瑞典艺术家的音乐作品受到国际市场认可,享有可观的商业利润。像瑞典许多其他的经济部门一样,音乐产业高度集中在拥有 150 万人口的首都,尤其是斯德哥尔摩市的中心城区(Forss,1999;Hallencreutz,2002;Johansson,2000;Power,2002)。

虽然斯德哥尔摩并不是瑞典音乐人才最主要的来源地,许多最著名的乐队来自其他城市,如羊毛衫乐队来自延雪平(Jonkoping),麻疹乐队来自法格什塔(Fagersta),爱司基地乐队来自哥特堡(Goteborg),但斯德哥尔摩却是大多数艺术家和音乐产业从业人员追寻职业生涯和迈向更高台阶的地方(Denisoff and Bridges,1982)。据最新估计,瑞典至少有 3 000 位职业音乐家、作曲家和制作者,且多为自由职业者(Forss,1999)。这些专业人士和广大业余音乐人构成了音乐产业中特殊投入(即音乐创意)的基础。这些"原创者"主要分布在三个都市圈,大部分人在斯德哥尔摩,还有小部分(人数也不少)在哥特堡和马尔默。有趣的是,这些人中有相当多并非出生于斯德哥尔摩,斯德哥尔摩的音乐产业在很大程度上依靠瑞典其他城市的"人才输入"。

由于斯德哥尔摩音乐制作和销售的产业体系在瑞典占据着中心

地位，它的企业有能力和魅力吸纳这些音乐"原创者"。该地区拥有一大批本土公司和国际公司，约有 200 家唱片录制公司、70 家音乐发行公司，公司数目为全国一半以上。斯德哥尔摩的公司结构赋予其浓郁的国际化色彩和对外开放的胸襟。全球音乐唱片产业的所有"巨头"公司在瑞典都十分活跃，在首都设有全资拥有的分公司总部。20 世纪 80 年代初期开始，这些巨头公司通过收购大部分本土大型独立企业[如节拍器（Metronome）、埃莱克特拉（Elektra）、索内特（Sonet）和北极（Polar）音乐公司]来强化自己在当地的地位。进行收购时，巨头公司还将其许可证交易、批发设施和旗下的发行公司整合进来。以营业额计，瑞典排名前十位的唱片公司如今已为外来大公司所拥有，其总部全都位于斯德哥尔摩市中心，彼此相隔不远，步行即可抵达。这样一来，全球性巨头公司几乎已将斯德哥尔摩乃至瑞典的音乐产业核心要素尽收囊中，包括唱片录制和音乐发行体系。

在这种所有权日趋集中的过程中，瑞典小型的独立发行和制作公司并未泯灭，它们提供灵活的全方位服务，在 20 世纪 90 年代初成长起来，尤其是在斯德哥尔摩地区。这些公司有谢龙（Cheiron）、默林（Murlyn）、思布林克勒（Sprinkler）和马拉松（Maratone）。谢龙公司是其中的一个杰出代表，它迅速成长为一家世界知名的流行摇滚乐创作和录制中心。谢龙公司在创始人之一逝世后曾一度解体，但在斯德哥尔摩开设录音室并生存下来的原成员活力犹存，且志向远大，力图将瑞典打造成全球流行音乐的圣地。这些公司在创作本土音乐和孕育国际巨星两方面收获颇丰，前者如爱司基地乐队、女歌手罗宾（Robyn）和巴巴迪（Papa Dee），后者如后街男孩（Backstreet Boys）、小甜甜布兰妮（Britney Spears）、邦乔维（Bon Jovi）、席琳·狄翁（Celine Dion）和超级男孩（N'Sync）。谢龙公司为斯德哥尔摩的音乐产业树立了亮丽的招牌和广泛的知名度，不仅为音乐产业培育了核心要素——新星艺人——外，其商业成功也令人注目。谢龙在孵化新企业和资产分拆企业方面是绝无仅有的成功例子。该公司解体之后,许多分拆出来的新企业依靠专业技能浴火重生,原先的公司成员还重建了联系网络。整个90年代直至今日,斯德哥尔摩陆续诞生了一系列新的独立唱片录制公司、职业音乐家、发行公司以及与音乐有关的信息技术公司,构成了这座城市的一道独特的风景线(Power,2003)。在斯德哥尔摩,音乐视频制作公司和音乐多媒体公司是又一个支撑本土音乐作品、就业和输出音乐相关服务的样板,如 Akerlund2 & Pettersson Filmproduktion 和 Bo Johan Renck,其音乐视频作品像金属乐队(Metallica)、U2、伊基·波普(Iggy Pop)和麦当娜(Madonna)均受到国际认可。国际艺术家们对这种音乐服务环境深感兴趣,他们不仅看好当地公司制作的歌曲、多媒体内容和视频,而且选择这里作为自己录制和创作的场所。福什(Forss,1999:107)估计,为外国客户提供的音乐服务占瑞典音乐出口的12%以上。在本地艺人看来,国际艺人的到来为斯德哥尔摩平添了忙碌的创作氛围,他们自己也更有理由坚守本城而无须跑到伦敦和纽约去。再者,使用录音室的费用越来越昂贵,这对新入行者录制高质量的"试样唱片"产生了负面效应。音乐录制产业的通常做法是尽可能地分解功能并转包出去,包括国际转包,具有开放的创意环境和众多专业化服务公司的斯德哥尔摩正好迎合了这一发展趋势。

  试问,瑞典的中小企业与外国巨头公司及其子公司之间的矛盾和冲突是永恒不变的吗? 否。与此相反,人们看到这些不同类型的企业之间存在着许多协作关系,且经由"买方—供方"的正式联系(特别是各种基于项目的联系形式)而得以强化。本土企业和外资公司还共享当地音乐明星资源,建立合作性的竞争关系,联手组团参与国际音乐展会(如法国戛纳国际音像博览会和德国柏林·Popkomm 音乐展览会),为版权标准进行游说。有些研究者认为,斯德哥尔摩独立制作和后期制作企业的业绩,以及外国大公司与当地中小企业之间正式的及基于项目的联系,已经产生了一些特殊效应:提高了本国艺术家和公司的知名度,打开了走向世界的通道;增加了提升企业技术装备和知识水平的投资;加强了世人对"斯德哥尔摩"和"优质音乐产品"之间的联想,推进了欧洲乃至全球艺术家及企业的合作。

值得注意的是,瑞典庞大的音乐消费者人群构成了支撑其音乐产业商业化发展的坚实基础:该国国内对音乐产品的需求非常大,2000年音乐零售市场规模为 3.229 亿美元(国际唱片业协会,IFPI Svenska Gruppen-www.ifpi.se),在人均唱片音乐消费的排行榜上,瑞典位居第六(IFPI,2001a)。1998 年,瑞典艺术家的作品占全球销售比例高达 27%,令人对瑞典的音乐制作人及其优质出品印象深刻。瑞典的消费者被世人视为有教养的"高雅之士"(Porter,1990),他们的消费行为证明其敏于接受音乐风格、动向和技术的变化。大型跨国公司的斯德哥尔摩分支机构声称,瑞典市场可以用作新作品和乐队的试验场,在瑞典市场上获得成功往往成为其开拓广大欧洲市场策略的重要一步。其实,瑞典人一向是新技术的首批使用者(例如,瑞典是最先采用光碟格式标准的国家之一),该国互联网渗透率处于全球最高水平(Eurostat,2001),信息通信技术的商业性用户亦如此(OECD,2000),这一切意味着采用新技术构建音乐发行渠道并保持私密性的可能性大大增加。加上斯德哥尔摩的年轻人拥有较高的可支配收入,足以支持高利润、动态化和竞争性的音乐舞台、夜总会与粉丝俱乐部,当地和全国的音乐人才有较多表演的机会而崭露头角。专门从事人才挖掘的"星探"公司声称,斯德哥尔摩高密度、多元化的音乐演出舞台有助于他们物色人才,但不可否认,星探们只盯着斯德哥尔摩的做法有失偏颇,不利于在别处演出的艺人脱颖而出。

数目众多的音乐产品零售商为广大音乐爱好者提供服务,它们大多是大型音乐连锁店的分店或大型购物中心的分部,就像百货公司开的连锁商店,其货源主要来自斯德哥尔摩的全国性发行网络。

高水平的技术能力和基础设施也是支撑斯德哥尔摩音乐产业的重要因素,一个项目从创意到可供出售的产品,其整个过程皆可使用最先进的技术装备,这无疑是将音乐产品的价值链和利润尽量保持在该市乃至该国的重要条件。在下面的牙买加金斯顿的案例中读者将会看到,小规模的音乐中心和国家仅仅输出某个核心概念或思路,然后就到国外去做后期制作、出版、营销和发行等。由于绝大部分利润是在随后的阶段获取的,因此,一个音乐中心最重要的就是尽可能多地"在内部"办事的能力。斯德哥尔摩是世界上拥有最先进媒体技术和通信基础设施的城市之一,对音乐制作产业链的任何环节都游刃有余。例如,瑞典的国内市场不大,却有着远多于其他国家的光碟压制工厂。据福什(Forss,1999:99)估计,瑞典的音乐出口总额为33.68亿瑞典克朗,而该国制作的"压制"媒介(光碟、磁带和唱片等)的出口就有14.83亿瑞典克朗。绝大多数光碟压制工厂都设在大斯德哥尔摩地区,伴生有光碟压制技术、各种乐器和摄制棚设备等生产商。瑞典接近先进技术环境或本身就是先进技术环境的组成部分,这使音乐产业与互联网内容和发行公司在业务交集之处萌发出众多的企业。

也许,在出口导向型文化产品的产业里,能够确保利润"返还"本国的最重要因素就是行之有效的知识产权保护制度。如果缺失这种制度,那么,来自创意的利润很快就会化为泡影。瑞典的艺术家团体和行业组织历史悠久,讲求职业道德,音乐产业受到了各种行业组织和版税征收代办机构的精心呵护。这些组织和机构在国内和国际范围的监察及其强制性执行机制,加上瑞典对本国的知识产权实行积极的国际保护,已经尽量减少了紊乱的国际音乐许可和消费对出口收益造成的损失,并在一定程度上遏制了盗版行为。此外,国际大公司在瑞典音乐产品和服务的出口领域占据主导权,这意味着瑞典产品能够得到大公司延伸至全球的知识产权保护,这些巨头企业是唯一有资源和人力在全球范围内采取行动对版权进行保护或开发利用的。

斯德哥尔摩是以产业集群的方式开发产业竞争力的典范，也就是说，大批彼此竞争而又合作的企业攥指成拳，合力推动经济发展。斯德哥尔摩音乐产业的产业特征和企业特征既是高度竞争性的，又是高度合作性的，音乐艺术家和音乐企业极富多样性，又有较高的经营收入。这座城市音乐产业的结构、企业和技术的变化非常快，有利于推动瑞典音乐产品的出口。但对斯德哥尔摩的创业者来说，支撑出口业绩的最强大因素当数企业间联系、自治行业协会和服务组织的密集网络，这些网络既维持了开放的出口和发行渠道，也保护了版权，从而间接地维护了创意环境。从事商业性经营活动的音乐企业和艺术家个人（包括作曲家、音乐教师、发行商或其他专业团体）显示了一种高度的自我组织能力，他们创造出一种合作机制，能促进共同利益、信息交流和采取集体行动。斯德哥尔摩的音乐产业"集群"可以定义为"音乐制作的世界"（Storper and Salais, 1997），它以复杂的竞合关系为特征，并被纳入到全球音乐产业中去。这种公司内和公司间的联系与关系及其质量和运行方式，是瑞典音乐产品在世界市场上成绩斐然的重要因素之一，也是维护其出口收益和斯德哥尔摩作为全球音乐制作和相关服务中心的必要条件。或许，我们可以得到这样一个惊人的结论：在反全球化思潮的冲击下，斯德哥尔摩与全球音乐产业建立了较高程度的一体化，而且，这种一体化的程度越来越高，实践证明，这样做大幅提升了本地音乐制作体系的竞争能力和赢利能力。

金斯顿

在当代世界音乐产业中，牙买加的金斯顿实际上充当了一个"新马歇尔节点"（Amin and Thrift, 1992）。同时，金斯顿是该国复杂多变的小型音乐市场的制作和创新中心，也是强有力的音乐产品和创新的全球供应商，其输出范围从混声录制应用的音乐技术到斯卡、雷鬼、舞厅乐和雷格等特殊风格的音乐(Berg,2001;Chang and Chen,1998;Davis and Simon,1992;Foster,1999;Harris,1984;Jahn and Weber,1998;Potash,1997;Saakana,1980)。自20世纪60年代初启动商业化以来,牙买加的特色音乐在市场上有了一席之地。金斯顿历来是全国的创意中心。从这座城市西部边缘化的贫民区,如特伦奇镇和琼斯镇(Chang and Chen,1998),突然迸发出斯卡和雷鬼这样的特殊风格音乐,出现了鲍勃·马利(Bob Marley)这样的领军人物。近年来,鲍勃·马利被西方的流行文化奉为偶像,他向人们揭示了音乐产业潜在的巨大商机。

不妨将金斯顿音乐制作中心与世界上所有的同类中心做一下对比,这里最大的不同就是几乎看不到任何全球性巨头公司的踪影。这座城市音乐产业的组织和企业结构呈现出相当程度的碎片化,小公司、星探和原创企业占据着主导地位。全球巨头公司迄今为止尚未在牙买加设立任何办事处,但其前任们曾经在金斯顿做过这样的尝试。1976年,CBS(现为索尼音乐公司的一部分)首开先河,欲将金斯顿打造成一个雷鬼音乐的供给基地,以便迅速扩大雷鬼乐的国际市场。然而,此举遭到当地唱片企业和艺术家们的反对,他们呼吁迈克尔·曼利总理(Michael Manley)采取激进的民族主义和孤立主义的措施,成功地遏制了这一计划。曼利在1980年那场引发暴力的选举中落败,较为自由化的埃德加·西加(Edward Seaga,西加曾创建过一家自己的音乐唱片公司)上台。CBS公司乘势卷土重来。这一次,它试图收购当地最大的公司之一的"动力之声"(Dynamic Sounds),欲将其变成一个覆盖全加勒比地区的微型跨国公司,不过,这笔交易终因当地法律严格限制跨国公司控股本土企业而戛然而止。

CBS的尝试给其他外国公司敲响了警钟,从此,再也没有任何外商登陆该岛。全球性巨头公司怯于直接卷入当地的经营活动,转而改为"采摘"业已开发成熟的音乐果实。金斯顿的业内人士大多知道,大公司以往购买作品母带和独家经营权的过程充满了风险、盘剥甚至罪恶。

　　文化差异的存在进一步绷紧了外国公司和本土企业及艺术家之间的关系，大公司与当地企业的一些交易做得非常勉强。有关资料显示，当地的业内人士大多抱有"快速致富"的心理（Kozul-Wright and Stanbury, 1998），他们不愿与大公司建立法律和财务方面的长期安排。而在美国和欧洲市场上，新产品的投产、仓储和批发通常需要花费较长的时间和投入大量的资金。在发行产品时，大公司也往往花费较多的时间，以免曝光过度令消费者产生厌烦情绪。这些大公司与性格多变的金斯顿艺术家和企业难以共事的故事还有许多，如今也有人以为就该对这些国际唱片公司采取"不受约束"的"非常规"态度。

　　值得注意的是，外国大公司虽未直接卷入当地的经营活动，但它们在牙买加诸多领域都有举足轻重的合作者，牙买加音乐产业在国际范围内取得成功与此是分不开的。金斯顿音乐史上最重要的领头企业是岛屿唱片公司［Island Records, 1998年被宝丽金（Polygram）收购，现为维旺迪环球集团旗下的Island Def Jam音乐集团］，该公司最初就是由出生于英国的克里斯·布莱克韦尔（Chris Blackwell）创建并拥有的。

　　牙买加人音乐产出的活力大部分来源于内生性的创新活动增长。金斯顿音乐制作企业的数目和从业人数很难估算，因为缺乏准确的行业统计数据，况且还有许多非正式注册的（往往是不合法的）企业和个人。而且，许多业内人士同时为多个唱片公司工作，且身兼数职（如有的音乐制作者集艺术家、声效工程师和唱片公司业主于一身），这使分析该行业的职业构成困难重重，也无法与劳动分工相当明细的斯德哥尔摩进行比较。然而，倘若回顾流行音乐的发展史、全球录制音乐的销售记录以及当前国际与牙买加的每周唱片流行榜，可以判断牙买加有一支人数相当庞大的职业艺术家队伍，这是确凿无疑的。据当地估计,个人和团体艺术家大约有 2 000 人,他们或在金斯顿居住,或出生于该地。

这支队伍受雇于众多独立的中小型录制企业和唱片公司,如 Tuff Gong、Dynamics、Pent-house Records、Sonic Sounds 和 Scorcher Music。金斯顿音乐制作体系的组织形式比较独特,与斯德哥尔摩有明显的不同:斯德哥尔摩的唱片公司是核心制作单位,其特点是内部交易程度相当高;而金斯顿则是一个由创作者、录制企业和唱片公司构成的复杂组合体,外部交易程度相当高。

复杂的碎片化的制作体系,兼任多种角色的自由职业艺术家,凸显了非正式的人际关系在音乐创新过程中的作用。金斯顿的企业和个人无不知晓,为了生存必须持续不断地进行社交和商务互动。有人认为,在小企业组成的产业集群里,信任和合作是打造创意环境的核心问题(Scott,2000),金斯顿的情况恰恰与之相反,在这里,互动主要是竞争性的,而不是合作性的。小规模企业无力在内部充分开发产品,这就意味着,整个音乐产业的基本特征是高密度的外部交易,它将广大从业者进一步纳入体系之中。与世界上其他音乐制作中心相比,金斯顿进行的密集外部交易和社交互动意味着当地的信息流更加通畅,而这又意味着在音乐发行之前很难保守任何秘密,新的音乐理念和技术很快就会被扩散出去,线上收听的雷鬼乐甚至隔天便会被他人模仿而投入市场。因此,都市音乐活动的集群化推动了密集的交易和互动,这对创意和创新产品的商业性开发取得成功是至关重要的。此外,交易和信息交流的速度对产品发行方式也有一定的作用。在欧洲和美国市场上,产品发行往往会拉开时间间隔,而金斯顿的录制企业采取的是市场涌入策略,力求在最短的时间内售出尽可能多的产品。

一个企业结构呈现碎片化的地方,自然也会给音乐创新带来重大的好处。有些学者注意到,唱片公司的分散化和无核心现象有助于制作类型的多元化和创新的过程(Alexander,1996;Burnett,1990,1992,

1993；Christiansen，1995；Lopes，1992；Peterson and Berger，1975，1996）。不过，分散和无序的企业结构也有负面影响，一个严重的后果便是缺乏与国际大公司及其销售渠道的联系，这使产品的升级换代难以找到投资方和融资渠道，而在国际上成功发行新产品还需要在存储、营销和预付运费方面进行大量投入，这是大多数牙买加企业无法承受的。接受采访的业内人士披露，许多录制工作室负担不起设备的更新升级，无力为"严肃"音乐界提供优质服务，只能转而录制电台和电视台播放的商业广告音乐。这进一步降低了音乐产业的制作能力，其制作技术和综合技能与创作优质音乐产品渐行渐远，有损于该产业未来的长远发展。牙买加企业缺乏资金购买先进的制作和录音技术与了解国外市场需求条件的重要信息，这意味着他们只能依靠过时的录音和制作设备，无法制作出完全符合国际质量标准和格式的数码产品，几乎所有的牙买加发行的音乐产品都是录音磁带或乙烯树脂唱片，这无异于自行关闭了进入美国和日本这类需要优质产品的高消费市场的大门。现代优质数码产品供给能力的缺失实属出口营销的一大问题，因为光碟产品已占到全球市场份额的75%和单曲市场的90%（IFPI，2001a）。但麻烦岂止于一个资金问题，企业结构的碎片化和企业技术水平的低下被曝光，使金斯顿的制作者更加远离了其渴求的外国市场和现代技术。此外，缺少高标准设备和技术升级还意味着国内的后期制作、再混音、视频制作和相关服务都可能会流失到国外。须知，音乐产品走向市场的这些最后制作阶段是创造附加价值和赚取利润最多的，读者在斯德哥尔摩的案例里已经看到，这类服务的提供能力可以将国外的业务吸引到本国，是当地音乐中心名利双收的引擎。

于是，牙买加的企业不得不依托贫瘠和低技术的国内市场。该国国内市场对光碟格式的需求极少，只占单位销售额的10%左右（IFPI，2001a），光碟销售几乎全部是舶来品。本地对光碟的需求不足，对数码产品质量要求不高,加上市场比较贫穷,这又进一步影响了消费者对产品升级的意愿和购买力。1999年,牙买加国内音乐产品的销售额为540万美元,在全球排行榜上倒数第八(IFPI,2000)。据业内人士披露,平均每张"碟"的销量在2 000~10 000片乙烯树脂碟片,单价一般为0.2美元左右。整个价值链分享微薄的利润时,每个参与者能收入囊中的就很少了。由于国内缺乏激励机制,原创者常常看到自己花费心血制作出来的音乐产品几乎无人问津,这是他们不得不面对的现实。采访资料显示,对录制音乐缺乏充分的激励机制驱使那些梦想"快速致富"的艺术家集中精力去做现场演出,一场演唱会的收入依艺术家在业内的地位有2 000~15 000美元不等。这使音乐产业中的大多数人愈加倚重国内市场,从而更加缺乏制作有竞争力的出口产品的投资和能力,由此陷入了恶性循环。

虽然牙买加国内市场收入相对恶化,但它是由高度"成熟的消费者"所主导和驱动的市场,对音乐产业的创新和创意活力来说十分重要。在牙买加,许多事情的进展十分缓慢,但有些事情的推进却非常快,金斯顿的音乐时尚和趋势便是如此。好声音和在线收听的雷鬼乐等成功之作几乎是一转眼就被拷贝,一首好歌或一种风格创新在短短几周内就被过度应用而趋于过时。面对制作和发行的速率,以及消费者时尚变化的速度,即使是业已成名的艺术家也感到莫大的压力,唯有持续不断地推陈出新,才能满足广大听众的要求。此外,众多高度灵活的发行商和零售商(一身二任者比比皆是)也在激烈角逐,这种竞争使新产品极速地投入市场,常常是从录制棚直送零售店。另一方面,企业结构的碎片化使营销和发行活动很难取得规模经济效应,也使投资的机会受到制约,更令侵权盗版行为和黑道帮派活动"卷入"价值链。

尽管牙买加音乐产品扩大出口有着巨大的潜力,但笔者在本章导论中曾引用过的录制音乐出口额和投资水平表明,低下的竞争力令该国当地的音乐制作体系获利寥寥。1994年,牙买加的音乐出口额只有29.1万美元,当然,这个数字要低于这个岛国有关音乐的全部收入,它不包括有限的版税返回、"看不见的"的盗版出口,以及明星们回国探亲带回来的个人钱财。此外,音乐的成功对这个岛国的旅游业也有直接的影响。然而,与斯德哥尔摩相比,金斯顿的微薄收益与其在全球音乐领域的竞争地位是极不相称的。

人们普遍认识到,牙买加人的音乐创意水平很高,收益却相当少,其主要原因就在于该国缺乏有效的知识产权保护制度,而现行的法规和国际协定也得不到有效的强制性的执行(Bourne and Allgrove,1995;Kozul-Wright and Stanbury,1998)。在国际音乐产业界,个人知识产权被他人使用应获得报酬的法定要求往往很难实现(IFPI,2001b;Wallis et al.,1999)。北美自由贸易协定(NAFTA)、关贸总协定(GATT)和欧盟都进一步扩大了版权保护的范围和力度,有助于全球性巨头公司对绝大多数艺术家作品和既有版权产品产生的收益提出"所有权"的要求(Galperin,1999;Taylor and Towse,1998;Wallis et al.,1999)。许多国家都有组织良好的收款机构和行业协会,它们监督着版权的强制执行和版税的征收与分配。而在牙买加,碎片化的企业结构,与大公司缺乏直接的联系,欠成熟的艺术家组织和行业代理机构,这一切使现行版权法的国际执行和版税收款变得异常困难。虽然存在着牙买加音乐家和艺术家联合会与牙买加作曲家、作家和出版商协会,但有效的全行业性质的支持机构仍然是缺失的。加之企业机构的碎片化,这使该行业在国家制定政策或法律的圈子里没有一个共同的声音。一些业内人士认为,这种声音的缺失、传统的恐惧感和敌意的态度,是牙买加政府长期无所作为的主要原因。近年来,该国政府开始认识到音乐产业对经济发展的作用和潜力[总理办公室(OPM,1996)],并试图建立更有效的版权保护制度,1993年,该国版权法的升级版与国际标准相吻合便是一例。虽然牙买加已经制定了相关的法规，也是世界知识产权组织（WIPO）成员国之一，但对知识产权的保护仍然是有限的。这个岛国至今尚无一个国立的收款代理机构，而通过与别国的国立收款机构的互惠安排，可以最有效地保护知识产权，也可以收到相应的版税。金斯顿的音乐创作、传播和商业性改编无不带有某种地下性质，这种产业特质是构成其知识产权环境的一个重要部分。

正如保罗·吉尔罗伊（Paul Gilroy，1987：164）所指出的那样，牙买加现代舞厅音乐文化的核心不是对名人歌星的狂热崇拜（这种崇拜是流行音乐形成商品化和价值链的驱动力），而是剽窃其他音乐的创意进行混成。采访资料显示，对音乐所有权和产权采取轻慢忽视的态度，既是目前金斯顿一般的文化规范的一部分，也是当地塔法里教的信仰的一部分，那些宗教界的前辈们认为，舞厅就是音乐表达的中心场所。艺术家和企业在版权方面遇到的问题（尤其是20世纪80年代之前的录制品和作曲）与塔法里教的反财产权的态度颇有关系。在这种反财产权的宗教倾向下，雷鬼乐的明星们很少订立或留下遗嘱，也没有管理完善的知识产权文件，最明显的就是鲍勃·马利的例子，他本人没有留下任何遗嘱。这种对待知识资产的理念陈旧不堪，不能跟随全球音乐产业的步伐与时俱进。如今几乎所有的歌星都快速移居他国（尤以美国为多），缺少对知识产权收益的收款和保护机制就是其中的一个重要原因。某些艺术家处理版权问题的方式无疑受到了文化的影响，但不能将文化或宗教态度跟当代牙买加音乐家划等号（牙买加音乐家主要受到美国高消费的说唱乐和街舞角色模特的影响），也不能用宗教态度来解释该国的知识产权保护制度为何不起作用。

总而言之，金斯顿音乐产业的碎片化结构是高度竞争性的，它也是一种密集互动和交易的社会生产方式，这种产业结构和生产方式将金斯顿铸造成一个世界级的创新中心或创意环境。但在诸多因素的作用下，价值链的大多数环节被驱离了这座城市和这个岛国，音乐产业仍面临着将利润保留在国内并寻求投资以提升自身出口潜力的严峻问题。

结论

上述两个不同的音乐制作中心的成功模式告诉人们，产业集群在地理上邻近或置身于都市地区，有助于密集开展互动和交易活动，这对创意和创新产品的商业性开发获得成功具有重大的意义。但必须强调指出，出于各种原因，每个产业集群经营和创新的回报率会有所不同。在音乐产业里，最重要的因素就是全球企业和当地企业之间相互联系的性质，以及创意赖以产生的知识产权环境和制度是否有效。在一个创意中心，行业性组织机构及其运作机制可以与其置身其中的知识产权体制发生直接的联系。从某些方面来讲，金斯顿音乐产业的结构和惯常做法堪称知识产权制度失效条件下的一个反面典型。反之，斯德哥尔摩则是一个完全融入全球知识产权体制和相关行业组织并取得正面效应的样板。这两个案例表明：第一，在当代世界政治和经济中所处的地位不同，会影响音乐经济保护知识产权和获取创意投资回报的能力；第二，如果未来商业性利用版权的能力受到技术变动等因素的严重冲蚀，那么，金斯顿音乐产业的体制将会发生重构或破裂。

本文研究的重点是，音乐制作中心及其产业体系和从业者的创新活动从竞争性产品的国际开发中获取最大利益的路径。读者已经看到，金斯顿和斯德哥尔摩这两大音乐制作中心获得的利润率有着天壤之别。其中一个值得吸取的教训就是，对一座城市或一个小国的音乐产业来说，当地企业与全球音乐产业的高度整合将会赋予其重大的竞争优势，从而赢得相当比例的利润返回或将之保留在本国的音乐中心。在斯德哥尔摩的案例中，通过与全球市场建立强有力的制度化的公司内和公司间的垂直联系,瑞典的音乐产品以尽量受到知识产权保护的方式走向了世界市场。此外,面向全球开放有助于建立密集的中后期制作的服务与企业网络,这对国内艺术家和出口创收均有好处。相形之下,金斯顿却将相当多的产业增值环节甩给了国际版权制度行之有效的外国音乐产业,这就削弱了它开掘利用其制作潜力的能力,并屡屡受挫于国际"巨头"公司和国内日益猖獗的违法行径。但我们也不要忽略这两个案例(尤其是金斯顿)披露的一个事实:与全球音乐圈实行某种程度的分离和自治,对国内乐坛和相关企业结构的多元化和创造性是有重要作用的。许多西方乐迷甚至将金斯顿这样的混乱无序的创意中心和音乐产业浪漫化了。他们忽视了牙买加音乐产品一直都是国际化和商品化的,他们反对为了国际消费将本土文化进一步推向国际化和商品化,因为这将消耗当地乐坛的活力,阻断其命脉,换言之,别折腾金斯顿,那是产生伟大的音乐的地方。不过,纽约、洛杉矶、伦敦、斯德哥尔摩和纳什维尔等高度商品化和国际化的音乐中心的实践否定了这种看法。音乐创意可以与商业化的成功相伴而行,并为这种成功所激励,而且,商业化的成功也可以向金斯顿这样的地方提供其十分需要的财务回报。在现实生活中,面对金斯顿压抑而又糟糕的贫穷、犯罪和暴力"现场"是无从浪漫和辩解的。

  从上述案例中,我们可以得出这样的结论:本土音乐产业在企业层面和行业机构上与跨国公司的联系越密切,该国与国际知识产权体制的整合程度越协调,那么,当地音乐制作中心在金融财务和技术创新资源两方面获得的回报率也就越高。如果认可这样的推断,那么,全球性大公司在音乐产业界日益扩散的影响就不必与人们常常听说的文化帝国主义和商业垄断盘剥划等号。国际大公司不仅为音乐产品提供融资,而且为解决音乐产品的知识产权问题夯实基础,它们具有强大的付诸行动的能力。在上述两个音乐制作中心,存在着复杂的本地制作和全球制作的比例关系,调节这两者比例的过程将对创意、竞争力和营利性产生积极的或消极的作用。进一步说，虽然本章集中研究音乐产业，但这里的探讨和发现对于其他文化产品的产业也富有启迪意义，因为许多文化产业也都依赖有效的知识产权保护，借由国际和公司层面进行的价值链调节，让利润以公平比例返回本国。我们认为，与音乐产业一样，任何生产文化产品的产业要走向商业性的成功不仅需要有一定质量的本土创意环境，而且要在本土制作体系与国际资本、发行渠道和有效的知识产权体系之间建立联系。近年来，文化产品生产规模和市场赢利都在迅速增长，这些文化产业部门极大地支持了经济发展。但是，对于小型开放经济体中文化产业各部门的竞争地位和回报率，必须经过仔细地评估，需要采用文化产品创新的实证记录，且为私营部门和公共部门这两个部门的数据所支持。

鸣谢

笔者感谢汤米·贝尔格(Tommy Berg)为本章写作提供了一些基础性资料。本章系笔者发表的一篇论文的修订版，这篇论文载于《环境与规划》(*Environment and Planning* A,34(10):1833—1854)。

参考文献

Alexander, P. (1996) "Entry barriers, release behavior, and multi-product firms in the popular music recording industry," *Review of Industrial Organization*, 9: 85–98.

Amin, A. and Thrift, N. (1992) "Neo-Marshallian nodes in global networks," *International Journal of Urban and Regional Research*, 16: 571–87.

Berg, T. (2001) *Funky Kingston: The Jamaican Music Industry in a Global Context*, Uppsala: Department of Economic History, Uppsala University.

Bourne, C. and Allgrove, S. (1995) *Prospects for Exports of Entertainment Services from the Caribbean: The Case of Music. A World Bank Report*, Washington, D.C.: The World Bank.

Industry, Göteborg: Göteborg Studies in Journalism and Mass Communication No. 1, University of Göteborg.

—— (1992) "The implications of ownership changes on concentration and diversity in the phonogram industry," *Communication Research*, 19: 749–69.

—— (1993) "The popular music industry in transition," *Popular Music and Society*, 17: 87–114.

—— (1996) *The Global Jukebox: The International Music Industry*, London: Routledge.
—— (1997) *Den svenska musikindustrins export 1994–95*, Stockholm: ExMS.
Chang, K. and Chen, W. (1998) *Reggae routes: the Story of Jamaican Music*, Philadelphia, PA: Temple University Press.
Choi, C. J. and Hilton, B. (1995) "Globalization, originality, and convergence in the entertainment industry," in L. Foster (ed.) *Advances in Applied Business Strategy*, Greenwich, CT: JAI Press.
Christianen, M. (1995) "Cycles in symbolic production? A new model to explain concentration, diversity and innovation in the music industry," *Popular Music*, 14: 55–93.
Davis, S. and Simon, P. (1992) *Reggae Bloodlines – In Search of the Music and Culture of Jamaica*, New York: DaCapo.
Denisoff, R. and Bridges, J. (1982) "Popular music: who are the recording artists?," *Journal of Communication*, 32: 132–42.
Dolfsma, W. (2000) "How will the music industry weather the globalization storm?," *First Monday*, 5.; available online: <http://firstmonday.org/issues/issue5_5/dolfsma/index.html> (accessed 1 December 2003).
Eurostat (2001) *Information Society Statistics. Theme 4 – 4/2001*, Luxembourg: Eurostat/European Communities.
Forss, K. (1999) *Att ta sig ton: om svensk musikexport 1974–1999. Ds 1999: 28*, Stockholm: Fritzes.
—— (2001) *The Export of the Swedish Music Industry: An Update for the Year 2000*, Stockholm: Export Music Sweden.
Foster, C. (1999) *Roots Rock and Reggae: the oral history of reggae music from Ska to Dancehall*, New York: Billboard.
Galperin, H. (1999) "Cultural industries policy in regional trade agreements: the cases of NAFTA, the European Union and MERCOSUR," *Media, Culture and Society*, 21: 627–48.
Gilroy, P. (1987) *There Ain't No Black in the Union Jack*, Chicago: University of Chicago Press.
Hallencreutz, D. (2002) *Populärmusik, kluster och industriell konkurrenskraft: en ekonomiskgeografisk studie av svensk musikindustri*, Uppsala: Kulturgeografiska institutionen.
Harris, T. (1984) *Reggae Vibrations*, Kingston: T.B.O.J. Productions.
Hesmondhalgh, D. (2002) *The Cultural Industries*, London, Sage.
Hussey, D. and Whitney, M. (1999) *Bob Marley: Reggae King of the World*, London: Pomegranate.
IFPI (International Federation of the Phonographic Industries) (2001a) *The Recording Industry in Numbers 2001*, London: IFPI.
—— (2001b) *IFPI Music Piracy Report June 2001*, London: IFPI.
Jahn, B. and Weber, T. (1998) *Reggae Island: Jamaican Music in the Digital Age*, New York: Da Capo.
Johansson, S. (2000) *Time – företag 1 Stockholms Län: tillväxt och lokalisering av företagens verksamhetstyper 1990–1999*, Stockholm: TIME.
Kasaras, K. (2002) "Music in the age of free distribution: MP3 and society," *First Monday* 7; available online: <http://firstmonday.org/issues/issue7_1/kasaras/index.html> (accessed 1 December 2003).
Kozul-Wright, Z. and Stanbury, L. (1998) *Becoming a Globally Competitive Players: The Case of the Music Industry in Jamaica. UNCTAD/OSG Discussion Paper No. 138*, Geneva: UNCTAD (United Nations Conference on Trade and Development).

Leyshon, A. (2001) "Time–space (and digital) compression: software formats, musical networks, and the reorganisation of the music industry," *Environment and Planning A*, 33: 49–77.

Lopes, P. (1992) "Innovation and diversity in the popular music industry, 1969–1990," *American Sociological Review*, 57: 56–71.

Malm, K. and Wallis, R. (1992) *Media Policy and Music Activity*, London: Routledge.

OECD (Organization for Economic Co-operation and Development) (2000) *Measuring the ICT Sector*, Paris: OECD.

OPM (Office of the Prime Minister) (1996) *Jamaican National Industry Policy*, Kingston: Government of Jamaica.

Peterson, R. and Berger, D. (1975) "Cycles in symbolic production: the case of popular music," *American Sociological Review*, 40: 158–73.

—— (1996) "Measuring industry concentration, diversity and innovation in popular music," *American Sociological Review*, 61: 175–8.

Pfahl, M. (2001) "Giving away music to make money: independent musicians on the internet," *First Monday* 6; available online: <http://firstmonday.org/issues/issue6_8/pfahl/index.html> (accessed 1 December 2003).

PIOJ (Planning Institute of Jamaica) (1997) *Economic Update and Outlook*, Vol. 1, No. 4, Kingston: PIOJ.

Porter, M. (1990) *The Competitive Advantage of Nations*, New York: The Free Press.

Potash, C. (1997) *Reggae, Rasta, revolution: Jamaican Music from Ska to Dub*, London: Prentice Hall International.

Power, D. (2002) "The 'cultural industries' in Sweden: an assessment of the place of the cultural industries in the Swedish economy," *Economic Geography*, 78: 103–127.

—— (2003) *Final Report: Behind the Music – Profiting from Sound: A Systems Approach to the Dynamics of Nordic Music Industry*, Oslo: Nordic Industrial Fund – Center for Innovation and Commercial Development.

Saakana, A. (1980) *Jah Music: The Evolution of the Popular Jamaican Song*, London: Heinemann Educational.

Sadler, D. (1997) "The global music business as an information industry: reinterpreting economies of culture," *Environment and Planning A*, 29: 1919–36.

Scott, A. (1999a) "The U.S. recorded music industry: on the relations between organization, location, and creativity in the cultural economy," *Environment and Planning A*, 31: 1965–84.

—— (1999b) "The cultural economy: geography and the creative field," *Media, Culture and Society*, 21: 807–17.

—— (2000) *The Cultural Economy of Cities: Essays on the Geography of Image-Producing Industries*, London: Sage.

Shapiro, D., Abercrombie, N., Lash S. and Lury C. (1992) "Flexible specialisation in the cultural industries," in H. Ernste and V. Meier (eds) *Regional Development and Contemporary Industrial Response*, London: Belhaven.

Stephens, M. (1998) "Babylon's 'natural mystic': the North American music industry, the legend of Bob Marley, and the incorporation of transnationalism," *Cultural Studies*, 12: 139–67.

Storper, M. and Salais, R. (1997) *Worlds of Production: The Action Frameworks of the Economy*, Cambridge, MA: Harvard Universtiy Press.

Taylor, M. and Towse, R. (1998) "The value of performers" rights: an economic approach," *Media, Culture and Society*, 20: 631–52.

Wallis, R., Baden-Fuller, C., Kretschmer, M. and Klimis, G. (1999) "Contested collective administration of intellectual property rights in music: the challenge to the principles of Reciprocity and Solidarity," *European Journal of Communication*, 14: 5–35.

Wallis, R. and Malm, K. (1984) *Big Sounds from Small Peoples: The Music Industry in Small Countries*, London: Constable.

Watson, P. (1995) *The Situational, Analysis of the Entertainment (Recorded Music) Industry*, Kingston: The Planning Institute of Jamaica.

第十四章　偏远地区的文化产业生产
—— 澳大利亚土著人的流行音乐

克里斯·吉布森（Chris Gibson）
约翰·康内尔（John Connel）

本章将探讨澳大利亚的文化生产，侧重研究澳大利亚偏远地区土著人的流行音乐。从地理视角来研究文化产业的文献可谓汗牛充栋，但大多关注西方大都市的文化产业集群活动，笔者反其道而行之，将某些社会经济极端落后的偏远地区的文化生产作为研究对象。因此，本章将检视与城市传统产业集群完全不同的偏远地区的文化生产结构，探索新的技术和政治变动如何给这类分散的经济活动带来机会。一般来说，城市尤其是都市中心的文化产业集群最为成功（Connell and Gibson, 2003），而文化产业赖以生存和发展的创意活动（音乐创作、写作和绘画等）却可能远在天边，远离当今的资本和投资的中心枢纽。本章重点研究偏僻地区的何种文化活动可以转化为营利性的出口产业，并吸收了此前有关项目探讨土著流行音乐生产活动的研究成果（Gibson, 1998; Connell, 1999; Dunbar and Gilson, 2004）。这些项目包括制作者、管理者、促销员和音乐家的访谈记录，以及生产、就业和经营区位方面的分析资料。这些案例研究得出的深刻见解有助于人们理解美国和加拿大等国的土著居民从事文化生产的政策含义，以及那些在地理和经济意义上远离文化生产中心的创意工作的理论意义。

除了亚太地区，澳大利亚本身与世界上其他的国家和地区相距甚远。但是，全球文化产业结构的变化及其技术能力的提升，正改变着所有的区位——无论远近——融入娱乐公司发行系统的方式。如今的澳大利亚人有可能与世界其他地方的人们享用同样的音乐、电影、书籍、服装和体育节目。年轻人的亚文化、人口结构的变化、多元文化的商品化(食品消费尤甚，音乐亦然)和更大的流动性(部分是旅游业的影响)，这一切使文化生产的复杂性与日俱增。全球文化的风格、时尚和亚文化多出自伦敦和纽约这些地方，但很快便会风靡澳大利亚的主要城市，尔后在当地环境中消融，被改编成混合创意的形式。

澳大利亚的创意也在反向流动，面向国际的文化生产业已形成。虽然受到技术变动和全球影响而有所变化，但许多澳大利亚人的创意追求本质上仍是倾向本土消费者的，至少在初始阶段瞄准的主要对象是国内听众。由于澳大利亚人口较少，某些文化产业从20世纪80年代起开始转向出口导向型经济。在音乐、电影、电视和出版领域，澳大利亚本土企业为讲英语的国家的市场制作产品，它们将国际市场开拓能力(符合全球的喜好和标准)和鲜明的本土特色结合在一起，已有不少成功的业绩。好评如潮的澳大利亚电影有《疯狂的麦克斯》(Mad Max)、《鳄鱼邓迪》(Crocodile Dundee)、《沙漠妖姬》(Priscilla: Queen of the Desert)、《小猪宝贝》(Babe)和《红磨坊》(Moulin Rouge)。悉尼现已成为美国电影海外制作的基地之一，拍摄的影片有《星球大战》(Star Wars)和《黑客帝国》(Matrix)三部曲。澳大利亚也一直是国际音乐的主要供应商之一。澳大利亚音乐家良好的职业生涯有助于其转战海外，他们凭借本地树立的名声相继叩开北美和欧洲市场的大门，甚至肥皂剧的演员有时也可以成功地走向海外，典型的例子有罗尔夫·哈里斯(Rolf Harris)、比吉斯(the Bee Gees)、AC/DC乐队、空中补给乐队(Air Supply)、INXS摇滚乐队、挤屋合唱团(Crowded House)、职场四少(Men at Work)、凯莉·米洛(Kylie Minogue)、尼克凯夫与坏种子(Nick Cave and the Bad Seeds)，近来则有野人花园(Savage Garden)、银椅乐队(Silverchair)、圣洁·凡蕾丝(Holly Valance)和娜塔莉·安博莉亚(Natalie Imbruglia)。

尽管电影是在澳大利亚内陆拍摄的,但绝大多数出口导向型的文化生产均在大城市。恰如澳大利亚的人口分布,商业性文化生产也紧挨着海岸线进行布局。《飞行医生》(Flying Doctors)等电影和电视连续剧在澳大利亚内陆拍摄时,欧洲人主导了文化产业生产的全过程,而澳大利亚人的参与度却微乎其微。澳大利亚内陆偏远地区的文化生产结构非常独特,它跟全国文化产业的联系甚少,仅仅参与艺术和音乐领域的某些活动。也许,正是在这种情况下,我们才有可能萃取地理因素影响文化生产的真知灼见。

澳大利亚偏远地区的文化生产:殖民环境

文化产业如何在农村和小城镇的经济转型中发挥应有的作用,有关这方面的研究文献屈指可数(Kneafsey,2001;Gibson,2002;Gibson and Connell,2003)。但这些研究有助于区分"城市"和"农村"的不同特征,人们逐渐认识到,这是一种独立存在的"空间经济"或"地理经济"(MacLeod,2001)。文化产业研究大多考察各区域内部的经济活动,而往往低估区域之间的文化和资本流动(Gregson et al.,2001)。况且商品链也都是带有地缘性的生产和消费,这些经济活动均需在地区内外运行,并借由地理空间关系来构成(Leslie and Reimer,1999)。对商品而言,当它们在不同地区进行生产、销售和消费时,文化产业活动的环境可能会随之发生很大的变化。

本章拟将这种探讨拓展到特定的文化生产和消费地区,在那里,殖民关系在包括文化产业在内的所有经济活动中继续存在着。在我们的案例分析中,文化创意的生产活动出现在澳大利亚的偏远乡村地区,即所谓的"第四世界",它们是被中心城市文化产业升级换代甩离出来的。① 我们主要研究的是澳大利亚的"北领地",5万人散居在130万平方公里的广袤土地上,当地多数土著人居住在离两个主要城市很远的地方。在北领地,所有的殖民主义影响犹存,无论是健康、经济或社会发展指标,土著居民均远远落后于非土著居民。2000年,官方统计的原住民失业率为18%,偏远地区的这一比例还会更大,而非原住民失业率只有7%。当地男性的寿命预期值为56岁,女性为63岁,而该国国民的这一数值分别是77岁和82岁(Howitt,2003)。如此多的劣势,加之20世纪传统土地被剥夺和推行同化政策的影响,使当地文化产业处于一个与外界迥然而异的环境。土著人在地理上、经济上和社会上均被边缘化,更凸显其文化生产的重要性。由于北领地远离主要的中心城市及其文化产业集群,那里的就业、鼓励自主和殖民权力关系的留存(或随之而来的抵抗和不稳定)等问题格外突出。在原住民中间,"经济发展"、"鼓励自主"和"自主决策"等概念被赋予多重含义(Gibson,1999),如何翻译和重新定义依赖于其表达的场合和背景。

在澳大利亚偏远的土著人社区,文化产业的出现及其重要作用引起了强烈的共鸣。发展文化产业被视为一种促进就业、自主决策和摆脱福利依赖的手段,对与主流经济隔绝的、地广人稀的土著社区来说更是如此。文化产业也颇受联邦政府决策当局的青睐,因为音乐发行、电影电视项目、书籍和艺术等本身就能表达土著人的愿景,有助于加速推进20世纪70和80年代启动的原住民自主决策的议程,联邦的自主决策政策鼓励原住民社区保留自己的文化,包括传统语言和部落法规。经济因素和表达需求的结合,使文化产业成为原住民经济和社会发展规划的一个重要目标。

20世纪90年代中期,管理土著人事务的国立最高机构——原住民和托雷斯海峡岛民委员会(ATSIC)——为土著社区制定了国家旅

---

① 2001年澳大利亚全国人口普查显示,澳大利亚有41万土著人,占全国人口总数的2.2%(Howitt,2003)。在北领地,土著人占的比例高达25%。

游和文化产业互补开发战略(ATSIC,1997a,1997b),试图为澳大利亚土著人找到发展旅游业和文化产业的机会,包括建立文化生产者和旅游服务提供商的联系,确立原住民企业的发展模式。其实,这些战略的制定也是对澳大利亚皇家委员会曾提出过的政策建议的回应。20世纪80年代末和90年代初,该委员会对被拘禁的原住民发生死亡的问题进行调查,发现监狱里关押了为数不少的原住民,许多人随后在管教所死去,这次调查初步揭开了其中蕴含的诸多社会、经济、法律和政治问题的盖子。此外,将文化产业列为经济发展的优先领域还有另一个原因,即土著音乐、艺术和文学表达可以提高土著人在澳大利亚社会中的知名度和接纳度,增加原住民文化的价值。

自主决策的政策转向,鼓励土著的文化表达,集中体现在城市和偏远土著社区兴建的广播机构网络,联邦政府制定的"偏远土著社区广播计划"(BRACS)为筹建这个网络提供了部分资金。该网络拥有100多个广播机构,散布在偏远的社区和其他土著人较多的地方。这些机构涵盖不同的文化部门,最引人瞩目的是电视和电影制作,它们对"文化维护"做出了特殊贡献(Michael,1986;Hinkson,2002),音乐制作也很红火,相继建立了一些专业的录音棚和电视制作设施。这些机构中最重要的当数"澳大利亚中部原住民媒体协会"(下称CAAMA),1980年,该协会在北领地的爱丽斯泉成立,它与最近的大都市相距1 000公里以上。CAAMA在1980年开始进行电台广播,它的声音传遍了广阔的澳大利亚中部地区。1983年,它开始制作视频,1988年,通过Imparja电视网络播放节目。CAAMA负有的特殊使命是录制和传播原住民的音乐,并以流行音乐的方式传播信息、弘扬原住民文化和表述原住民社区的特殊问题。

CAAMA赋予原住民音乐家和团体一种新的正统地位,为其提供优质的音乐制作装备,并向偏远社区(尤其是北领地)的乐团发放了大量的盒式录音带和压缩光盘。同时,CAAMA在偏远地区和主要城镇不断增设原住民广播电台和播放节目，表演者有了与本族裔进行沟通的新方式，从而能覆盖更大的原住民和非原住民人群。在播放土著音乐的明确指令下，这些服务对激活和发展澳大利亚的土著音乐发挥了重大作用。须知，这是十分特殊的政策举措，否则，绝大多数商业电台是不会播放未与大型唱片公司签约的土著音乐家的作品的。

"致命"之音[①]：土著流行音乐的崛起

20 世纪 80～90 年代，官方的财政资助向土著的文化创意产业倾斜，这也反映出原住民的创意表达在商业化和销售方面的扩展。特别是，原住民艺术在这段时间里成为主要的出口创收项目，他们在欧洲和北美举办展览，原住民的设计（尤其是旅游纪念品）被迅速地商业化和国际化（Myers，2003）。土著音乐和舞蹈也开始在国内外崭露头角，包括孩童与母亲乐队（Yothu Yindi）、阿奇·罗奇（Archie Roach）和惕黛思民乐团（Tiddas）以及美丽新世界（Bran Nu Dae）和悉尼班伽拉（Bangarra）舞蹈剧院公司的摇滚音乐剧。这些成功案例使经济发展的决策者和推动者认识到，土著社区在"文化"领域有着一种特殊的比较优势，即拥有独特的形象、声音和商品输出潜力。

回溯一下土著人介入流行音乐的过程便会知道，这一过程需要有更多的商业、技术和社会变化因素参与其中，实际上，这些因素在 19 和 20 世纪改变了音乐制作和消费的整个面貌。伴随着批量生产、印刷乐谱以及后来出现的表音符号、预录音乐和广播电台，音乐在国际范围内逐渐形成了一股强劲的文化影响力。歌谣、歌舞杂耍和盎格鲁—凯尔特民谣等音乐在北美和欧洲的根基上生长起来，并被开发成高雅脱俗的产品，与爵士乐、通俗歌曲、摇滚乐和大乐团等相伴而行。各种形式的音乐通

[①] "致命的"（deadly）一词在原住民英语里的意思是"好的"或"极好的"。它常常被用在与音乐有关的词汇上，如"好歌曲""好节拍"和"好节奏"等。因此，澳大利亚全国土著音乐年度奖也被称为"致命之奖"（Deadly Awards）。

过旅游者及广播电台在广阔的地理空间里被传播、复制和仿制。20世纪初,澳大利亚城市和偏远社区的原住民音乐家从这些音乐中吸取了许多养分,原住民传统的内陆民谣、福音颂歌和"桉叶管弦乐团"中刻有它们的痕迹(Dunbar-Hall & Gibson,2004)。虽然这些早期的土著流行音乐形式在他们自己的社区网络里颇受欢迎,但主张社会同化的澳大利亚人以严厉的态度限制土著音乐的传播范围,即便如此,在受限圈子里原住民音乐被更多的听众所接受和认可。但在城市里原住民艺术家几无立锥之地,偶有例外,如乡村音乐家小吉米(Jimmy Little)。原住民乐坛与澳大利亚其他地方几乎处于隔绝的状态。

过去的25年里,原住民的流行音乐发生了最富戏剧性的变化,不仅官方将原先的家长式管制和社会同化政策改为由原住民自行决策,而且电子吉他手、鼓手和盒式录音带一起莅临流行乐坛。一大批原住民音乐艺术家从不同的地区涌现出来,他们创作的歌曲和录制的唱片反映了澳大利亚全国各地多样化的风土人情。当代土著流行音乐的制作"地点"分布在城市、乡村和偏远地区。在都市中心,土著音乐家吸收着全球音乐的精华,特别是街舞、蓝调音乐和舞蹈风格。与澳大利亚其他的文化产业相比,大量的原住民音乐制作更多是从偏远、分散的北方地区喷涌出来的,包括澳大利亚中部、金伯利地区(Kimberley)、北领地顶端地带(Top End)和约克角(Cape York)。特色音乐有雷鬼音乐、乡村音乐、摇滚乐和福音歌曲。

澳大利亚原住民音乐家为乐队和产品取名大多与所在地区有关,这反映了他们与传统乡村和部落的联系。乐队一般采用自己家乡社区的名称,或突出当地环境的特点,或直接采用本土文化中自己独特的名称(Dunbar-Hall & Gilbson,2004),因而有了惕吉卡拉沙漠橡树乐队(Titjikala Desert Oaks Band)、埃悌恩泰·阿伯特乐队(The Ltyentye Apurte Band,"沙漠冲浪音乐"之意)或北塔米尔乐队(the North Tanami Band)。这些名称不仅标示出地理烙印和音乐起源,而且证实了其传统的乡土认同意识。在澳大利亚的偏远地区，不同社区中心的不同风格的音乐逐渐流行开来，当地乐队将外来影响和本土情怀融合成新颖的音乐表达方式而大受欢迎，这种起源于特定地区的原住民音乐又反哺其出生之地，使土著乐坛愈加兴盛。

20世纪80年代，澳大利亚土著音乐录制品的发行量日渐扩大，部分的原因是：政府设立和资助偏远地区的广播机构，泛土著人群成为喜爱原住民音乐的听众，摩托化交通的发展促进了偏远社区之间的社会网络联系，土地委员会、部落组织和社区协会举办新的区域性活动。土著乐坛的不断发展不仅得益于上述网络因素的作用，而且受惠于技术的进步，尤其是便宜的盒式录音磁带（乙烯树脂磁带在沙漠地带很容易受热软化）和便携式收音机（使用电池）。在那些电力供应不足的社区，人群滞留时间短暂的社区，以及优质录制装备匮乏的社区，这种活跃的"录音带文化"（Manuel，1993）使音乐产品持续增长和扩散，作为沟通的手段，其普及程度仅次于印刷媒体，土著音乐的制作和销售反映了录音磁带格式占据的主导地位。

20世纪90年代初，"孩童与母亲"乐队（Yothu Yindi）在国内外大获成功，从而激发了土著音乐的热潮和新一波原住民乐队的诞生，商业性乐坛上随即涌现出克里斯丁·安努（Christine Anu）、沃伦匹乐队（Warumpi Band）、阿奇·罗奇（Archie Roach）、特洛伊·卡萨戴利（Troy Cassar-Daley）和惕黛思民乐团（Tiddas），其中，"孩童和母亲"乐队和沃伦匹乐队来自非常遥远的社区。表音符号公司（Phonogram，现为环宇音乐集团的一部分）、RCA公司（现为贝塔斯曼音乐集团的一部分）、百代唱片公司（EMI）和节日/蘑菇公司（Festival/Mushroom，曾是澳大利亚的主要品牌，现为鲁伯特·默多克新闻集团拥有）相继推出了乐队、独唱歌手和音乐磁带选辑，国际大型音乐唱片公司对土著音乐的兴趣也在1994年达到顶峰。那时候，大公司与澳大利亚独立唱片公司进入"恋爱期"。在澳大利亚，大公司不断探索开发利基市场的可能性,将舞技乐、"独立"流行乐和青年亚文化呼唤到商场上来,以挽救"主流"摇滚乐销售额趋于下降的颓势。对这些大公司来说,土著音乐无疑是可供商品化和广泛推销的另一种"利基"力量。

1991年,"孩童与母亲"乐队的一曲《条约》(*Greaty*)唱响乐坛,兴致盎然的大型唱片公司掀起了与"下一个'孩童与母亲'"签约的热潮,这使土著音乐家滋生了一种乐观主义情绪,希冀通过大公司的支持获取更多的商业报酬。最重要的是,这一时期都市文化的"看门人"(唱片公司的高管)和大多数偏远的社区建立了全新的联系。土著乐坛的声音及其艺术和文学,以前所未有的态势和规模进入了国际媒体的视野。大型音乐唱片公司以盈利为目的传播土著音乐,其政治的或后殖民的情绪有所收敛。不管怎样,商业化还是功不可没的,它创造的经济网络和联系使文化影响力跨越了遥远的距离。

偏远地区的土著音乐经济

土著音乐的勃兴持续了七年之久,再也无人能赶得上"孩童与母亲"乐队的成功。虽然也有人能够在特定的听众群中赢得知名度,如乡村音乐家特洛伊·卡萨戴利,但整体而言,土著音乐的发售量已经跌落,大部分发售仅限于偏远的乡村地区。由于大公司对土著音乐失去了兴趣,如今大多数土著音乐的制作和消费不得不再次回归本地圈子,偶尔才能与大公司的娱乐资本打上交道。虽然偏远社区商业性音乐的发行率本身有所增长(部分原因是录制设备变得更便宜,质量更好),但能打入城市市场的只是少数例外。

地处内陆僻壤的土著社区是音乐创意的发源地,形成了带有当地特征的音乐经济环境,并依靠当地的文化消费在自我支撑和运转。偏远地区的土著人参与经济活动的诸多问题(Fisk,1985;Crough,1993)也在文化产业中表现出来,包括社会福利与私营小企业营运的关系,各种需要支付工资的生产方式与企业维生之道,以及地理遥远问题对区域经济结构产生的影响。

原住民音乐家的创作、演唱和销售条件因地理阻隔而恶化,生产和就业方面的种族与性别歧视问题、缺乏公司支持和不恰当的促销问题(Dunbar-Hall & Gibson,2004)也因距离遥远而加剧。在地理上相互接近,才有较多的行业联系和机遇,就像星探只有"在适当的时间出现在适当的地点"才能遇到未来的明星。非原住民欣赏原住民音乐家的演唱需要有亲临其境的感觉和荒野僻壤的体验,但音乐产业(尤其是演唱场所)大多集中在悉尼和墨尔本,这就限制了原住民音乐家在主流社会获得成功的机会。

土著音乐家及其管理员和促销员强调指出,遥远的距离对巡回演出十分不利,即便是在当地社区之间巡演亦是如此。在澳大利亚的偏远地区本就很难获得协同配合的演出机会,加之要面对漫长而又陌生的旅途和不确定的气候条件更是难上加难。远距离巡演和促销困难重重,甚至有的乐队到沿海社区巡演时不得不自己装船运送扩音和视听设备,这使土著音乐的市场扩展很难超越广播电台,后者至今仍是其最重要的传播平台。当今澳大利亚的音乐发行几乎全被一家企业——娱乐发行公司(EDC)——所垄断控制,该公司承担了索尼、百代唱片和华纳公司几乎全部的制造和分发业务,而土著音乐唱片的发行网络本身则是易变的,非永久性的。CAAMA 的爱丽斯泉录音棚的发行渠道比较正规,它通过全澳大利亚的唱片商店和销售盒式录音带的社区综合商场进行发售。还有少数小规模的品牌商店采用相同的经营方式,位于达尔文的瘦鱼音乐商店(Skinny Fish Music)是北领地的佼佼者,它出售盖里文库(Galiwin'ku)的盐水乐队和曼莫伊(Manmoyi)的拿巴雷乐队(Narbarley)的品牌音乐产品。少数个人直接与社区商场的主管进行谈判,签订音乐产品的分销合同,组织乐队巡演都是一次性的,上演地点均为北领地的土著社区,如拉吉曼努(Lajiamanu)、巴伦格(Barunga)和马宁里达(Maningrida)。也有乐队自行包揽巡演的制作、发行、组织和管理工作，掌控各项工作的经营条件，但整个过程是高度劳动密集型的，由于乐队成员大多来自传统社区和乡村，习惯在家中待上一段时间，故只能偶尔为之。偏远社区的某些生活礼仪与澳大利亚音乐产业的期望常常发生激烈的碰撞，正如沃伦匹乐队的尼尔·马雷(Neil Marray)指出的那样：

> 偏远地区的乐队很艰难。我们来自灌木丛，对去南方城市演出很难做出郑重的承诺，因为路程实在太远，而且，每个人都会想家。一支成功乐队必须有的担当与传统价值观往往会冲突，很难进行调和。如果你要制订一次巡演计划，必须提前3个月，而3个月里可能会有突发事件，比如，有人去世了，于是有人就去不了，因为他们不得不去参加原住民的传统葬礼。你只好取消约定的演出，失信于南方城市的人们，他们会想，这家伙不靠谱。

(Mitchell,1996:28)

去首府城市和乡村小镇巡演的成本也在不断上升，包括旅行、住宿、运费和扩音设备的租金，这使期盼走出偏远地区的众多艺术家望而却步。对富有社会责任感的艺术家来说，他们不可能长时间离开自己的家园，而待在家乡没有任何规模经济可言。

原住民艺术家运用各种方式来应对面临的挑战。许多原住民团体选择只在原住民的节日里演出，毕竟，文化的生存和复活是首要的。在整个原住民社区，逐渐形成了一个适合音乐现场表演的场地网络，这既是更多接触广大原住民听众的需要，也是为了与偏远地区矿业城镇非原住民拥有的演出舞台分庭抗礼。这种巡演网络反映了偏远地区各社区间的社会和语言联系，它发端于北领地的顶端地带讲咏谷(Yolngu)语的社区(Corn,2002)，在这个网络里巡演的社区乐队有日出和黑农夫乐队等。

一些乐队以这种赚取方式存活下来，拥有了自己的土著人听众群体，而无须"涉足"主要城市的市场：

> 如果原住民乐队自我组织起来，那么，他们便会拥有自己的网络。他们可以在自己的社区里演出。沃伦匹乐队就是这么做的。我们不可能在爱丽斯泉的酒吧里常年有场子演出，他们会想，这些人够麻烦的。所以，我们不得不在人家的后院里演唱，在小山丘或社区家庭的小篮球场演唱，我们总能凑合着过下去。

[（尼尔·马雷（Neil Marray），引自米切尔（Mitchell，1996：28）]

从经营的角度来讲，选择节日进行音乐演出也是比较有利的。与沿着都市和乡村网络巡演相比，乐队无须跟带有种族偏见的非原住民演出场所的管理者进行合同谈判，也不必在众多的小酒馆里演唱赚取微博的收入，而且也减少了外出的差旅和住宿费用，乐队只须间或参加节日演出，坚持用精彩的表演"吸引"大量的听众，就能在长期参演过程中获得较高的收益。在这种情况下，乐队自然不再有全职工作岗位，工作机会虽然时有时无，但职业生涯却延长了，像沃伦匹乐队和彩石乐队从事音乐职业已达20多年。

一些艺术家选择了自行制作和促销。例如，詹森·李·斯科特（Jason Lee Scott）与发行商谈判不果，便在互联网上出售音乐光碟，其他音乐家和原住民企业亦如此，甚至连CAAMA都建立了大型网站和邮购目录系统。正如原住民音乐家凯·卡莫迪（Kev Carmody）所说的那样：

> 技术进步使一切变得容易了，现在的设备变得轻巧而又便宜，人们可以自己创作和制作音乐。过去，录制公司一旦跟你签约，给你5万美元录一张唱片，你就被生活套牢了。而现在整个形势已经变了，人们在一定程度上可以做自己的东西。

（1996年，作者访谈录）

目前,偏远社区获得技术、电力和适当技能的门路还不多,这制约了他们自主录制和发行的可能性。随着数字化技术愈加便宜,且易于使用,特别是社区的计算机资源获得公共资助而增多时,整个原住民社区的音乐制作进一步分散化是可以期许的。

土著人在音乐产业其他领域的参与十分有限,这使他们很难跨越音乐产业的现有设施去管理音乐制作的全过程。凯·卡莫迪认为,"缺乏足够的训练有素的原住民,五六年前,我想做一个全'黑'的音乐广告片子——全请黑肤色的人来做,但就是找不到摄影指导"(1996年,作者访谈录)。许多原住民音乐家一直呼吁建立全面的伞形组织——某种原住民音乐家协会,以及为原住民音乐产业的演唱者、技师和辅助人员构建的网络机构。位于墨尔本的"声线原住民公司"(Songlines Aboriginal Corporation)和爱丽斯泉的CAMMA在某种程度上扮演着这两个角色,它们有培训计划和定期的会议议程,但终究受制于资金和地理的因素,毕竟,这是两个背景不同的乐坛,也是两处相距甚远的地方。

一个国际市场?

原住民乐队(孩童与母亲乐队、黑人音乐乐队和班伽拉舞蹈剧院公司)在欧洲、亚洲和北美举行的成功巡演,掀起了一股在海外推广原住民音乐的热潮。海外热情支持的听众是这股热潮兴起的部分原因,但归根结底则是原住民音乐有了更大的需求。原住民乡村音乐家博比·麦克劳德(Bobby Mcleod)说:"这个国家里的人觉得你走的不是正道,但海外人士却把我们看成魔术师或音乐高手。这让你想为自己的文化做更多的事情。原住民及其文化在这个国家不如别的国家那样受尊重,这是十分可悲的"(Condie,2001:33)。出于同样的考虑,贝莱克巴拉农夫乐队(Blekbala Mujik)与北美发行商签约,数次去欧洲巡演,包括参加 1997 年在西班牙加那利群岛举行的世界音乐艺术和舞蹈大会(WOMAD)的演出;"孩童与母亲"乐队继续在欧洲举办音乐会;惕黛思民乐团的唱片被美国的唱片公司发行到非洲,乐团又去那里巡演;黑焰(Blackfire)乐队在它的故乡墨尔本不为人重视,却两次去中国巡演:

> 我们在中国中央电视台的演出非常成功。我们一直被澳大利亚的主流音乐产业忽视,而在中国,我们竟有 2 000 万听众,这是别的澳大利亚艺术家梦寐以求的。这是我们的第二次中国巡演,中国人民的反响是如此的热烈。具有讽刺意味的是,亚洲听众能体会到我们的忧伤,而在澳大利亚,人家觉得我们是在拿脑袋撞墙……如果我们能够打开亚洲市场并在那儿受到大众欢迎,我猜想,这会让别的愿意试试运气的澳大利亚原住民乐队受到更大的关注。试试在别的地方创造知名度吧,再回到澳大利亚,我们的曝光率会提高。

> (Evorall,1999:31)

瓦尔博勒·瓦特斯(Walbira Watts)是一家原住民拥有的活动推广公司——鸸鹋足迹(Emu Tracks)——的经理,他判断海外对原住民音乐有相当大的潜在需求,但怀疑这条探索之路自然而然就会走通,他强调,在经济和后勤方面需要考虑以下一些因素:

> 我确实相信海外有这种需求。但主要问题在于机票的费用,你得把艺术家从澳大利亚送出国去,可取得资助谈何容易。每逢去海外参加节日演出,艺术家们的机票和食宿费用问题就来了,通常只有极少的酬金,甚至没人给钱,这会带来一大堆的问题。也许有些原住民不在乎酬金,他们非常愿意去海外参演,与那里的听众分享自己的文化,但艺术家本人却不得不考虑,毕竟,他们是家中最主要的挣钱的人。

> (Howes,2001:19)

国际市场更有利可图,因为那里的人口基数大得多。即使原住民音乐家只抓到欧美市场的一小块份额,其票房销售额也要比在澳大利亚大获成功的演出更多。虽然欧美市场对音乐家有着巨大的吸引力,但"获得国际人气需要付出代价,即长时间的演出和抹掉地方特色的形象,后者恰恰削弱或掩蔽了作者原有的政治和社会意图"(Hollinsworth,1996:63)。埃米·桑德斯(Amy Saunders)在惕黛思民乐团的美国之行中就体验到了这一点:

> 美国人的行事方式令人不喜欢那个国家。他们老是说,你现在别唱关于原住民问题的歌了,这儿没人想知道那是怎么回事。别唱这个啊,甭谈那个啊,如此等等。假如我们这也不能做,那也不能唱,那我们是何许人也?是靛蓝系女孩吗?我不能苟同。他们以为我们唯一的回答只能是"是"和"OK"……他们没想到三个女人对他们说"不!我们不穿莱卡弹性纱,不戴比基尼乳罩,不要薄纱绉褶裙,也不要那些荒唐可笑的化妆"。

[引自亨特(Hunter,1996:12)和史密斯(Smith,1996:20)]

除了海外巡演和促销时的路途遥远,还须考虑费用的昂贵、长时间的离乡背井和巨大的风险。例如,特洛伊·卡萨戴利去美国田纳西州的纳什维尔为年度粉丝大会录制一张唱片,他在索尼唱片公司的支持下,策划在美国发起一项推广活动。然而,华纳—查普尔(Warner-Chappel)音乐公司的吉娜·曼德洛(卡萨戴利的管理员)认为:

> 在纳什维尔,你能做的事情就是排队。一旦被签约,他们就会说,OK,有些事我们得先讲一讲。为了唱片公司的利益,有一些需要优先考虑的事,在时间、精力和金钱方面,你必须承担一大堆的义务。你瞧,每个签约者就用这种姿态,非常小心地察看他们的预算……你必须有一个管理员、一个广告员,出去巡演时,你必须有一辆巴士、一个职员。好吧,没啥事了,你可以进城演出了。于是,你不得不做促销工作,你不得不亲力亲为,去干

每一件事情……也就是说,你不得不待在这里。

(Walker,2000:293)

土著人希望在音乐产业获得成功,延续自己梦想的职业生涯,但他们必须面对本国文化的约束和出国巡演的漫漫长路,在自己的理想与社会现实之间持续地角力。与其他文化产业一样,音乐产业的创意工作者为了更好的创意表达和争取较高的收入,会随着职场进展而穿越各种不同的网络,并尝试以新的方式进入尚未踏足的网络。一般来说,澳大利亚音乐家需要花费相当长的时间才能使海外的事业取得成功,一个原因是澳大利亚市场的规模较小,哪怕是相当成功的艺术家,也不易挣得大部分的收入,另一个原因是需要通过巡演来验证音乐家的名气和声望。对土著音乐家来说,跨越被隔绝状态的希望就在于找到解决偏远性问题的方法,而这个问题又跟原住民社区地广人稀有关,也就是说,必须保持大多数文化产业活动起码的、赖以生存的规模经济。此外,还有一个体制性的边缘化问题,音乐产业里的土著人已经在相当程度上被驱离了原先的"看门人"的位置。

流行音乐——后殖民的文化产业?

土著音乐生产和消费的成功转型与特殊地缘性,需要采用新的方法来解释经济活动。澳大利亚土著流行音乐产业的兴起,证明偏远地区的文化生产是可能的,当今科学技术的进步也使这种文化生产比以往任何时代都更具可行性。但不可否认,土著音乐经济是受压抑的、非正规的,与社区生活和社会网络的联系也是杂乱无序的。目前,土著音乐经济缺少密集开展市场营销活动的资源,缺乏赞助巡回演出和开拓新领地的资金,也没有让都市商场开设销售专柜,让广播电台列入高播放率节目的市场权力。即便是谋求地区性的成功,也是开销不菲,难度很大。

尽管土著文化产业受到经济、文化和地理条件的约束,但创意生产依然迸发出强劲的活力。小规模的土著音乐演出和制作活动构成了覆盖偏远地区的网络,使整个偏远地区看起来更像是真正的后殖民经济形态,尽管从西方经济发展的观点来看,这种经济形态仍然是脆弱的。面对各种形式的权益侵蚀和边缘化,土著人凭借自己掌控的文化生产活动,将创意深深沁入其中,从而保持了当地社区土著文化的特质。许多成功的土著艺术和音乐故事都发生在偏远地区,那里的基础设施落后,进入主流社会就业的机会寥寥,但依然保持着牢固的传统价值观。

文化工作岗位为所在社区提供了灵活就业的机会,那里的社区可以正常履行职责,如保持传统礼仪,从事土地管理,参与社区决策,而不失序紊乱。澳大利亚社会关于土著居民自主决策原则的承诺,是切实推行任何后殖民经济战略的基本前提,它要求政府、产业界和政策制定者对"经济发展""就业"以及创造工作机会的条件有全新的认识和灵活性。鼓励土著人更多地自我决定和管理社区事务,包括保持传统、语言和风俗习惯,让他们能够自行决定在正常的经济领域参加工作的地点、时间和意愿,这些都是至关重要的。就从事正规的经济工作而言,文化产业是少有的灵活的工作环境之一。土著对文化生产的掌控,使之能够以形象、声音和语言的组合形式在媒体上进行自我表达。由此可见,促使土著参与文化产业的价值是独立存在的,远远不止纯粹的"经济"利益。

在澳大利亚的偏远地区,文化产业对土著居民来说是真正的文化,因为它们积极地扶持当地的文化,尽管这种支撑力还比较弱小。同时,文化产业给土著居民提供了融入更广阔地区乃至全球经济的机会,而其他任何类型的经济活动都无法提供与之规模相当的商机。艺术和音乐的特殊成就令世人对原住民的文化肃然起敬,反过来也会促使土著人更加秉持自力更生的理念。澳大利亚偏远地区的文化产业与城市的联系很少,更不用说世界其他地方那些遥远的城市,不过,与其他任何地方相比,这里的文化产业能够更好地表达扎根于这片热土的人们的声音。

鸣谢

这个研究项目是在澳大利亚研究理事会（ARC）和新南威尔士大学的大学研究支持计划的资助下进行的。彼得·邓巴（Peter Dunbar）和瓦内萨·博斯恩吉克（Vanessa Bosnjak）在本项目研究的不同阶段提供了建设性的意见，在此谨向他们致谢。

参考文献

ATSIC (1997a) *National Aboriginal and Torres Strait Islander Cultural Industry Strategy*, Canberra: ATSIC.
—— (1997b) *National Aboriginal and Torres Strait Islander Tourism Industry Strategy*, Canberra: ATSIC and the Office of National Tourism.
Condie, T. (2001) "McLeod's album is a paradox," *Koori Mail*, 19 September: 33.
Connell, J. (1999) "My Island Home: the politics and poetics of the Torres Strait," in R. King and J. Connell (eds) *Small Worlds, Global Lives: Islands and Migration*, London: Pinter.
Connell, J. and Gibson, C. (2003) *Sound Tracks: Popular Music, Identity and Place*, London and New York: Routledge.
Corn, A. (2002) "*Burr-Gi Wargugu ngu-Ninya Rrawa:* Expressions of ancestry and country in songs by the Letterstick Band," *Musicology Australia*, 25: 76–101.
Crough, G. (1993) *Visible and Invisible: Aboriginal People in the Economy of Northern Australia*, Darwin: North Australia Research Unit and the Nugget Coombs Forum for Indigenous Studies.
Dunbar-Hall, P. and Gibson, C. (2004) *Deadly Sounds, Deadly Places: Contemporary Aboriginal Music in Australia*, Sydney: UNSW Press.
Evorall, T. (1999) "Blackfire sweeps Chinese market," *Koori Mail*, 19 May: 31.
Fisk, E. K. (1985) *The Aboriginal Economy in Town and Country*, Sydney: George Allen and Unwin.
Gibson, C. (1998) ""We Sing Our Home, We Dance Our Land": Indigenous self-determination and contemporary geopolitics in Australian popular music," *Environment and Planning D: Society and Space*, 16: 163–84.
—— (1999) "Cartographies of the colonial and capitalist state: a geopolitics of indigenous self-determination in Australia," *Antipode*, 31: 45–79.
—— (2002) "Rural transformation and cultural industries: popular music on the New South Wales Far North Coast," *Australian Geographical Studies*, 40: 336–56.
Gibson, C. and Connell, J. (2003) "Bongo Fury: tourism, music and cultural economy at Byron Bay, Australia," *Tijdschrift voor Economische en Sociale Geografie*, 94: 164–87.
Gregson, N., Simonsen, K. and Vaiou, D. (2001) "Whose economy for whose culture? Moving beyond oppositional talk in European debate about economy and culture," *Antipode*, 33: 616–46.

Hinkson, M. (2002) "New media projects at Yuendemu: inter-cultural engagement and self-determination in an era of accelerated globalisation," *Continuum: Journal of Media and Cultural Studies*, 16: 201–220.

Hollinsworth, D. (1996) "*Narna Tarkendi:* Indigenous performing arts opening cultural doors," *Australian-Canadian Studies*, 14: 55–68.

Howes, C. (2001) "'Emu Tracks' making dreams come true," *Koori Mail*, 17 October: 19.

Howitt, R. (2003) "Indigenous Australian geographies: landscape, property and governance," paper presented at the Geographical Society of New South Wales Conference, "Geography's New Frontiers," March.

Hunter, A. (1996) "Bob Geldof in rock & roll payback!," *On the Street*, 5 August: 12.

Kneafsey, M. (2001) "Rural cultural economy: tourism and social relations," *Annals of Tourism Research*, 28: 762–83.

Leslie, D. and Reimer, S. (1999) "Spatializing commodity chains," *Progress in Human Geography*, 23: 401–20.

MacLeod, G. (2001) "New regionalism reconsidered: globalisation and the remaking of political economic space," *International Journal of Urban and Regional Research*, 25: 804–29.

Manuel P. L. (1993) *Cassette Culture: Popular Music and Technology in North India*, Chicago: Chicago University Press.

Michaels, E. (1986) *The Aboriginal Invention of Television in Central Australia 1982–1986*, Canberra: Australian Institute of Aboriginal Studies.

Mitchell, S. (1996) "Mates, Mabo and Warumpi," *Green Left Weekly*, 24 July: 28.

Myers, F. (2003) *Painting Culture. The Making of an Aboriginal High Art*, Durham, NC: Duke University Press.

Smith, M. (1996) "Tiddas: bridge of voices," *The Drum Media*, 6 August: 20.

Walker, C. (2000) *Buried Country: The Story of Aboriginal Country Music*, Sydney: Pluto.

译后记

本书第 1~3 章和第 5 章由赵咏翻译,第 4 章和第 6~14 章由夏申翻译。